T0153791

Domaine étranger

*collection dirigée
par
Jean-Claude Zylberstein*

SODOME ET GOMORRHE

suivi de

LA TÊTE EN FUITE

CURZIO MALAPARTE

SODOME ET GOMORRHE

suivi de

LA TÊTE EN FUITE

Traduit de l'italien
par René Novella et Georges Piroué

Paris
Les Belles Lettres
2014

Titres originaux:

Sodoma e Gomorra

Fughe in Prigione

© Eredi Curzio Malaparte, Italy

www.lesbelleslettres.com

Retrouvez Les Belles Lettres sur Facebook et Twitter.

© 2014, pour la présente édition,
Société d'édition Les Belles Lettres,
95 bd Raspail, 75006 Paris.

ISBN : 978-2-251-21019-3

SODOME ET GOMORRHE

La Madeleine de Carlsbourg

Après avoir enseveli nos derniers morts dans le cimetière de Rocroi et repris notre route vers le nord, nous étions arrivés, les premiers jours de décembre, au cœur du triste pays wallon, qui couvre de ses immenses forêts de sapins les terres de cette partie de la Belgique, qui confine avec le Luxembourg. Personne ne se souvenait d'un hiver aussi rude : la nuit, on entendait les loups hurler dans les sapinières, et le gel chassait les cerfs et les sangliers hors des maquis touffus, vers les clairières toutes blanches de neige, jusqu'au voisinage des maisons de Carlsbourg, où nous avions nos quartiers d'hiver.

Le souvenir encore vivant des aventures de l'été et de l'automne, de notre départ d'Italie avec le deuxième corps d'armée, des combats sans merci dans le bois de Bligny, le long de l'Aisne, sur le Chemin des Dames, dans les marais de Sissonne et de la poursuite jusqu'à Rocroi ; le souvenir des journées de marche sous la pluie, depuis la Meuse jusqu'aux forêts de Saint-Hubert, pliés sous le poids des fatigues, des souffrances et des blessures, derrière les Allemands vaincus, ne pouvait rien contre l'inquiétude de nous sentir dans ces bois humides et sombres, comme les restes d'une armée dispersée par la faim et le froid dans un pays étranger.

La grisaille brumeuse de l'horizon étroit, le silence lourd de la maison où j'habitais, juste en face du *Vrai Sanglier des Ardennes*, auberge et taverne que nos fantassins remplissaient, le soir, de chansons et d'éclats de rire au son du *rommelpot*, cette solitude ininterrompue et désespérante me serraient le cœur et me tourmentaient.

Mes nuits étaient peuplées de poursuites furieuses, derrière les cerfs tout blancs, tachés de sang : oh ! que le son du cor est triste au fond des bois ! Je finis par me jeter, moi aussi, dans la forêt avec quelques fantassins de la Maremme, égorgeurs de sangliers, en compagnie de fiers et joyeux chasseurs de Carlsbourg et de Saint-Hubert. La vie dans les sapinières, les longues attentes à la lisière des clairières et aux débouchés des sentiers, la joie orgiaque des battues dans les fourrés et les beuveries gargantuesques autour des grands feux allumés en plein air, les rires, les cris, les chants, cette vie sauvage dans un pays étranger et triste, qui me donnait l'impression d'une terre conquise, et cette compagnie de chasseurs et de fantassins, gens purs et généreux qui prenaient à mes yeux l'aspect d'hommes épris d'aventure et de risque, me délivrèrent de la tristesse des soupçons et des rêveries. Le *dalli ! dalli !* des fantassins de la Maremme et l'*hallali !* des traqueurs de Carlsbourg avaient chassé de mon cœur l'ennui des souvenirs et des espérances, et le poursuivaient à travers les forêts profondes.

Un soir, en rentrant d'une battue, je m'attardai pour écouter le son triste du cor qui battait le rappel des chasseurs et je m'égarai dans le bois. La nuit était déjà tombée, quand je parvins aux alentours des maisons de Carlsbourg : je me rappelai que dans ces parages, à une portée de fusil des habitations, devait se trouver l'auberge du *Sanglier noir*, où habitait, recluse, disait-on, une de ces malheureuses filles qui, pendant l'occupation, avaient fait commerce d'amour avec les Allemands.

C'était une auberge interdite : par ordre de notre commandant, personne, officier ou soldat, n'y pouvait mettre les pieds. L'interdiction avait été requise par le bourgmestre de Carlsbourg ; dans toute la Belgique, comme dans toutes les régions envahies de la France, cette sorte de femme avait été mise hors la loi, au ban. On racontait qu'à Bruxelles, le soir du 11 novembre, quelques-unes de ces malheureuses avaient été frappées jusqu'au sang sur les trottoirs du boulevard Anspach, et tondues comme des prostituées de l'Antiquité, par la foule exaspérée. Dans les bourgs flamands les plus éloignés, et dans les villages perdus au fond des Ardennes, une haine inexorable couvait contre les Vénus immondes.

Il faisait un froid de loup ; mais ce n'est point le froid qui me décida à frapper. Aux coups de mes phalanges sur la porte, des pleurs s'élevèrent dans la maison. Repentant, je m'étais déjà éloigné de quelques pas, lorsqu'une fenêtre s'ouvrit au rez-de-chaussée, et je crus entrevoir dans l'ombre un visage de fillette qui, aussitôt, se déroba. Ce soir-là, je n'eus pas le courage de frapper à nouveau, mais le jour suivant, au coucher du soleil, je revins à l'auberge du *Sanglier noir*, et j'entrai.

L'immonde Vénus de Carlsbourg était une jeune fille qui avait à peine plus de vingt ans, mince et blanche, avec de grands yeux doux et clairs dans l'ombre d'une épaisse chevelure blonde séparée en bandeaux égaux, de part et d'autre du visage, et ramenée en chignon sous la nuque. Elle parlait en souriant, et ce sourire, triste et méfiant, éclairait une bouche aux lèvres fines et pâles, ingénue et douloureuse comme la bouche d'une enfant épouvantée.

Elle s'appelait Madeleine : dans le village, on l'appelait Madelon. Aux marques rouges que j'aperçus aux jointures de ses doigts et autour de ses poignets, je compris qu'elle avait la gale. Et cette fois-là, je ne lui tendis pas la main.

En quelques jours nous devînmes de bons amis. La maison était humide et froide, comme une maison abandonnée. Madeleine ne se hasardait pas dans la forêt pour faire provision de bois, et sa mère, une vieille femme osseuse et jaune qui venait m'ouvrir en boitant et retournait aussitôt se blottir dans le coin le plus sombre de la grande cheminée éteinte, était trop faible pour manier la hache : quand ils la voyaient rôder dans les fourrés pour ramasser les branches tombées des sapins et les rejetons morts, qui font une grande flamme et durent peu, les bûcherons la menaçaient de loin, en levant le poing. Aussi, Madeleine sortait toutes les nuits pour aller voler du bois dans les grands tas amoncelés dans les clairières : la pauvrette rentrait blanche de peur et les mains en sang. Un soir, je lui offris de l'accompagner, et depuis cette fois-là la joie vive du feu revint dans la maison interdite.

Sous prétexte de faire des provisions pour mon dîner, je lui apportais chaque jour des paquets de pain et de viande : Madeleine me regardait manger, et ne touchait pas à la nourriture.

– Nenni, disait-elle dans son français wallon, et elle rougissait de honte.

Mais la merveille d'une orange sicilienne reçue d'Italie, et que je lui offris un soir, fut plus forte que sa fierté. Quand elle approcha ses lèvres du fruit d'or, lumineux dans la pénombre, je regardai ses mains : la pauvrette baissa les yeux, cacha ses mains derrière son dos, et se mit à pleurer en silence.

Le jour suivant, surmontant toute pudeur, je lui apportai un petit pot de pommade au soufre, je lui appris comment elle devait l'employer, et fis tant et si bien qu'au bout d'une semaine Madeleine était guérie. Sa joie était si naïve que je n'osais pas la regarder dans les yeux. Une grande pitié m'assaillait, chaque fois que nos regards se croisaient, et j'étais toujours le premier à baisser la tête. La fierté de la simplicité renaissait peu à peu chez elle, avec le plaisir de vivre. Mais un soir, la pauvrette me prit les mains, y appuya ses lèvres, et se mit à pleurer en silence.

Au début de la guerre, alors que les Allemands étaient déjà entrés à Dinant, le père et le frère de Madeleine étaient partis désespérément pour une battue à travers bois, le fusil en bandoulière, en compagnie des francs-tireurs des Ardennes.

Hallali ! hallali ! quelques morts étaient restés étendus au cœur des sapinières, le visage dans l'herbe, et les uhlans avaient débouché un matin sur la route de Saint-Hubert, les francs-tireurs n'étaient plus revenus vers leurs femmes. Madeleine était restée seule avec sa mère, dans la maison peuplée d'attente et de frayeur, seule sans pouvoir se défendre. Au début, elle avait été prise par force, puis elle s'était donnée parce qu'elle avait faim. Personne, personne n'avait donc pitié d'elle ?

J'avais le cœur serré. J'aurais voulu lui dire : je t'aime ; mais comment ? Je caressais ses cheveux, ses mains, son visage chaud de larmes. La lune montait lentement dans le ciel, au-dessus des immenses sapinières qui bruissaient dans le vent.

Vers Noël, quand les premiers soldats du roi Albert, les fantassins de Charleroi, d'Ypres, de la Lys, regagnèrent les maisons claires de Carlsbourg, de Saint-Hubert, de

Houffalize, la haine contre les malheureuses qui s'étaient vendues aux envahisseurs s'enflamma d'un bout à l'autre des Ardennes. Dans plusieurs localités, la chasse aux immondes avait pris des aspects antiques : la foule les avait traînées de rue en rue, nues sous les coups de fouet, et les gendarmes avaient dû tirer en l'air pour les soustraire au tumulte. À Saint-Hubert, où le corps d'armée italien avait son quartier général, notre commandement avait dû procéder nuitamment à l'évacuation des femmes signalées, que l'on avait fait partir, sous bonne escorte, en direction de Namur. Des ordres très sévères parvenaient à toutes les garnisons italiennes, répandues de Houffalize jusqu'à la frontière française, de mettre à l'abri les malheureuses dans les couvents de la région, en attendant de pouvoir les conduire dans un lieu plus sûr ; et de prescrire, pour l'instant, que ces couvents fussent placés sous la protection de nos troupes. La nouvelle de ces fuites avait traversé les Ardennes comme un éclair : le peuple s'était emporté, quelques maisons avaient été brûlées. Dès la première annonce du danger, Madeleine avait levé ses yeux vers moi, en me regardant sans une ombre d'égarement, sereine et décidée.

– Très bien, avait-elle dit, ils viendront me prendre.

Et elle était restée debout près de la porte fermée, tournant vers moi sa bouche éclairée par un sourire triste et puéril, où la résignation l'emportait sur l'amour. Le jour était clair et léger et, soudain, la cloche de l'église de Carlsbourg se mit à sonner le tocsin.

Je me précipitai au-dehors et regardai vers le pays ; la route était déserte, mais un nuage de fumée noire s'élevait du côté du couvent.

– Ils ont mis le feu à la maison de la Valghedem, dit Madeleine d'une voix tranquille. Ils brûleront la nôtre aussi. Dieu n'a pas pitié de nous, ajouta-t-elle en faisant le signe de la croix.

La vieille femme s'était agenouillée devant la cheminée, le visage entre les mains. Fuir, fuir, mais où ? Gagner les bois, se cacher dans les fourrés, et puis ? Le froid, la neige, et la vieille femme qui ne pouvait courir. Il n'y avait pas de temps à perdre ; en quelques bonds j'arriverais au village, je me ferais remettre un ordre par le commandement, je reviendrais avec un détachement de soldats, je les conduirais au couvent de Carlsbourg, personne ne les toucherait, elles seraient sauvées.

– Nenni, répondait la pauvrette en me regardant dans les yeux.

Moi, je courais, la tête dans cette cloche qui sonnait le tocsin. Le pays était en tumulte ; la nouvelle que les malheureuses allaient s'enfuir d'un moment à l'autre, sous bonne escorte, avait répandu dans les rues une foule de femmes en furie, d'hommes armés de bâtons, d'enfants hurlants. La maison de la Valghedem avait été mise à feu.

– La Valghedem ! La Valghedem !

Ils la cherchaient dans les maisons, dans les fenils, dans les étables, puis ils se portèrent tous en courant vers le couvent, où l'on disait que la scélérate s'était réfugiée. Et des coups dans la porte et dans les murs, et des pierres dans les fenêtres. Pris à l'improviste, notre commandement avait pourtant réussi à envoyer, pendant qu'il en était temps encore, une demi-compagnie pour prêter main-forte aux moines, et une autre cinquantaine de fantassins avec des seaux, pour jeter de l'eau sur la maison de la Valghedem, qui brûlait comme un tas de bois.

– Place, place ! hurlais-je en courant.

La foule forme une haie au milieu de la route, je me rue dans le tas, tête basse, mille bras me saisissent, je me dégage, je donne des coups sur la tête des plus proches, et je file, ventre à terre, vers le commandement. Personne n'avait pensé à l'auberge du *Sanglier noir*. On me donne l'ordre, je repars avec une dizaine de soldats, je reviens en arrière à toute allure ; les rues étaient désertes.

– Ils sont allés de ce côté, me disent les fantassins qui sont de garde au couvent.

Mon Dieu, mon Dieu, Madeleine ! Et, tout à coup, une clameur au loin. Je me précipite hors du pays, précédant mes hommes, et au tournant que forme la route, avant d'entrer dans la sapinière, voici venir à notre rencontre un cortège d'enragés, et au milieu, traînée par les cheveux, Madeleine, le visage tout en sang, nue sous les coups de fouet.

– Tirez en l'air, criai-je.

Aux coups de feu, la foule recula, se dispersa, mais avant que je puisse me jeter sur Madeleine et lui porter secours, un homme arrive sur elle, la frappe à l'aine, se redresse en jetant un couteau et disparaît dans le bois.

La fille du pasteur de Börn

Après la mort de ma mère, le grand silence des bois du Norrland envahit notre maison à Börn ; une ombre froide et humide ternit les vitres des fenêtres, les cristaux, les terres cuites dans les buffets, un souffle verdâtre voila les plats de cuivre suspendus aux parois, les faïences, les poignées de cuivre, des taches blanches de moisissure apparurent sur les murs et s'élargirent, visqueuses et lentes. Mon père, pasteur à l'église de Börn, chercha inutilement à défendre la maison contre l'emprise humide des bois : il alluma des feux dans les cheminées, mit des brasiers dans chaque coin, fit même abattre les vieux sapins vénérables de la cour, arbres de famille ; l'humidité gonflait, tordait, bossuait le bois des cloisons et des parquets, les portes, les meubles, les contrevents, déclouait et renversait les poutres du toit. Plusieurs fois mon père fut sur le point de mettre le feu à toute la maison, pour ne pas la voir mourir ainsi, peu à peu, mais il ne se lassa pas de la défendre, avec un amour profond, fait d'angoisses et de colères soudaines, jusqu'à ce que, sans espoir désormais et estimant qu'il ne faut pas s'opposer aux signes de Dieu, il se retirât dans la pièce la plus sombre et abandonnât la maison sans défense.

Depuis ce jour-là, je demeurai moi aussi sans défense. Personne ne venait nous trouver, jamais personne, en sortant de l'église, ne semblait se souvenir de mon père, qui était devenu muet et dédaigneux, et regardait tous les gens comme des ennemis. Les habitants de Börn, quand ils passaient devant notre maison, regardaient avec curiosité et défiance la porte fermée et levaient les yeux vers les fenêtres pour s'assurer de ce que l'on disait de moi, prisonnière et malade dans la triste maison en ruine. Mais personne n'osait interroger mon père. Quand, dans la pénombre de l'église, il tournait, pour le prêche dominical, vers la foule des fidèles, son visage pâle et tourmenté de rides, ses yeux cernés et sa bouche dédaigneuse, les bonnes gens de Börn avaient pitié de lui et se reprochaient, dans leur for intérieur, de l'avoir laissé seul, de l'avoir abandonné à sa douleur et à sa solitude. Comme il avait changé depuis l'époque où ma mère sortait avec lui sur les routes blanches parmi les sapins sombres, vers les scieries et les fermes éparpillées dans le cercle sonore des cloches de Börn ! De ses frayeurs, de ses manies, de son profond désespoir, on parlait à voix basse, comme d'une souffrance commune dont tous se sentaient un peu coupables. Quelques-uns, parmi les plus jeunes, avaient des paroles dures pour sa folie et lui reprochaient de me tenir enfermée dans cette triste maison de bois pourri et de pierre moussue. Mais les plus vieux du pays, qui avaient connu leur pasteur quand il était jeune et tranquille, disaient que j'avais hérité du caractère faible et résigné de ma mère, et ne s'étonnaient point de ma captivité volontaire.

Dans cette ombre humide et froide, mes jours s'écoulaient pareils et lents. Mon père, qui me portait un amour jaloux et inquiet, ne me permettait aucun geste, aucune parole de joie, ni de pitié ou d'affection. Il suffisait d'un sourire pour le blesser. « Anne ! Anne ! j'ai peur », cria-t-il un jour du fond de sa pièce obscure en m'entendant chanter. « Va-t'en », me dit-il d'une voix étranglée, en me repoussant brusquement une autre fois où j'essayais d'appuyer ma tête sur son épaule : il avait les yeux pleins de larmes, mais son regard était méchant. De temps à autre, il se cachait pour pleurer dans le coin le plus sombre de la maison ; il pleurait comme un enfant, les poings sur les yeux, en sanglotant. Souvent, je l'entendais crier tout à coup ; j'attendais alors qu'il appelât au secours, comme il le faisait toujours lorsqu'il était fatigué de hurler (« Au secours ! Au secours ! » criait-il soudain, et aussitôt il se taisait). J'entrais dans sa chambre sur la pointe des pieds, pour remettre en ordre les objets que, dans sa colère, il mettait sens dessus dessous. Le visage caché dans ses bras croisés sur le bureau, il feignait de dormir, retenant sa respiration. Mais lorsque, tout à coup, une frayeur l'assaillait, il venait vers moi avec un air menaçant et soupçonneux et regardait tout autour de lui.

Mon père avait pour les miroirs une aversion maniaque, il les cherchait partout, fouillant et furetant dans les armoires, dans les bahuts, dans les vieux meubles fermés depuis de nombreuses années, et il allongeait le visage, humant l'air, comme s'il les flairait ; lorsque, cas rarissime, il en trouvait un, il le prenait à deux mains, détournait les yeux pour ne pas se voir et courait à l'aveuglette, criant et hurlant, le jeter par la fenêtre. Quand le verre se brisait, son visage se rasérénait. Puis il se mettait à parcourir la maison avec un air de triomphe et se montrait de bonne humeur pour le restant de la journée.

Pour m'habiller, je devais me mirer en cachette dans les vitres des fenêtres. Mon père m'interdisait de m'arranger à ma façon ; pour ne pas le faire souffrir, j'avais dû quitter les vêtements que je portais avant la mort de ma mère, et mettre, sans les ajuster, ceux de ma pauvre maman. Enveloppée dans les larges plis des vieux velours et des étoffes froissées et décolorées, enfermée dans le satin effiloché d'un grand corsage, je me sentais résignée à la tristesse des saisons passées. Souvent, je me surprenais à écouter les gémissements du bois pourri dans les coins sombres, le son égal d'une pendule, le bruit du vent dans les sapins. Il me semblait que le temps n'avait pas de mesure, qu'il était immobile au-dessus de moi, que ma vie n'avait pas d'âge. J'avais un souvenir confus des saisons lointaines. Parfois, en me regardant dans la vitre d'une fenêtre, je reconnaissais le visage de ma mère dans le mien, et je pleurais de la voir aussi pâle, aussi fatiguée. « Marie ! » m'implorait mon père en m'appelant par le prénom de ma pauvre maman. « Marie ! », et il continuait à me regarder extatiquement, de loin, les yeux sombres dans son visage blanc, et n'osant m'approcher.

Le jour où Guda entra dans notre maison, mon père ne voulut pas le voir.

– Que vient-il faire ? me demanda-t-il. Prépare-lui une chambre et ne t'occupe pas de lui. C'est le nouveau pasteur qui devrait me remplacer ici, à Börn.

Et il alla, tout courbé et sinistre, s'enfermer dans sa chambre.

Guda me dit tout de suite, comme pour s'excuser, qu'il n'était pas venu pour remplacer mon père, mais pour l'aider.

– L'église de Börn, ajouta-t-il, est très importante, et votre père, seul et malade comme il est, ne saurait supporter davantage la fatigue et les soucis de sa charge.

Il me fit comprendre que son aide permettrait à mon père de rester longtemps encore titulaire de l'église de Börn, ce qui, étant donné son état de santé, ne serait pas admis autrement par les autorités supérieures.

– Il est malade, très malade, conclut-il à voix basse et en me regardant.

Puis il me pria de cacher à mon père les véritables raisons de sa venue à Börn, de lui faire croire qu'ayant été ordonné prêtre récemment, il avait demandé, en raison de l'estime et de l'affection dont le vieux pasteur jouissait dans tout le Norrland, la permission de choisir Börn pour première résidence où il s'initierait à la pratique de son ministère.

Le soir même, je pris courage, et j'allai rapporter à mon père ce que Guda m'avait dit.

– Je le savais, dit mon père en fermant les yeux et en riant, j'étais averti de tout : même les cités de Dieu se prennent par des embûches. Du reste, ajouta-t-il, qu'il soit le bienvenu chez nous : si ce qu'il dit est vrai, nous le verrons à l'épreuve. Vienne qui veut commander en maître à l'église : il devra commencer par enlever la rouille des cloches. Mais chez moi, je ne veux ni aide ni conseil.

Là, il ouvrit les yeux, s'apprêtant à se tourner de l'autre côté, et j'étais déjà sur la porte lorsqu'il s'écria d'une voix étranglée :

– Marie ! qui t'a dit de te coiffer ainsi ?

Et il cacha son visage entre ses mains pour ne pas me voir autrement qu'il avait toujours vu ma pauvre maman.

Grand, mince, le visage jeune et sévère, les yeux noirs et le regard sûr, Guda parlait et souriait avec la sérénité de qui n'a rien à cacher ni à soi ni aux autres. Dès le premier jour, il ne m'avait pas dissimulé son étonnement en me voyant habillée de façon aussi étrange, les jupes trop larges et trop longues, le buste trop haut, le visage perdu dans un ample col de dentelle jaunie. « Vous devriez vous coiffer autrement, m'avait-il dit, dégager votre front. » Quand il s'aperçut que mon père ne m'appelait pas par mon prénom, mais par celui de ma pauvre maman, il cessa de me reprocher, comme il le faisait souvent affectueusement, avec un sourire d'enfant dans son visage sérieux, ma façon de m'habiller et ma coiffure d'autrefois. Il ne me demanda plus, en souriant, pourquoi je m'appliquais tellement à ressembler à la « poupée de grand-mère ». Mais je lui étais surtout reconnaissante pour la bonté qu'il manifestait dans ses rapports avec mon père ; il l'accompagnait à l'église, l'aidait, le remplaçait pour les affaires les plus ennuyeuses, allait avec lui visiter les fermiers, feignant de ne pas remarquer ses impolitesses et ses regards farouches, et cherchant à lui faire oublier les raisons de sa présence à Börn, à éveiller sa sympathie avec un naturel mesuré et digne. Au début, mon père l'avait traité avec mépris, l'appelant « celui-là » et le fixant avec méfiance chaque fois qu'il me suivait des yeux ou m'adressait la parole. Puis, peu à peu, il s'était laissé vaincre par l'habitude de la vie en commun, jusqu'à bien vouloir passer la soirée en compagnie de Guda, dans la grande pièce humide et sombre du rez-de-chaussée, devant la cheminée, à l'intérieur du cercle de lumière jaune de la grande lampe à pétrole. Assise à l'écart, je restais chaque soir, les écoutant en silence, et regardant à la dérobée pour ne pas éveiller la jalousie de mon père, le visage sévère de Guda ; et chaque fois que ses yeux rencontraient les miens, il me semblait qu'une grande lumière envahissait toute la maison. Je voyais les sapins au-dehors, éclairés par un ciel transparent, se balancer doucement dans une légère ombre bleue ; un air de crèche entrait par les fenêtres, clair et parfumé de résine ; les plats de cuivre suspendus aux murs brillaient, les vitres ternes redevenaient propres, les cristaux, les faïences, les terres cuites resplendissaient à nouveau dans les bahuts, autour de moi se répandait une lumière de joie, un nouveau plaisir des yeux.

À côté de Guda, les choses et les gens me paraissaient plus petits et plus fragiles ; moi-même je me sentais trembler. Et je m'apercevais que je pleurais au moment où il prenait mes mains et me regardait longuement, en silence ; alors je souriais de bonheur.

– Anne, me dit Guda un jour, vous devez cesser cette douloureuse comédie, votre mère en souffre.

Et il me fit ôter l'ample col de dentelle, relever les cheveux sur les tempes et sur le front, raccourcir les jupes trop longues.

Quand mon père s'aperçut du changement :

– Va-t'en, Anne, va-t'en, cria-t-il, et il cacha son visage entre ses mains.

Guda me regarda :

– Restez, dit-il à voix haute.

J'eus l'impression de tomber, je m'appuyai au mur, je levai les yeux sur Guda sans réussir à le voir, je me dirigeai vers la porte, je sortis. À peine dehors, je me laissai glisser au fond d'un grand silence, où parvenaient, rauques et lointains, des mots étranges, dont le sens m'échappait. Guda me dit, par la suite, que mon père avait eu une crise de larmes, qu'il s'était emporté comme un enfant, qu'il avait parlé de moi en m'appelant Marie, le prénom de ma mère, et il lui avait reproché de vouloir son malheur, d'être venu mettre le désespoir dans cette maison déjà pleine de douleur, le suppliant, les yeux en pleurs, de l'épargner au moins dans son affection la plus chère : qu'il lui volât à la rigueur l'église qui appartenait à la population de Börn, mais qu'il lui laissât son épouse, sa chère Marie, la seule personne qui ne l'avait pas abandonné après la mort de sa fille, sa pauvre Anne.

– Il est malade, conclut Guda, mais je ne me sens pas de continuer à le tromper. Il s'agit de vous, comprenez-vous ? Je ne puis vous seconder dans cette douloureuse comédie ; je ne puis aider son mal. Il faut que, peu à peu, vous redeveniez sa fille, pour lui aussi ; le jour où il ne verra plus en vous l'image de la pauvre morte, son esprit s'éclaircira. Dieu a créé le bonheur pour tous, ajouta-t-il.

C'est ainsi que nous nous quittâmes ce soir-là, après nous être regardés longuement dans les yeux où déjà l'amour mettait cependant un début de lumière.

Pourquoi rappeler tout ce que j'ai souffert, les jours fermés, l'ombre continuelle, les heures d'attente dans l'obscurité de la maison malade ? Les peurs soudaines quand je sentais le regard de mon père peser sur moi, ou quand j'entendais sa voix lointaine m'appeler du fond de la maison, par ce prénom qui n'était pas le mien ? Peu à peu, insensiblement, avec une prudence pleine de crainte et de regret, je reprenais mon aspect d'autrefois : une grâce timide, un étonnement continu et souriant éclairaient mon visage pâle, que ne dissimulait plus l'ample col de dentelle jaunie ; mon corps agile et souple, gainé dans une vieille robe de ma mère, ajustée à ma façon, paraissait maintenant jeune et leste, et je découvrais en moi des pudeurs et des duretés que je ne soupçonnais pas auparavant. Mais je n'osais pas me libérer du haut corsage de satin, pour ne pas frapper trop brusquement mon père, qui suivait, avec une douloureuse surprise, ma très lente transformation.

Depuis qu'il s'était aperçu que j'étais en train de changer de visage, mon père s'était éloigné de moi et il évitait de me rencontrer. Souvent je le voyais s'enfuir en toute hâte, se cacher dans un angle obscur, glisser le long des murs ou se sauver, épouvanté, en criant lorsque j'apparaissais à l'improviste. « Marie ! Marie ! » appelait-il ; et aussitôt il se taisait, retenant son souffle, de crainte que quelqu'un vînt le chercher. Il ne sortait presque jamais, même pas pour se rendre à l'église, mais il remplissait ses devoirs religieux dans une pièce sombre, devant une étagère de livres en guise d'autel, se retournant de temps en temps avec un regard ténébreux et réprobateur, comme si véritablement la population de Börn était distraite derrière lui. Il ne manquait pas, tous les dimanches matin, d'inviter Guda à écouter son prêche matinal, dit d'une voix haute, avec une émouvante simplicité de gestes et de mots dans l'ombre de cette chambre déserte. Mais Guda nous laissait pour se rendre à l'église, et je restais seule pour écouter, cachée derrière la porte, cette chère voix inquiète, et pour pleurer à ces mots tristes et bons, dont il avait peut-être oublié le sens.

– Guérira-t-il ? demandaient les anciens à Guda. Dieu veuille, au moins, épargner sa fille.

On craignait que je fusse malade moi aussi, et bien des gens, qui m'avaient vue avec une grande coiffe de dentelle jaune nouée sous le menton et une jupe à traîne, affirmaient que je ne tarderais pas à suivre ma mère.

Le jour où, enfin, je sortis de la maison, les gens me regardaient, ahuris, et s'étonnaient de me voir sourire, car désormais ils m'imaginaient pâle et délirante, avec une coiffe et une traîne, dans une maison en ruine. On commença alors à murmurer que le nouveau pasteur n'était pas étranger à ma guérison. Les gens de Börn étaient bons, et ils aimaient Guda.

Je me sentais chaque jour plus liée à Guda par une affection délicate et profonde. Nos silences étaient comme de larges vallées. J'avais l'impression que mon sourire éclairait toutes choses autour de moi : ce fut une brutale chute d'ombre, quand il m'embrassa pour la première fois. Puis la lumière rejaillit et ne nous abandonna plus, pendant tout notre temps de bonheur. Saison perdue. Souvent nous nous engagions, dans les calmes après-midi d'automne, sous les hauts sapins, jusqu'au bord du lac ; le paysage autour de Börn avait changé d'aspect depuis que Guda était venu parmi nous. Les arbres, les maisons, les miroirs d'eau calme avaient une intensité de crèche, qui nous faisaient redevenir innocents et enfants ; les arbres de carton peint, les toits trop rouges et les murs trop blancs des fermes, les rubans des routes posés sur le coton vert des prés, les bandes de papier argenté des fleuves et des ruisseaux, le vert scintillant du lac, tout semblait disposé avec un soin amoureux pour une fête de famille. Souvent, la nuit, je levais les yeux pour lire dans les nuages, sous la complaisante comète, les paroles saintes de la paix humaine, et je croyais voir les sapins éclairés par les petites bougies de Noël.

Quand il découvrit sur mon visage que j'étais heureuse, mon père se pencha, se mit à me regarder avec une telle expression de jalousie blessée que je ne pouvais supporter le poids de ces yeux, tantôt méchants, tantôt implorants, et je m'enfuyais, effrayée, en rougissant de pudeur et d'épouvante.

– N'aie pas peur, me disait Guda pour me rassurer, il ne te fera aucun mal.

Un jour, vers le coucher du soleil (les premières brumes sortaient déjà des bois en glissant lentement sur les taches de neige), nous allions vers le lac, lorsque nous entendîmes crier derrière nous. C'étaient des cris brefs et rauques, comme ceux que poussent les bergers pour appeler les chiens : « Eha ! Eha ! »

– Ce n'est rien, il n'y a personne, dit Guda en se retournant de temps à autre. C'est Marnö qui rassemble ses moutons.

Nous étions à peine arrivés aux trois moulins, à l'endroit où la route rencontre le lac, quand une voix cria :

– Tu déshonores ma maison, Guda ! Tu m'as volé ma femme, Guda ! Guda ! Guda !

Une pierre vint tomber presque à mes pieds. Guda me prit dans ses bras et se mit à courir en direction du village. Il faisait déjà noir, et la brume avait pénétré dans toutes les chambres. Je ne pouvais même pas pleurer, si grande était mon angoisse. Guda se plaça sur le seuil. Immobile, il observait la route : de temps en temps, il se retournait pour me regarder, calme comme toujours ; dans ses yeux brillait une clarté lumineuse et ses lèvres étaient entrouvertes comme pour la prière. Mon père arriva, enfin, courbé et méfiant, avec l'air effrayé d'un enfant qui se sent coupable. Il s'arrêta devant Guda, leva les yeux, rougit, essaya de parler et sourit.

– Père, lui dit Guda, immobile sur la porte et lui barrant la route, c'est mal ce que vous avez fait. Cela prouve que vous ne croyez pas en Dieu.

Mon père le regarda fixement, courba les épaules, passa une main sur ses yeux.

– J'ai froid, balbutia-t-il.

– Il y a longtemps que vous ne priez pas, poursuivit Guda à voix basse, et c'est mal : il ne faut rien cacher à Dieu de ce que l'on fait.

Le pauvre malade essaya de sourire, mais sa bouche lui faisait mal.

– J'ai froid, répéta-t-il en entrouvrant les lèvres avec peine.

Guda recula, le laissa passer, le suivit des yeux dans l'ombre.

Depuis ce soir-là, je ne connus plus la paix. J'avais peur de mon père ; je ne savais comment lui échapper, comment faire pour ne pas le rencontrer, pour ne pas le voir, tellement la crainte était plus forte que la pitié ; s'il paraissait soudain devant moi, sortant de quelque coin obscur, je sentais mon sang se glacer, et je levais les bras en criant, pour l'effrayer.

– Malheur ! Malheur ! hurlait alors le pauvre malade, et il courait se cacher au fond de la maison.

C'était le mot qu'il répétait le plus souvent depuis quelque temps : « Malheur ! Malheur ! », et il secouait la tête, en ricanant, avec l'air tragique et drôle que prennent les enfants qui jouent à se faire peur. Il ne craignait que Guda : le son de sa voix l'attirait, le soir, auprès du feu, sa présence le rassérénait. Quand Guda lisait à haute voix, mon père le regardait dans les yeux sans ciller ; de temps en temps, il poussait un profond soupir et souriait. Mais ce n'étaient que de brefs éclairs, auxquels succédaient de nouvelles inquiétudes et de nouvelles épouvantes.

Un soir, mon père fut trouvé étendu dans un fossé aux environs de Börn ; il gisait, les yeux fermés, dans la neige boueuse, raide et immobile comme un mort, et il riait.

– Allez dire que le pasteur de Börn a été tué par Guda, ne cessait-il de répéter, par Guda qui lui a volé sa femme.

On le releva et on le transporta à dos d'homme jusqu'à la maison, en faisant un grand détour pour que personne ne le vît dans le pays.

– Voyez comme le vieux pasteur de Börn a été maudit par Dieu, disait-il de temps en temps à ceux qui le portaient.

Puis il ne voulut plus ouvrir les yeux, ni bouger, mais il resta toute la nuit étendu, en souriant.

– Levez-vous, lui dit Guda le matin suivant. Vous ne voyez donc pas que toute la population de Börn est autour de vous et vous regarde ?

Mon père ouvrit les yeux, effrayé, et aussitôt, voyant qu'il était seul avec Guda, il se mit à pleurer très fort, le visage entre les mains.

– Malheur ! Malheur ! sanglotait-il. On a tué le pasteur de Börn, on l'a abandonné dans un fossé, on l'a laissé tout seul !

Et il continua à délirer dans son lit en se lamentant, jusqu'à ce qu'il fût vaincu par la fatigue et le sommeil.

Le soir même, Guda réunit les notables de Börn et leur décrivit l'état de mon père, son continuel délire, ses extravagances, et le danger qu'il représentait pour moi si l'on ne prenait pas des mesures en temps voulu.

– C'est un malade, ajouta-t-il, que nous devons soigner un peu tous, nous ne pouvons le laisser sans aide ; et nous ne devons pas penser seulement au bien que nous pourrons lui faire, mais aussi au mal qu'il pourrait nous causer.

Guda parlait avec une grande douceur, mais d'une voix ferme. L'état de mon père n'était ignoré de personne : chacun à Börn en souffrait comme d'un malheur personnel, mais personne ne savait comment l'aider. Les avis étaient nombreux et chacun parlait à contrecœur, mécontent de ne pouvoir se mettre d'accord avec les autres. L'éloigner de Börn, lui ôter, en titre aussi, l'église qu'il avait administrée pendant de si longues années, cela semblait à tous de l'ingratitude. Le mal dont souffrait mon père était le signe que Dieu montrait à la population de Börn, afin que tous se souvinssent du bien qu'il avait mérité d'eux.

– Il a été notre père pendant si longtemps, dit Marnö, le vieux Marnö, le berger qui avait passé toute sa vie dans la solitude des prés et des bois, et maintenant il est notre enfant. Il souffre pour tous nos péchés. Ce n'est pas la première fois que la justice de Dieu s'abat sur un innocent, pour sauver les coupables. Le même cas s'est produit à Urvaal, lorsque j'y allais, tout jeune, pour la tonte. Alors, le malade fut aussi considéré comme l'enfant de tous. Il faut le soigner. Nous le garderons à Börn, et vous, Guda, vous vous occuperez de l'église en son nom, comme vous l'avez fait jusqu'ici.

Tout le monde approuva ce que Marnö avait dit.

– Il ne dépend plus de l'évêque désormais, ajouta un autre, mais de nous.

– Il appartient à toute la population de Börn, dit Guda, mais sa fille ?

Tout le monde fixa les yeux sur ceux de Guda, et il baissa la tête.

– Vous seul pouvez nous conseiller, dit quelqu'un.

– Personne mieux que vous, suggéra un autre, ne pourrait servir de tuteur à sa fille.

Guda se taisait.

– L'affection que je porte à sa fille, répondit-il après un long silence, ne me permet pas d'en être le tuteur !

Et il raconta tout : mes incessantes frayeurs, l'état d'inquiétude où il m'avait trouvée et ce qu'il avait fait pour moi, pour me sauver de cette pénible comédie, l'amour qui, peu à peu, était né entre nous, la folie de mon père, qui croyait reconnaître en moi ma pauvre maman, sa jalousie, ses manies, sa dernière extravagance.

– Il n'y a qu'un seul remède, dit Marnö à Guda, c'est que vous l'épousiez.

– Je vous ai appelés pour cela, répondit Guda, pour écouter vos conseils. Je ne puis décider tout seul : Anne ne m'appartient pas. Vous seuls pouvez consentir à notre bonheur.

Tout le monde était ému, Guda lui-même avait les yeux remplis de larmes. Ainsi notre mariage fut-il décidé pour la fin de l'hiver. Mon père irait, pour quelque temps, habiter chez Marnö, jusqu'à ce que son état de santé lui permette de revenir vivre avec nous. Dans la ferme de Marnö, une des plus riches du pays, entourée de gras pâturages, et sans cesse égayée de bêlements, il retrouverait, sans doute, la sérénité d'autrefois. Une femme de Börn, qui m'avait tenue dans ses bras lorsque j'étais enfant, viendrait habiter avec moi, pour ne pas me laisser seule dans la maison triste, où l'ombre se retirait peu à peu, de chambre en chambre, comme si le printemps avait soudainement fleuri dans tout le Norrland enneigé.

Le jour des noces, la population de Börn était accourue des fermes les plus lointaines : tout le monde m'entourait pour me saluer. Je reconnaissais celles qui avaient été enfants avec moi, et que j'avais ensuite oubliées quand ma pauvre maman avait commencé à tousser, et j'étais surprise de revoir tout à coup de nombreuses personnes que je n'avais plus vues depuis plusieurs années, changées, vieillies et souriant maintenant sans joie.

Mon père n'avait pas été tenu au courant de l'événement : la veille, Marnö l'avait éloigné de Börn et accompagné à travers le lac gelé jusqu'aux fermes de l'autre rive, à une demi-journée de distance. Mais le bon Marnö était revenu à temps pour me voir sortir de l'église au bras de Guda et m'avait saluée tout haut, à la manière des vieux bergers, debout, les jambes écartées, au milieu d'un groupe de musiciens déjà ivres avant de boire et qui l'avaient suivi, sur les luges ornées de branches vertes, flairant à l'horizon le vent de l'orgie nuptiale. Jusqu'à tard dans la soirée, ce fut un va-et-vient continuel de gens accourus à la fête, une alternance de chœurs, en bas dans la cour, sur la musique des flûtes et des violons, autour des grands bassins fumants de *punch*. Puis tout le monde était parti, en groupe, derrière les musiciens, en chantant cette vieille chanson du Norrland qui commence ainsi : « Allons prendre les filles blondes pour faire rougir la lune. » Je ne m'étais jamais sentie aussi heureuse et aussi triste. La nuit était légère et lumineuse sur la neige ; les arbres étaient sans ombres dans la clarté lunaire. On me dit, plus tard, que mon père était soudain apparu au milieu de la fête, échevelé et bouleversé, hurlant comme un loup blessé : on l'avait saisi et éloigné de vive force, en lui tenant la bouche pour que je ne l'entendisse point crier. On l'avait emporté derrière les musiciens, parmi ceux qui chantaient et tapaient des pieds en cadence, pour couvrir sa voix.

Depuis ce jour-là, ma vie fut longtemps sans inquiétude. Guda était pour moi aussi bon qu'un frère : rien ne me gênait dans son amour d'homme. Si je tremblais parfois dans ses bras, c'était à cause de l'innocence de ce que j'éprouvais : la crainte et le plaisir. Dans les soirées tranquilles éclairées par la neige, soirées tièdes dans la grande maison silencieuse, Guda me regardait longuement sans dire un mot, ou bien il me parlait avec sérénité de ce que le bonheur nous réservait encore d'inconnu ; et chaque fois qu'il m'embrassait, il fermait les yeux pour ne pas me voir rougir, disait-il.

Chaque jour, Guda équipait la luge et partait en tournée, pour visiter les malades de ferme en ferme et prendre des nouvelles, chez les bûcherons et les bergers, de l'état du bétail et du prochain dégel. Cette année-là, l'hiver était exceptionnellement long et froid. Les moutons mouraient en grand nombre dans les bergeries, les vaches ne donnaient pas de lait. Sur les sentiers des sapinières on rencontrait souvent des renards moribonds, et dans les nuits de lune on entendait les loups hurler aux abords du lac. La neige dure tardait à fondre et, aux premiers jours de mars, entourait encore les fermes. Des gens qui venaient du nord répandaient la nouvelle d'une disette prochaine dans tout le Norrland et conseillaient à ceux de Börn de descendre faire provision de farine pendant qu'il en était encore temps. L'eau gelait sur les roues, arrêtant les moulins, et beaucoup partaient sur des luges vides derrière les gens descendus du nord, pour aller chercher du pain et des vivres dans les villages de la plaine.

On l'avait vu passer quelques heures avant, le long du lac, vers les moulins, et on avait retrouvé ensuite sa luge avec une barre cassée et le cheval meurtri, embourbé, empêtré dans son harnais, sur la route de Börn. Guda ! Guda ! Guda ! Les hommes accoururent, cherchèrent, fouillèrent partout dans les fossés, dans les maquis, dans les sapinières. La maison était pleine de monde, je ne pouvais même pas crier, j'avais l'impression d'être devenue sourde, je voyais les bouches remuer, mais je n'entendais pas ce qu'elles disaient. Tout à coup un bruit de pas, des chuchotements, un halètement : je voulus courir vers la porte, je me sentis saisir par les bras, je poussai un hurlement.

Et voici que lentement la porte s'ouvrait, un homme entrait, courbé, avec deux piquets sur les épaules, la tête entre deux pieds saillants, et, derrière, d'autres hommes courbés, prudents et haletants.

– Doucement, doucement, disait-on.

L'homme leva les bras, baissa la tête en la passant sous ces pieds, s'approcha de la table qui était au milieu de la pièce, y posa quelque chose de lourd, de délicat, d'humain. Guda ! Guda ! Je me dégageai, je fis quelques pas, je tombai en avant, presque sur la poitrine de Guda : le visage blême, les lèvres entrouvertes, les yeux ouverts et calmes, Guda me regardait.

— Laissez-la, disaient-ils autour de moi, et je sentais un grand sommeil dans ma bouche, je ne pouvais pleurer, mes yeux me faisaient mal.

— Il a heurté de la tête, disaient-ils.

Et pour l'instant je ne pouvais rien faire, il fallait attendre, il s'éveillerait plus tard.

— C'est sûrement un coup de bâton, disaient-ils.

Et personne ne l'avait défendu, on l'avait laissé mourir, personne ne voulait le défendre, maintenant.

— On l'a frappé à la tête, disaient-ils autour de moi, loin, très loin.

Mais pourquoi, pourquoi ? Guda ! Guda !

Ils me regardaient tous sans répondre, secouant la tête, muets, à genoux devant la fenêtre, ils priaient en regardant le ciel clair du soir et les premières ombres parmi les arbres ; l'un d'eux approcha ses mains sur le visage de Guda pour lui fermer les paupières.

— Non ! Non ! criai-je. Marnö, aidez-moi, aidez-moi, vous, il faut le sauver, il ne doit pas mourir ainsi.

Le vieillard me regardait et pleurait.

— Emmenez-la, disait-on.

Et je ne pouvais rien faire, Guda, rien : mais qui est-ce, qui est-ce, qui est-ce ?

Tout à coup, livide, échevelé, souillé de boue, mon père entra : il regarda autour de lui sans voir Guda étendu sur la table, passa tout voûté, franchit la porte qui donnait sur ses pièces.

– Venez, venez, me dit Marnö en me prenant par la main.

Mon père marchait la tête basse, parlant à voix haute et gesticulant. Dès qu'il nous vit entrer, il s'arrêta, fixa Marnö dans les yeux, leva un bras comme pour se défendre.

– Qu'es-tu venu faire ? lui dit-il. Tu es venu me reprendre ? Que me veux-tu ? Ici je suis chez moi, c'est moi le maître, je ne veux pas d'intrus dans ma maison.

Et il se réfugia dans un coin obscur en haletant et gémissant.

Une grande pitié s'empara de moi, je m'agenouillai devant lui, je lui baisai les mains. Il se mit à trembler, il cacha ses mains derrière son dos, suivit des yeux, rouges dans l'ombre, les gestes lents de Marnö qui allumait une à une les bougies dans les chandeliers ; puis il me regarda avec crainte et humilité et se baissa tout à coup pour me baiser mes cheveux.

– Marie, dit-il, en m'appelant par le prénom de ma pauvre maman, Marie, j'ai tant souffert pour toi, maintenant nous serons heureux.

À ces mots, j'essayai de me lever, je poussai un cri.

– Laissez-le parler, me murmura Marnö en s'approchant de moi comme pour me protéger. N'ayez pas peur, je suis là, laissez-le parler.

Mon père avait baissé la tête, et il tremblait ; de temps en temps, un frisson contractait ses mains.

– Marie, murmura-t-il après un long silence, je te pardonne, Marie, toi aussi tu dois me pardonner, toi aussi tu me pardonnes, n'est-ce pas ?

– Mon Dieu ! Mon Dieu ! Mon Dieu ! hurlai-je en m'accrochant à ses genoux et en tendant la main pour lui fermer la bouche.

Marnö me prit par le bras, essaya de m'emmener.

– Laissez-moi, implorai-je, laissez-moi. Guda ! Guda !
Guda !

À ce nom, mon père se jeta en arrière, poussa un hurlement et s'écroula. Marnö se jeta sur lui, le saisit aux épaules, le clouant au sol, approcha sa bouche du visage de mon père :

– Vous devez parler, lui dit-il à voix basse, vous devez dire pourquoi, pourquoi, pourquoi.

Mon père le regardait sans bouger.

– Toi aussi, Marnö, dit-il ensuite avec une grande douceur, toi aussi, tu veux me faire du mal.

Ainsi étendu par terre, immobile, il semblait mort.

Tout à coup, il se souleva sur ses coudes, retomba, resta haletant et gémissant, les yeux fermés.

– Où avez-vous jeté le bâton ? lui demanda soudain Marnö.

Mon père ouvrait les yeux lentement.

– Guda, où est Guda ? balbutia-t-il.

Et au geste que fit Marnö pour lui dire « il est là-bas », il poussa un hurlement, se dressa sur ses pieds, s'enfuit, mais, après quelques pas, tomba terrassé en heurtant le sol de la tête. Guda ! Guda ! Guda !

Le Nègre de Comacchio

La ville de Comacchio, célèbre pour ses canaux peuplés d'anguilles, plongée dans l'eau jusqu'au cou pendant toutes les saisons de l'année, est la seule ville dont Ferrare, la grasse Ferrare, enterrée jusqu'aux premiers étages de ses maisons de terre cuite, ait à se garder nuit et jour, si elle veut demeurer à sec. On sait que, depuis des siècles, la politique de Comacchio vise à faire de l'Émilie une immense lagune et à semer des anguilles jusqu'au pied des murs de Bologne ; politique opposée à celle des Ferrarais, qui voudraient assécher toute l'Adriatique, du golfe de Quarnaro au canal d'Otrante. Les Este, d'abord, et les papes, ensuite, ont toujours soupçonné Comacchio d'être la longue main de Venise dans cette politique d'eau dormante, et ce n'est pas sans raison que les Florentins, qui se méfient des Vénitiens, les estimant dignes d'être nés à Florence, n'ont jamais permis que le fretin de Pise remontât l'Arno au-delà du pont des Lions, sachant bien que saint Marc suit toujours les anguilles.

Entre Ferrarais et habitants de Comacchio, soyons justes, il n'est pas d'entente ; mais comment la paix peut-elle régner entre un peuple d'agriculteurs et un peuple qui vit de la pêche ? Ajoutez à ces natures opposées la force du vin, qui dans cette région aussi moud mieux que l'eau, comme l'on dit en Italie. Les Ferrarais utilisent le salpêtre pour assainir les caves, car il est prouvé que le salpêtre absorbe l'humidité beaucoup mieux que l'hydrovore de Codigoro, et les gens de Comacchio pêchent les anguilles pour le seul plaisir de les noyer dans le vin d'Albana, le lambrusco et le sangiovese : ce qui est le meilleur moyen pour les mariner. On sait que les anguilles sont comme le riz, qui naît dans l'eau et meurt dans le vin.

De 1860 à nos jours, les *Sociétés ferraraises pour l'assèchement des canaux de Comacchio*, que l'on a abattues à coups de fusil, ne se comptent plus, et l'on ne peut raconter toutes les colères de la population de Ferrare contre les habitants de Comacchio toutes les fois que dans les fossés du Château d'Este une anguille fait coucou : colères non inférieures à celles des Romains, chaque fois qu'ils voyaient apparaître dans la campagne, aux portes de Rome, un mercenaire d'Hannibal. Si l'on asséchait les lagunes à coups de poing, et si l'on pouvait inonder les champs à coups de bâton, on se promènerait aujourd'hui en gondole à travers les rues de Ferrare, et en voiture à travers les canaux de Comacchio. Mais la nature est plus sage que l'histoire, bien que l'on dise, et point à tort, que les Ferrarais sont fous.

Parmi les raisons les plus sérieuses qui, après 1860, l'État pontifical ayant fait place au nouveau royaume, ont rallumé l'ancienne rivalité entre les deux populations, il faut citer l'arrivée inopinée à Comacchio, durant l'été 1885, d'un Nègre de l'Ouganda, appelé Semba. Grand et fort comme un Hercule, on aurait dit, à l'honneur des Ferrarais, qu'il appartenait vraiment à la haute lignée herculéenne : un véritable athlète, un boxeur-né, un lutteur, capable d'effrayer trois habitants de Comacchio réunis, un vrai fils des forêts équatoriales. Quand il riait, on eût dit qu'il avait la bouche pleine de dents ; dès qu'il remuait pour lever le bras, plier la jambe ou tourner la tête, tous ses muscles émergeaient à fleur de peau, se poursuivant le long de sa poitrine et remontant au sommet de son dos, se regroupant et se nouant autour des coudes, sur les épaules, sur la nuque ; si l'on posait une main sur son ventre, il résonnait comme un tambour, et ses yeux, habituellement calmes et ronds comme ceux d'un bœuf, disparaissaient d'un seul coup, dans les moments de colère, laissant sous son front deux trous blancs où, peu à peu, le sang montait et se grumelait. La première gifle que Semba donna à un sergent de ville qui voulait l'arrêter, dès son arrivée, sous prétexte d'éviter une peur aux enfants et aux femmes enceintes, résonna comme un coup de gong et fit accourir sur la place toute la population de Comacchio.

De mémoire d'homme, on n'avait jamais vu un Nègre dans cette région.

– Oh ! Oh ! criait la foule en sortant des maisons et en faisant cercle autour du Nègre.

– Tenez-le bien, recommandait le sergent de ville, étendu par terre, le visage tuméfié, tenez-le bien, attention qu'il ne vous morde pas, prenez-le, prenez-le !

Mais personne ne se risquait à toucher cet Hercule noir, nu et brillant comme un piston. La rumeur grandissait, les gens accouraient des ruelles et du fond de la place, en riant et se trémoussant, femmes, enfants, hommes, tous en sabots et à demi nus, avec des visages de pirates, l'air effronté et joyeux, et avec les gestes violents qui distinguent des Ferrarais et des autres Émiliens ou Vénitiens des Bouches du Pô ce peuple antique et fier, d'origine illyrique, au teint olivâtre et aux façons de haute mer.

Dès le début de la bousculade, le Nègre comprit qu'il ne lui fallait pas laisser perdre toute cette joie.

– *Celecetece !* cria-t-il, et il se mit à danser le *celecetece*, en chantant dans sa langue natale :

> *A na ngo tu ng'ande*
> *Celecetece*
> *Celecetece*
> *A ne ngo ku tu ng'ande.*

Ces bonds, ces grimaces et ces contorsions mirent la foule en délire.

– *Celecetece !* répondaient en chœur les habitants de Comacchio, frappant le sol avec leurs sabots.

Le Nègre tapait, avec ses poings, sur son ventre comme sur la peau d'un tam-tam, et, toujours en chantant et dansant, il entra dans la foule, se fraya un passage, et emboîta le pas du sergent de ville qui, entre-temps, s'était remis sur pied et lui faisait signe de le suivre.

> *A na ngo tu ng'ande*
> *Celecetece !*

Le sergent de ville marchait la tête haute, la paume de sa main droite appuyée sur sa joue enflée, dans une pose qui faisait penser à celle d'un portrait célèbre de Mazzini : il regardait autour de lui, crachait en l'air, toussait, se rengorgeant, tout fier de conduire en prison un homme aussi noir, après une lutte aussi âpre, et de temps à autre il se retournait, jetait un coup d'œil prudent à Semba et pressait le pas pour maintenir les distances.

Celecetece ! criait le peuple, et de hurler, de chahuter, d'applaudir et de rire, tous dans le sillage de ce Nègre endiablé, qui allait en prison en chantant, en dansant et en faisant des grimaces pour ne pas perdre son parterre.

Tout à coup, au débouché d'une ruelle, juste devant la porte du commissariat de police, voici venir au-devant du tumulte un poissonnier portant sur son chef un plein panier d'anguilles vivantes, qui s'enchevêtraient en frétillant et pendillaient de chaque côté, lui faisant une sorte de tête de Méduse, coiffée à la Récamier. À cette vue, Semba s'arrêta, avança rapidement une main, saisit une anguille et la mit dans sa bouche toute vivante et frétillante en bon mangeur de serpents qu'il devait être.

– Oh ! Oh !

Ce fut un délire, la foule se pressa autour du poissonnier, et en moins d'un instant vida le panier ; les plus proches se jetèrent sur le Nègre, serrant dans leurs poings les cheveux arrachés à la Méduse, qui glissaient entre leurs doigts et se démenaient comme pour piquer, tandis que les plus éloignés faisaient tomber sur lui une pluie d'anguilles ; les uns criant « prends ! prends ! », les autres hurlant « quel diable ! », les autres, encore, ayant ôté leurs sabots et les frappant l'un contre l'autre, à la manière des Vendéens en ribote.

« Si je ne réussis pas à m'enfuir, ou bien il me faut manger les anguilles, ou bien ce sont les anguilles qui me mangeront », dut penser le Nègre, car, tout à coup, après avoir poussé un grand hurlement à pleine bouche, il se fraya un passage en jouant des coudes, se jeta sur le sergent de ville, le saisit par le cou et, apercevant à quelques pas de là une porte à l'architrave de laquelle pendait un écusson, en quatre bonds il fut sur le seuil, entra en grande furie et amena le sergent de ville en prison.

À Comacchio, personne ne dormit cette nuit-là. L'histoire du Nègre, ses aventures, ses prouesses dans les forêts africaines, ses explorations, ses voyages, les hasards qui l'avaient conduit de l'Ouganda jusqu'à la lagune de

Comacchio allaient de bouche à oreille et tenaient le peuple en effervescence. Avant d'être enfermé au violon, Semba avait raconté, en détail, aux agents de police, toute l'histoire de sa vie ; ainsi, de confidence en confidence, le bruit avait couru qu'il ne s'agissait pas d'un Nègre quelconque, un de ces nombreux Nègres qui vont de foire en marché s'exhiber dans une baraque ou sur un tapis au centre d'une place, comme on pouvait le croire à première vue, mais d'un Nègre d'importance, d'un personnage digne de respect, d'un explorateur qui avait grandement contribué à répandre, parmi les Africains, la connaissance des coutumes, de la civilisation et de la géographie européennes.

L'histoire de cet explorateur noir, qui n'agissait pas pour le compte de l'*African Association* ou de la *Société Royale de Géographie* de Londres, mais pour le compte du roi de l'Ouganda, n'était pas moins intéressante que celle des plus célèbres explorateurs blancs du dix-huitième siècle. La couleur mise à part, Semba pouvait prétendre appartenir à la famille des Mungo Park, Laing, Denham, Clapperton, Richard Lauder, Barth ; son nom, quoique inconnu des Européens, était célèbre dans les forêts de l'équateur, et allait de pair avec ceux de Livingstone, de Stanley, de Speke, de Grant, de Beltrame, d'Andrea Debono, de Giovanni Miani, de Baker, de Burton, d'Antonelli, de Thomson, de Ruspoli, de Bottego, de Marchand, et de tous les héroïques pionniers des conquêtes africaines. Célèbre depuis plusieurs années déjà pour avoir découvert le cours supérieur du Nil et la Haute-Égypte, dont les Nègres de l'Ouganda avaient jusqu'alors ignoré l'existence, Semba avait conçu, un beau jour, l'audacieux projet de partir à la découverte de l'Europe. Continent légendaire qui éveillait depuis plusieurs siècles la curiosité et la cupidité des peuplades africaines.

Il n'était pas rare, alors, de voir apparaître, dans les pays équatoriaux, des explorateurs blancs, partis des lointaines terres du nord, à la découverte des sources du Nil. Aux questions anxieuses des Européens, Semba ne pouvait s'empêcher de sourire, en pensant aux dangers et aux sacrifices qu'ils avaient endurés pour percer le mystère de ces sources, que tous les habitants de l'Ouganda auraient pu leur montrer du doigt. Mais son orgueil d'explorateur noir, bien que lui interdisant de s'adresser aux explorateurs blancs pour avoir des renseignements sur les bouches du Nil, qui présentaient pour lui autant d'intérêt que les sources pour les Européens, fit naître dans son esprit le projet de descendre vers les pays de la Haute-Égypte, dont il avait révélé l'existence au cours d'une expédition célèbre, et d'atteindre la mer pour essayer de découvrir l'embouchure du grand fleuve mystérieux.

Ayant quitté l'Ouganda, dans le courant de l'automne 1883, Semba avait traversé, avec deux compagnons seulement, à pied et en pirogue, tout l'immense territoire qui sépare la région des grands lacs équatoriaux des côtes méditerranéennes ; après des aventures, des dangers et des souffrances inénarrables, il était arrivé finalement à l'immense delta, en vue d'Alexandrie, la ville légendaire, que la tradition des populations équatoriales situait aux limites du monde, sur les rivages d'une mer peuplée de monstres.

Mais cette audacieuse entreprise, qui restera mémorable dans l'histoire de l'exploration africaine, ne pouvait se dire achevée : il restait encore à percer le mystère du continent blanc. Ayant renvoyé ses compagnons apporter dans l'Ouganda la nouvelle de la grande découverte des bouches du Nil, l'héroïque explorateur poussa sa pirogue sur la mer et partit à l'aventure vers l'Europe mystérieuse. Surpris par une tempête sur les côtes de la Syrie, et recueilli par un voilier maltais qui faisait la contrebande des éponges avec les îles grecques de l'Égée, Semba était enfin arrivé, après de nombreuses péripéties, en vue d'un port ; et il s'apprêtait déjà à débarquer, quand un vent très violent, soufflant de terre, rejeta le voilier au large, rompit ses haubans, abattit ses mâts, le remplit d'eau jusqu'au pont, et à l'aube du cinquième jour, malgré les efforts de l'équipage pour vider la cale à l'aide des éponges, le goba comme un œuf.

Heureusement, la terre était toute proche ; une côte plate, plantée de pins solitaires et de roseaux et qui se poursuivait à perte de vue, au-delà d'une mince langue de sable, en une immense étendue de lagunes toutes jaunes de soleil ; et là-bas, dans le fond, un groupe de maisons autour d'un clocher.

« Sans doute, pensa le Nègre, ceci est l'Europe. » Et après un petit somme sur la plage, il entra allègrement dans le marais, s'arrêtant de temps à autre pour écouter la voix toujours plus lointaine de la mer, et, tantôt à gué, tantôt nageant comme une grenouille, il traversa les canaux et parvint sur la place de Comacchio.

Après une nuit sans sommeil, les habitants de Comacchio sortirent de chez eux avec l'intention de fêter l'événement et se portèrent en foule sous les fenêtres de la prison, à grand renfort de vivats et d'applaudissements.

– Dehors ! Dehors !

Mais dès que le bruit courut que l'héroïque explorateur noir devait être transféré à la prison de Ferrare, et qu'il partirait dans le courant de la matinée avec les carabiniers, des vivats on passa aux coups de sifflet, des applaudissements aux hurlements, le tumulte monta jusqu'aux toits, et Dieu sait ce qui serait advenu si, afin d'apaiser les esprits, le curé de Comacchio n'était apparu à une fenêtre, bras dessus bras dessous avec Semba, pour annoncer que si les Ferrarais étaient jaloux et s'ils voulaient emporter le Nègre de l'Ouganda, dans le dessein de le conduire au Palais de Ludovic Le More, ils n'avaient qu'à venir le prendre eux-mêmes, et que si Ferrare avait le Palais, Comacchio avait Ludovic.

– Chacun a droit à son lot, conclut-il. Dieu est avec tout le monde et boit à la santé de tous.

– Non ! Non ! répondit la foule.

Et le premier à être convaincu que Dieu ne peut être avec les Ferrarais, ce fut Semba qui, libéré le soir même, pour n'avoir rien fait de mal et n'avoir jamais de sa vie donné de soufflets à personne, pardonna à toute l'Europe, même au sergent de ville qui avait reçu et gardé la gifle, chanta, dansa le *celecetece*, but, rebut, mangea, et vers minuit fut nommé capitaine des dragueurs, amiral des pêcheurs contrebandiers, grand explorateur des canaux de Comacchio.

Semba était calme ; le vin lui plaisait, surtout le lambrusco, bien qu'il ne se sentît point de faire la grimace au vin de Bosco ; et les anguilles lui rappelaient l'Ouganda, les orgies de serpents, les goûters de lézards. C'était bien là le pays qui lui convenait, le pays fait tout exprès pour ne mourir ni de faim ni de soif : vin et anguilles et tout à la portée de la main et de la bouche, et tout était bon, et tout pour lui. Les gens s'arrêtaient pour le regarder manger et boire, les femmes riaient en se frappant le ventre à paumes ouvertes, les enfants écarquillaient les yeux et se disaient l'un l'autre :

– Il va éclater.

Il n'était pas d'habitant de Comacchio qui pût lui tenir tête pour lever le coude sans plier les genoux.

– Ce sont, disait le Nègre, dans son langage fait de patois de Comacchio et d'africain, les éponges de ce voilier qui m'a amené jusqu'ici qui m'ont appris.

Et il buvait joyeusement à la mémoire des marins maltais disparus dans la tempête. De temps à autre, déchaînant les rires des spectateurs, il glissait dans sa bouche la tête d'une anguille vivante, et tout doucement la suçait jusqu'au bout, comme si c'était une asperge. Les yeux clos, il faisait tourner entre ses lèvres la queue de l'anguille, puis il montrait deux trous blancs sous son front, pour faire croire aux enfants qu'il avait avalé ses yeux aussi.

– Crache-les, crache-les ! vociféraient les gosses.

Et :

– Vive Comacchio ! criait alors Semba, en absorbant par litres entiers le vin de Bosco.

Si l'Europe était toute comme ce pays-là, au diable l'Ouganda !

Plongé dans l'eau jusqu'au ventre, ou bien assis dans une périssoire, les genoux sous le menton, le Nègre se démenait du matin au soir, à la tête des pêcheurs armés de pieux en guise de rames, d'un bord à l'autre des canaux immenses. À le voir nu et noir dans le soleil, frappant l'eau de sa perche dans une girandole d'aspersions, ou courir dans l'eau jusqu'à la ceinture faisant le moulinet avec ses bras, se jeter soudain sur le ventre, faire des cabrioles au milieu du canal pour effrayer les anguilles et les acheminer vers les viviers, on eût dit un Neptune enfumé malignement par le boiteux Vulcain.

– Vas-y donc ! criaient les spectateurs attroupés le long du rivage.

Depuis que Semba était là, les habitants de Comacchio prenaient du bon temps : le Nègre travaillait pour tous, gouvernait les viviers, chassait les anguilles des bancs de vase trop épais, pourchassait les grenouilles et les serpents aquatiques, manœuvrait les écluses pour adoucir ou saler les canaux. Dans les nuits d'ouragan et pendant la saison de la récolte, il était le premier à donner le signal de la battue, et le premier à affronter l'orage, passant toute la nuit dans les lagunes, à la tête de la population, sous la pluie fouettée par le vent, dans le fracas des coups de tonnerre, nu, noir et hurlant dans la lumière blafarde des éclairs, comme un corsaire à l'abordage d'un galion. Debout dans les périssoires, les pêcheurs le suivaient en s'appuyant sur leurs perches et s'appelant pour ne pas s'égarer dans le noir. « Ohé ! Ohé ! » ; tantôt ils s'éparpillaient dans une sorte de frétillement rapide, sur un cri de Semba, tantôt ils accouraient de toutes parts pour se regrouper autour d'une bouée, se penchant sur l'eau, lorsque l'ouragan s'apaisait, pour écouter le son prolongé des cloches qui montait de la fabuleuse cité immergée dans la lagune.

Quand venait la saison de la paresse, les habitants se réunissaient, dans une heureuse oisiveté, pour dire du mal des Ferrarais, boire le vin de Bosco et jouer à la mourre. Semba sentait alors renaître dans son cœur la nostalgie des fleuves lents d'Afrique, des voyages aventureux, des terres inexplorées. Le vent de l'aventure ouvrait devant ses yeux les lointains horizons marins, poursuivait les nuages jaunes dans le soleil, au fond de la verte étendue des champs, au-delà du miroir bleu des canaux. Et un soir, après une grande beuverie, le Nègre déserta la compagnie des pêcheurs, réunis pour faire ripaille, et partit en secret à la découverte des sources du Lambrusco.

Pendant quelques jours on ne sut plus rien de lui.

– Il est mort, il s'est enfui, ce sont les Ferrarais qui l'ont enlevé ! criaient les pêcheurs d'une voix désespérée, allant à sa recherche, armés de perches et de couteaux à poisson, fouillaient les caves et les greniers, mettaient les meubles sens dessus dessous, farfouillaient dans les matelas, couraient le long des rives en appelant le fuyard par son nom, faisaient sonner les cloches, tiraient des salves, hurlaient « À Ferrare, à Ferrare ! », et Dieu sait ce que tout ce désordre aurait engendré si le bruit n'avait pas couru que le Nègre de l'Ouganda avait été retrouvé, étendu par terre, les jambes écartées, sur une place de Modène, ivre mort de lambrusco. Le retour du Nègre fut triomphal, et la population de Comacchio put enfin aller se coucher tranquillement. Mais le lambrusco, non plus, n'avait pu éteindre la soif d'aventures qui brûlait le cœur de Semba.

– Ou vous me laissez partir à l'amiable, ou je fuirai et je ne reviendrai plus, disait le grand explorateur noir aux pêcheurs qui faisaient la sourde oreille.

Et s'il ne s'était plus montré ! Et s'il était tombé aux mains des Ferrarais ! Mais on ne pouvait tout de même pas l'attacher, et il fallut bien le laisser partir. On lui fit jurer qu'il se contenterait, pour cette fois, d'explorer le cours du Panaro ; on équipa une périssoire, on lui donna une provision d'anguilles, une barrique de vin de Bosco, et, le jour du départ, tous les pêcheurs l'accompagnèrent en cortège à Porto Garibaldi, le mirent à la mer, le poussèrent, le suivirent jusque dans l'eau, le saluant à grands cris, entonnant en chœur le *Celecetece*.

Trois semaines ne s'étaient pas encore écoulées lorsque Semba, après avoir remonté le Panaro, et en avoir découvert les sources, fit retour à Comacchio, plus nu et plus noir que jamais. Fêté par les populations riveraines qui rivalisaient pour lui apporter une aide, l'intrépide explorateur avait dû pourtant surmonter de grandes difficultés au cours de sa mémorable équipée car, à un certain point, il s'était trouvé à sec, et il lui avait fallu poursuivre sa route à pied, faute d'eau : spectacle inédit pour les habitants des bords du Panaro, que cette sorte d'Othello qui, en plein été, sous une canicule à faire éclater les pierres, remontait la grève poussiéreuse, avec une périssoire sur les épaules.

Le voyage de retour avait été un continuel triomphe : la nouvelle qu'un Nègre avait découvert les sources de ce fleuve régional s'était répandue, comme un éclair, dans toute l'Émilie, et des foules accourues des villages les plus lointains avaient salué, sur les rives, le passage de l'explorateur, qui s'abandonnait au fil du courant en agitant les bras, avec l'air satisfait d'un Triton en barque. Il avait un fiasco pour coquille, et soufflait dedans, de temps à autre, gonflant ses joues avec des gestes et des poses à rendre jaloux le Triton du Bernin sur la place Barberini. Arrivé à Comacchio, il avait été empoigné par les pêcheurs, soulevé, porté en triomphe, et pendant trois jours de suite : lambrusco, albana, sangiovese, vins de Bosco, soupers, beuveries, illuminations et ripailles.

– Cette fois tu ne nous échappes plus ! criait la foule, et on le menaçait de l'attacher et de lui faire passer, à coups de bâton, l'envie de folâtrer ; de l'enfermer dans un tonneau plein, de le noyer dans le vin, plutôt que de le laisser courir une autre fois le risque de telles aventures.

Mais Semba était né pour un destin libre et glorieux ; le jour de l'Assomption, il s'en alla, salué par les tirs de salves, par les pleurs des femmes et par les cris étranglés des pêcheurs, à la découverte des sources du Reno, remonta le fleuve mystérieux, passa près de Bologne entre deux haies

51

de gras Bolognais délirants, mit le cap sur l'Apennin, entra dans la vallée au-dessous de San Luca, et les premiers jours de septembre, surmontant des obstacles, des dangers et des difficultés de toutes sortes, il parvint enfin aux sources inexplorées de ce Nil émilien.

Le bruit du nouvel exploit courut les campagnes, les bourgs, les villes de l'Émilie, et la gloire de Semba fut paysanne et citadine. Son nom était désormais lié pour toujours à la découverte des bouches du Nil et des sources du Reno et du Panaro, deux des fleuves les plus célèbres d'Europe : il pouvait se reposer, vivre tranquille, s'adonner heureusement aux œuvres sereines de la paix, au milieu d'un peuple qui le portait en triomphe tous les dimanches. Mais son destin était d'explorer les terres, de s'aventurer dans les entreprises les plus désespérées, de dévoiler les secrets des fleuves, des lacs et des bois profonds.

Aux premiers jours d'octobre, Semba fit ses adieux aux gens de Comacchio, et partit à la découverte des sources du Pô de Volano. Son cœur était triste, mais le vent d'automne brisait les horizons marins, et la lumière, comme un fleuve, se renversait pour inonder la plaine. De temps à autre, dans la douceur du matin, l'herbe s'éclairait soudain autour des arbres, et de blancs nuages errants passaient dans l'eau, d'une rive à l'autre, comme d'un horizon à l'autre.

Le Pô de Volano passe à une portée de fusil de Ferrare, et il n'est pas étonnant que des bandes de Ferrarais fous, ou simulant la folie, en infestent les berges. Le Nègre partit et ne revint plus. À la fin du mois, le peuple de Comacchio commença à s'agiter, s'arma de pieux, de couteaux, de fouets et s'apprêtait à se mettre en route avec des barils de poix et d'eau régale, des sacs d'étoupe et des rouleaux de mèches pour ravager la ville d'Hercule et brûler vivante toute l'illustre progéniture herculéenne, pour venger enfin la mort de Semba. C'est alors que survint, haletant, l'un des pêcheurs qui avaient été chargés d'aller ratisser la vase du Pô de Volano, à la recherche de l'infortuné héros, et il fit à la population des canaux, dans une scène digne de l'*Amyntas*, le récit de sa fin tragique.

Égaré dans la zone des assèchements, dans le dédale des canaux de décharge, Semba avait disparu, une nuit, absorbé traîtreusement par l'hydrovore de Codigoro. Et le dernier cri terrible du héros avait réveillé brusquement, le long des rives du Pô, le hennissement des poulains sauvages, des milles et des milles alentour, jusqu'aux bois de la Mesola, comme autrefois, le long des rives du Scamandre, le dernier cri d'Hector, dompteur de chevaux.

Le marteleur de la Vieille Angleterre

La première fois que Bob As parut à Prato, c'était un lundi, sur la place du Dôme, parmi les bancs des revendeurs, des grainetiers, des tresseurs, des marchands de cruchons en cuivre, de couvertures, de châles, de beignets, de gaufres, de biscuits et de tartelettes.

Grand et gros comme un hercule des jours ouvrables, avec des mains larges comme des biftecks, un thorax de lutteur tout parsemé de promontoires, d'îlots, d'isthmes et d'archipels musculaires, qui se déplaçaient et qui saillaient à chaque mouvement de ses bras et à chaque haussement d'épaules, une tête petite, ronde et chauve, posée sur un cou long et maigre, comme une pomme artificielle sur une colonnette de marbre, et un visage, dirait la chansonnette populaire, d'enfant à peine né, sans poils, sans rides, tout salive et sourire. Mais si le corps était de chair et d'os et découpé à la hache, les jambes étaient de roseaux, et découpées au canif : de mémoire d'homme, on n'avait jamais vu à Prato des jambes de chrétiens plus fines, plus brandillantes et plus sèches que celles-là. On eût dit un homme fait exprès pour rester assis : un hercule, dis-je, auquel se fier les yeux fermés, vigoureux mais bon enfant, gonflé de coups à revendre, mais paisible comme un courtier.

Il était vêtu à la mode écossaise, avec une petite jupe qui descendait jusqu'aux genoux. Il s'arrêta au milieu de la place, sous le monument érigé en souvenir de Magnolfi, ouvrit une valise large comme une malle qu'il avait transportée en équilibre entre sa tête et son cou, en tira un tapis enroulé, une grosse boule de fer surmontée d'un anneau, un trépied, une trompette courte, un drapeau anglais, quatre gants de boxe, un escabeau pliant, une bouteille de whisky et, enfin, quelques rouleaux qui devaient être des affiches de chanteur ambulant. Il planta la hampe du drapeau dans le trépied, déroula le tapis, y disposa les gants, la boule et la bouteille, saisit la trompette, échangea un sourire avec la petite fille qui l'avait suivi, tout enveloppée dans un châle et qui s'était assise sur l'escabeau, regarda autour de lui, toussa, cracha, et souffla dans la trompette pour appeler le public.

Le lundi est jour de marché et les paysans des alentours viennent passer cette journée à la ville. Aussitôt une foule importante se rassembla autour du géant en petite jupe ; les uns disaient :

– Il va manger de l'étoupe et cracher du feu ; il va avaler une épée ; il va faire des cabrioles avec l'épée dans sa bouche ; il va nous donner les numéros gagnants du loto ; il va jouer au bras de fer, à saute-mouton ; il va faire le grand écart ; il va faire l'arbre droit.

Et les autres criaient :

– Vas-y donc ; ou bien : ôte ta jupe ; ou encore : regarde ces jambes, et les uns poussaient, les autres se frayaient un passage à coups d'épaule ; d'autres encore se jetaient en arrière pour ne pas piétiner le tapis. Quand la rixe arriva aux coups sur le nez et aux jurons, l'hercule retira la trompette de sa bouche, dégrafa sa jupe et resta en caleçon, droit et rengorgé, sur ces jambes qui sortaient effrayées et tremblantes de son ventre rebondi et tendu comme un tambour. Puis il se baissa lentement, passa une main dans l'anneau, souleva la boule en étendant le bras droit et en tournant sur ses talons pour la montrer aux spectateurs, ramena son bras à sa poitrine dans cette position que les gymnastes appellent la première position, leva sa main libre et ferma les yeux, sourit et cria :

– Silence !

Au bruit que fit ce cri en heurtant ses dents pour sortir de sa bouche, la foule comprit que cet hercule n'était pas celui de Pratolino, mais un hercule étranger.

– Il est de Pistoia, dit quelqu'un.

– Non, il est allemand, repartit un autre.

– Il est romagnol.

– Je vous dis que c'est un Anglais ! Oui, un Anglais de Campi.

– Ah, le drapeau ? Si vous faites attention aux drapeaux !

– Hep ! calmez-vous là-bas.

– Ohé ! Ohé ! Ohé !

– Vive Gambacciani, hurla alors un spectateur, et tout le monde de rire et de regarder les jambes du gros homme.

Gambacciani est un anarchiste de Prato, très populaire dans toute la vallée du Bisenzio, et qui vend des poteries sur la place du Dôme, près de l'auberge de Caciotti. Ce Gambacciani en caleçon rouvrit les yeux, posa la boule de fer, saisit d'une main la hampe du drapeau, de l'autre une de ses affiches qu'il déroula lentement, faisant apparaître d'abord la tête, puis le thorax d'un lutteur, coupé en deux par une sorte d'épigraphe, où l'on pouvait lire en gros caractères : « Voici l'invincible Bob As, champion d'Écosse, vétéran du ring, dit le marteleur de la Vieille Angleterre », et faisant à petits pas, les bras tendus et le torse bombé, le tour du tapis, il annonça : « Quarante années de boxe, cent quatre-vingts victoires, trente médailles, dix dents cassées en combat. » Et il ouvrit la bouche toute grande, se penchant en avant et présentant son visage pour montrer, à ceux qui étaient les plus près, les trous de ses gencives et les autres honorables dommages de ses quarante ans de gloire.

Alors la fillette quitta l'escabeau et se mit à applaudir sous son châle, pour donner le signal aux spectateurs : tout le monde fit comme elle, la fillette reprit sa place, Bob As ferma la bouche, glissa dans le trépied la hampe du drapeau, enroula tout doucement l'affiche des deux mains, se pencha pour saisir la boule de fer et, d'un seul coup, la souleva à bras tendu, fit semblant de la laisser tomber sur sa tête, la retint à mi-chemin, la posa en équilibre sur son cou, fléchissant sur ses genoux, se balançant, tournant sur ses talons les bras ouverts, se releva, saisit de nouveau la boule, fit mine de la lancer sur les spectateurs, qui se jetèrent en arrière, effrayés, parmi les hurlements et les éclats de rire des plus éloignés.

– Cinquante lires à qui la soulèvera d'une seule main ! annonça-t-il.

Et il se pencha pour déposer la boule au milieu du tapis, passa dans l'anneau la pointe de son pied droit, croisa ses bras sur sa poitrine, et tourna les yeux vers la foule, avec un air de triomphe.

– Vive le champion d'Écosse ! cria la fillette en battant des mains.

Tout le monde applaudit, et Bob As s'inclina noblement, par trois fois, les yeux fermés.

– On ne dirait pas, mais ça pèse, observa un spectateur en regardant la boule de travers.

– Sans doute plus de cent kilos, dit un autre.

– Une demi-lire par kilo, ajouta un troisième, et il se retourna en riant.

Personne ne se risquait à mettre le pied sur le tapis.

– Courage les enfants ! Vas-y, Agénor ! Hé, Catriosso ! Hé, Mammaccia ! Hé, Scaracchia ! Hé, Pimpero ! Hé, Galcianese ! criait la foule en excitant par ses hurlements les tirons, les hercules de la porte Sainte-Trinité et des quartiers populaires, des faubourgs, de la campagne, de la vallée du Bisenzio, et en poussant dans la cohue les jeunes gens aux épaules larges et les fanfarons des beuveries dominicales.

– Hé ! Hé ! criait un sacripant aux poils roux qu'un groupe d'agités avait entouré et poussait vers le tapis, avec les mains, à coups de coude, en le soulevant, en le faisant tourner comme une toupie à coups d'épaule dans le dos.

Quand il fut à sa portée, Bob As avança les mains, le saisit par les bras, se jeta sur lui de tout son poids, le força à plier les genoux, le visage sur la bouche, et hop, il se leva d'un bond, recula d'un pas, et attendit, les bras croisés.

– Vas-y ! Vas-y ! hurlait la foule.

Excité par les cris de ses camarades et les rires des femmes, le sacripant aux poils roux saisit l'anneau de la main droite, et de l'autre, faisant levier sur son genou gauche, il arracha la boule, la souleva d'une palme, puis de deux, puis de trois, la porta, le bras replié, à la hauteur de son flanc, resta un moment les jambes tordues, le ventre tendu, le cou durci, les veines gonflées, et soudain, patatras, tout s'écroula, boule et homme, tête première, dans une tempête de hurlements, de sifflets et d'applaudissements.

Bob As avait saisi l'infortuné athlète et, d'une poussée, l'ayant rejeté dans le ressac, il allait revenir sur la rive, fier et souriant, vers le milieu du tapis, quand un chien, se frayant un passage entre les jambes d'un spectateur, s'avança, la tête haute et remuant la queue, approcha son museau de la boule, la flaira et, avant que Bob As pût ouvrir la bouche, leva une patte, et dévisagea le marteleur de la Vieille Angleterre.

Au hurlement qui monta de la foule, le chien essaya de s'enfuir : mais l'hercule d'Écosse fut sur lui, le saisit par la queue, le fit tournoyer à bras tendu, et le lança dans les airs avec une telle force que le chien volant passa au-dessus du monument de Magnolfi, rasant le nez de cet illustre bienfaiteur de Prato, et retomba derrière les spectateurs sur la tente d'un banc de marchand.

– Oh ! Oh ! s'écrièrent les gens en levant les yeux et en tordant le cou pour suivre ce vol.

Mais à ce moment-là, un grand gaillard se fraya un passage à coups de coude, se jeta sur le marteleur de la Vieille Angleterre en criant :

– Je vais t'apprendre, moi, à faire voler mon chien !

Il le saisit par les bras et se mit à le secouer et à lui donner des coups de tête dans la poitrine, avec une telle furie qu'il avait tout l'air du fameux Tigna aux prises avec la porte du campanile de la cathédrale. C'était Carnaccia, le tripier de la rue du Porcellatico, marchand de graisse pour les chats, épais, enflé et rond comme une montgolfière.

– Vas-y ! Vas-y ! criaient ses camarades, et des rires s'élevaient, pareils à des roulements de tambour.

Bob As tint tête de son mieux à cet assaut soudain, essayant d'éviter les coups de tête au menton : tout d'abord il fit mine de prendre les choses du bon côté, un peu comme une plaisanterie, et il sautait de-ci de-là, parant les coups avec ses bras et, de temps en temps, pour maintenir les distances, répondant par une tape dans le dos aux voltiges et aux carambolages du tripier furibond.

– Frappe ! Frappe ! Pare !

Mais Carnaccia tout à coup s'apercevant qu'entre Toscan et Anglais les coups ne se portent point selon les conventions, et que les poings ne touchent pas leur but, fit trois pas en arrière, prit son élan et, se jetant sur l'hercule, lui décocha de côté un coup de pied dans un tibia. Bob As ouvrit les bras, ferma les yeux, pâle et en criant :

– Ah, traître !

Il roula jambes en l'air au milieu du tapis.

La foule, on le sait, s'amuse à ce genre de spectacle. Mais l'écho des éclats de rire qui montèrent bruyamment de ce coin de la place du Dôme n'avait pas encore ricoché contre le mur de l'auberge Caciotti, que déjà Bob As était sur ses pieds : en trois sauts, il fut sur le tripier, le saisit par le cou, lui décocha un coup de poing dans le nez, le jeta par terre, le souleva en le secouant comme un sac vide, lui prit la tête entre les genoux, et se mit à le frapper sur le dos comme s'il portait des coups de masse sur une grosse caisse. Le tripier hurlait comme un possédé, ruant à pieds joints et cherchant de ses mains à relâcher l'étreinte de ces genoux maigres, mais l'hercule frappait et frappait sans cesse, si bien que la foule s'apitoya, se fâcha, commença à hurler :

– Assez ! Assez !

Quelques compères s'avancèrent jusqu'au milieu du tapis et l'un, saisissant Carnaccia par les jambes, essayait de le libérer en le tirant par à-coups, un autre, se jetant sur le marteleur de la Vieille Angleterre, vétéran du ring, s'efforçait de le tirer en arrière par les épaules, un autre s'évertuait à le tenir immobile, un autre, enfin, lui rafraîchissait la tête à coups de carpes et de métacarpes. Bob As avait l'air d'un Laocoon battant ses enfants, d'un fou déchaîné, d'un Gasparone entre les sbires.

– Ah ! traître ! criait-il. Tu m'as jeté par terre, tu m'as donné un coup de pied en traître à moi, Bob As, champion d'Écosse ! Ah ! canailles ! Tous contre un ! Tiens, prends ! Tiens, pare ! Tiens, attrape ! Tiens, emporte chez toi !

Les hurlements montaient jusqu'aux toits, les coups de poing tournoyaient parmi les têtes, le sang jaillissait des nez, les femmes poussaient des cris : et tout à coup, une demi-douzaine de sergents de ville, prenant leur courage à deux mains, entrèrent dans la mêlée, le collet relevé et les yeux fermés, se frayèrent un passage en bousculant la foule, empoignèrent le Laocoon, le libérèrent de ses enfants devenus furieux, et criant :

– Que les bons citoyens se retirent !

Ils débarrassèrent le tapis de Carnaccia et de ses défenseurs et restèrent maîtres du terrain.

– Tenez-le, criaient les forcenés, mettez-lui les menottes, conduisez-le en prison !

Et Bob As :

– Me donner des coups de pied à moi, protestait-il, me frapper en traître, moi, un loyal Britannique, un libre Anglais, le plus gentleman des boxeurs de l'Écosse !

Et cependant il rangeait dans la valise l'escabeau, la trompette, les quatre gants de boxe, la boule de fer, les affiches enroulées, la bouteille de whisky. Puis, sortant du trépied la hampe du drapeau et le présentant, le bras tendu, solennellement à la petite fille il cria :

– Pour l'honneur de la Vieille Angleterre !

Il approcha ses lèvres du tissu décoloré, s'agenouilla pour enrouler le tapis et le replacer avec le trépied dans la valise, qu'il chargea, étant à genoux, sur ses épaules, et, se relevant, après avoir jeté autour de lui un dernier coup d'œil méprisant, il se plaça au milieu des gardes et s'achemina, courbé, à petits pas, suivi par la fillette qui portait le drapeau et toussait.

Pendant quelque temps on ne sut plus rien de lui. Le bruit courut qu'on l'avait gardé enfermé une dizaine de jours, et qu'on l'avait ensuite relâché pour lui permettre d'accompagner la petite fille de l'hôpital au cimetière de la nouvelle église. Derrière le corbillard de l'hôpital, le pauvre diable marchait, les yeux fermés, en trébuchant à chaque pas : quand le cercueil fut descendu dans la fosse, il regarda autour de lui et se mit à hurler, comme s'il appelait quelqu'un. Mais un lundi, vers le soir, au moment où déjà les revendeurs démontaient leurs bancs, enroulaient leurs bâches et chargeaient leurs charrettes, Bob As réapparut sur la place du Dôme, ouvrit la valise, en tira le drapeau et la boule de fer, passa dans l'anneau un morceau de corde, la noua par les bouts ; passa son cou dans la corde, saisit la hampe du drapeau et, tête baissée, avec la boule qui se balançait à la hauteur de ses genoux, il se dirigea lentement vers l'ouverture de l'ancien Borgo al Cornio, se retournant de temps à autre pour dire adieu du regard à la valise. Une nuée d'enfants le suivit en criant. Au carrefour de la rue des Teinturiers, Bob As s'arrêta, promena autour de lui un visage blanc et malingre, sortit de sa poche un long ruban noir, le noua au sommet du drapeau, sourit, et se remit à marcher en direction du marché. En y entrant, il perçut soudain dans le vent une odeur de cyprès et de genêts, parfum d'herbes et de nuages qui venaient à lui de la colline jaune et verte de la Retaia sous un ciel clair et printanier. Tout autour, dans l'ombre des portiques, les enclumes brillantes des chaudronniers, qui avaient déjà cessé leur travail, bourdonnaient encore dans l'immense place où résonnait toujours l'écho des derniers coups de marteau sur les brocs de cuivre.

Peu à peu le bourdonnement s'éteignait avec la lumière du jour. Bob As leva son visage vers la Retaia, trébucha, faillit tomber, traversa la place en chancelant, passa sous l'arc de la porte, et s'arrêta sur le pont du marché.

Le Bisenzio en crue coulait, gonflé de boue, heurtant les piles avec les ourlets de profonds tourbillons, qui brisaient leur écume en faisant un bruit sourd. Bob As hissa d'abord, à bout de bras, la boule de fer sur le parapet du pont, puis, se soulevant sur ses coudes, son ventre et ses jambes, resta un instant à genoux, les mains jointes, le visage tourné vers le fleuve, se dressa avec peine, lentement, en faisant osciller la boule dans le vide, approcha ses lèvres du ruban noir qui pendait au drapeau, et se jeta à l'eau.

La madone de Strapaese

La faible importance qu'a toujours eue et qu'a aujourd'hui encore la ville d'Arezzo dans les affaires toscanes ne s'explique pas. Les Arétins ont le nez suffisamment droit pour paraître tout à fait toscans, et pourtant ils ont l'air d'être confinés dans un coin, hors de portée, pour ne pas dire hors de la grâce de Dieu, étant pris, de dos, par les Romagnols – que la madone du Réconfort nous en préserve et nous en délivre – de côté, vers l'Orient, par les Ombriens couvis de Città di Castello, de face par les Siennois – que saint Donat les emporte – et du côté de l'Occident par les Florentins – que saint Antoine les mette tous dans un sac et les vende comme glands dans les environs de Padoue.

Aujourd'hui, les Arétins ont d'autres soucis que celui de penser à chatouiller les autres Toscans : l'Arno continue à éclabousser leurs maisons, et les querelles intestines ne manquent pas. Si chaque cheveu arraché en famille devenait un arbre, ils vivraient au milieu des bois. Et il est heureux qu'ils s'arrachent les cheveux entre eux, et n'aient ni le temps ni l'envie de regarder ailleurs ; car qui pourrait alors préserver les Toscans contre les surprises de l'humeur arétine ? Très rarement ils se réveillent et se précipitent vers le danger, mais, ces rares fois, sauve qui peut : là où ils passent, les Arétins sèment du vent, et laissent aux autres le soin de la récolte, à ceux qui s'y connaissent en fait de tempête. Et c'est le cas des Français qui, pour s'être risqués à planter l'arbre de la liberté à Arezzo, le dimanche 7 avril 1799, eurent à rendre des comptes à une telle race de tramontane, qu'ils faillirent, outre le dos, y perdre leurs bottes.

Le fait, avec ceux qui s'ensuivirent, est raconté dans les manuscrits et dans les opuscules rassemblés, avec bon nombre de journaux de l'époque, de proclamations, de lettres, d'estampes, de caricatures, d'hymnes et de poésies, à la Bibliothèque de la Confrérie de Sainte-Marie à Arezzo. Documents que tout bon Toscan, pour ne pas se laisser surprendre par un éventuel rajeunissement des fantaisies arétines et pouvoir se mettre à l'abri le moment venu, ferait bien de connaître, tout comme ceux qui sont conservés aux archives d'État à Florence : et parmi ceux-ci, le journal d'Ausano Perpignani, les liasses des actes conclus par S.A.R. et par le sénat florentin, du 1er mai à fin décembre 1799, les rapports des inspecteurs de police et toutes les pièces annexes. Mais revenons aux Français et apprenons par eux à ne point planter d'arbres dans les jardins potagers des Arétins.

« *Après les vêpres*, raconte le contemporain Ludovic Albergotti dans le manuscrit n° 24 de la Bibliothèque de la Confrérie de Sainte-Marie à Arezzo, *il advint que Domenico Pignotti, fanatique français, éleva au milieu de la place l'Arbre de la Liberté, au son de la musique et sous les vivats redoublés de quelques enfants soudoyés par le susdit chef des fanatiques Cette enseigne exécrée consistait en une perche peinte à bandes tricolores, au milieu de laquelle se trouvait le drapeau français. Il fut observé, en outre, qu'à cette cérémonie assistait un petit nombre d'habitants, qui sans un mot s'étonnaient d'une telle impiété. Puis l'œuvre fut couronnée par un petit discours que lut un prêtre piémontais, maître de maison chez le sieur Camille Albergotti, et dont les paroles furent notées et exécrées avec horreur par le peuple.* » Jusqu'ici rien de grave : l'odeur de roussi viendra ensuite.

Les Français étaient entrés dans Arezzo la veille, c'est-à-dire le 6 avril, mais leur arrivée n'avait réjoui que les Jacobins : « *le reste de la population se montra de mauvaise humeur, et surtout les paysans qui, c'était un samedi, avaient afflué en grand nombre* », comme ils font toujours en de telles occasions pour prendre le vent, bonne pratique de chez nous. Et dès le premier jour, ce ne furent que des proclamations et des ordonnances. Les Français se promenaient, la tête haute, et les Arétins, qui ont toujours compris leurs propres affaires et celles des autres, se mirent à coudre des cocardes : « *et l'on vit plusieurs membres du clergé mettre sur leur chapeau la cocarde française, et cela seulement par politique* ». Vous entendez ? les prêtres aussi, et, comme toujours, *par politique*, pour leur politique, comme toujours : qui, si l'on en juge par les faits, ne doit pas être mauvaise puisque cette fois-là, encore, elles les tira d'embarras dans l'affaire des sentinelles.

Un édit du 18 avril obligeait tous les citoyens à s'enrôler dans la garde nationale : et, le premier édit n'ayant point suffi, le 27 avril, on contraignit toutes les classes « *à s'inscrire par la force : les prêtres furent dispensés, à condition qu'ils payassent trois pauls, chaque fois qu'ils devaient monter la garde. Mais, le premier jour, personne ne fut dispensé, et cela suscita la colère du peuple* ». Que le fait de voir les nobles et le clergé monter la garde, spectacle comique avec ces tricornes sur l'oreille, les gibernes pendant sur l'ombilic, et le fusil tenu comme un cierge à la procession, que ce fait, suscitant la colère du peuple, fût parmi les motifs qui provoquèrent la rébellion contre les Français, ceci est dit dans la proclamation de la députation suprême, ou gouvernement provisoire, dont le père Mancinotti, religieux de Badia, était le secrétaire, proclamation affichée aux quatre coins d'Arezzo, six jours après le début de la révolte, c'est-à-dire le 12 mai : « *parce qu'ils avaient tourné en dérision les ministres ecclésiastiques et les nobles avec la sentinelle civique* ». Et parmi les nombreuses raisons avancées par les insurgés, celle-ci n'était pas à considérer comme la moindre.

Que l'on ajoute, à l'indignation populaire devant les vexations des Jacobins de chez nous et de France, la haine pour les profanateurs de la religion, le bruit des cruautés républicaines, les violences du capitaine Lavergne, commandant de la place, les vols des commissaires français expédiés de Florence pour faire main basse dans la région, et dont l'un « *partit pour Cortone et à son retour, ayant vidé toutes les caisses publiques, se rendit à Florence avec sept mille écus* », la crainte du pire, le fanatisme religieux, l'avarice, et l'on verra alors qu'il ne manquait à Arezzo ni du bois pour faire du feu ni de cordes pour sonner les cloches. Le 6 mai, un mois après l'entrée de Lavergne, les Arétins envoyèrent chiens et enfants arroser l'arbre de la liberté, et descendirent dans la rue.

Mais il serait injuste de les laisser aller s'exposer au danger, sans avoir dit d'abord quelles avaient été, dans les autres parties de la Toscane, les escarmouches de l'insurrection d'Arezzo, et quels avaient été les miracles qui annoncèrent la tempête.

Dès le 12 avril, alors que dix-huit jours à peine s'étaient écoulés depuis l'entrée du général français Gaultier dans Florence par la porte San Gallo, et quinze jours après le départ du grand-duc Ferdinand III, les ultrapaysans de Florence, de Lucques et de Pistoie s'étaient soulevés (à Prato pas le moindre bruit : je suis de Prato, et si j'avais été là les choses se seraient sans doute passées autrement) et, après qu'on eut déchargé quelques tonnes de bois sur la tête des Jacobins, la prudence prit le dessus et chacun redevint raisonnable, hormis la Providence, qui s'adonna aux miracles.

Brigidi raconte, dans son opuscule *Jacobins et réalistes*, paru à Sienne en 1882 chez Torrini, et Zobi le confirme dans l'*Histoire civile de la Toscane*, imprimée à Florence chez Molini en 1851, que la madone florentine de la Conception, rue du Ciliegio, s'éveilla un jour avec l'envie de faire refleurir les lys fanés, et les gens d'accourir avec des gerbes de lys flétris qui, fait étrange, refleurissaient aussitôt.

À Prato, la madone du Lys, qui, bien que de Prato, ne voulait pas être en reste avec celle de Florence et rétablit ainsi la réputation de ma ville natale, se mit à pleurer et à exsuder du sang, « *pour prouver la colère des cieux contre le jacobinisme toscan, railleur impie de la religion et des saints ministres de Dieu* ». À Certaldo, la Vierge Marie – on sut par la suite que c'était une femme de l'endroit nommée Marinari – se mit à apparaître tous les soirs sur le sommet d'une grotte de tuf, au-dessus du sanctuaire justement appelé Sanctuaire des Grottes ; et dans la boutique d'un coiffeur siennois, une madone douloureuse, peinte à l'huile et noircie par la fumée – on l'eût dit savonnée avec de la suie, et l'on s'aperçut ensuite que c'était une Cléopâtre allaitant l'aspic – ouvrit les yeux une nuit, et de ses paupières jaillirent des étincelles, peut-être en l'honneur de Pie VI en fuite, de passage à Sienne. Et que fit la Vierge de Montalcino ? Elle enflamma ses yeux à force de les ouvrir et de les fermer. En somme, dans toute la Toscane, une abondance de miracles qui laissait croire que cette région était devenue la terre de Dieu, l'enfer des Français, le purgatoire des ultracitadins jacobinisants et le paradis des ultrapaysans.

Mais le miracle jamais vu, le miracle par excellence, advint à Arezzo, et ce fut une chose extraordinaire. Un matin, la madone du Réconfort loua une voiture et se fit tout simplement promener à travers la ville. Adolfo Ramini, dans son opuscule *1799 en Toscane*, paru à Reggio Emilia en 1906, sur les presses de Stefano Calderini, raconte, sous l'égide de Brigidi et Zobi, déjà cités, que « *le matin du 6 mai, après sept heures, une voiture provenant de la ferme de Frassineto, dans la vallée de Chiana toute proche, entra dans la ville par la porte de Saint-Esprit. Sur cette voiture se tenaient un homme et une femme qui agitaient un drapeau et qui traversèrent Arezzo à une vitesse capable de faire croire à un miracle ! Le clergé, qui y trouvait son intérêt, confirma la nouvelle, qui parcourut la ville en un instant : les deux personnages de la voiture n'étaient autres que la madone du Réconfort et saint Donat, patron d'Arezzo, qui incitaient leurs protégés à se révolter contre les persécuteurs de la religion* ».

La voilà, la vraie madone de Strapaese, l'avocate des ultrapaysans, l'ennemie des jacobinisants ultracitadins, la Jeanne d'Arc de la nation toscane ; la voilà, la madone des bastonateurs, des gonfle-tête, des casse-gueule ; la voilà en voiture, la madone de Strapaese, assise auprès de saint Donat, sur le siège bourré de crin, derrière le cocher égrillard qui, fouettant allègrement son cheval maigre, pense au fiasco de vin rouge. Oh ! Oh ! place à la madone du Réconfort, place à la Vierge de Strapaese, place à saint Donat, martin bâton, ohé ! ohé !

Le peuple se montre, se penche aux fenêtres, regarde, rêveur : il est encore tôt, l'air vif du mois de mai est vert et rose comme dans les ex-voto, léger et sonore au-dessus des arbres et des maisons. Les laitiers vont de porte en porte, frappent, tendent le petit fiasco entouré de paille, se retournent au bruit. Ohé ! Ohé ! Place à la madone de Strapaese. Et voici, surgissant au coin, la voiture miraculeuse roulant dans un nuage de poussière, avec son cocher qui fouette et jure sur son siège, ce cheval à queue droite qui trébuche à chaque pas, et à l'intérieur, assise près de saint Donat, qui agite l'étendard, voici la madone du Réconfort, heureuse et souriante, vêtue de rouge et de bleu, la voici, c'est bien elle, avec un bâton dans la main et les manches retroussées. « Allez, les enfants, courage, peuple, mort à l'Ultracité, allez, allez ! »

« *Et bientôt le peuple, déjà prêt à la révolte, se souleva au cri de* "*Vive Marie*" *et de* "*Vive Ferdinand*" *et soulagea sa haine contre l'Arbre de la Liberté, livré aussitôt aux flammes.* »

Sodome et Gomorrhe

Une fois au moins, au cours de la vie, les trompettes de Jéricho sonnent haut et de bon matin, dans le cœur de tous les hommes. Lorsque j'étais enfant, en Toscane, il m'arrivait souvent de me réveiller brusquement, dans les nuits de printemps, entendant, en rêve, un bruit de trompettes dans la vallée du Bisenzio. La nuit était douce, et le silence profond et clair comme un lac.

Récemment, à Paris, salle Gaveau, deux Nègres d'Amérique, brillants et protestants, chantaient un *spiritual* devant un public malade de spleen et de regrets érotiques : l'un d'eux, le plus noir, avait une voix de basse, noyée dans le ventre, profonde et vindicative, l'autre une voix de contralto, passionnée et mourante, la voix d'Andromède enchaînée à son récif.

Les paroles du *spiritual* célébraient les vertus de Josué et de ses trompettes sous les murs de Jéricho. Les deux Nègres chantaient les yeux au ciel et les mains jointes, comme les bergers de Bethléem, agenouillés sous la queue de la comète ; leurs ongles pâles, au bout de leurs doigts de charbon, semblaient des flammèches de gaz, des feux de Saint-Elme. Quand elles priaient, sainte Thérèse et sainte Catherine devaient avoir ces mêmes flammèches au bout des doigts. Les deux chanteurs suivaient, sans aucun doute, de leurs yeux blancs un vol d'anges noirs aux cheveux crépus et aux lèvres saillantes, planant sur le nuage de poussière qui montait de la chute des murs de Jéricho. Les Nègres voient les anges à leur façon : la madone des Nègres est comme la Vierge polonaise de Czestochowa, enfumée par les incendies du siège suédois.

L'écho de ce *spiritual* m'accompagne ce matin, tandis que je chevauche sur la route de Jérusalem, vers les rives de la mer Morte. Le ciel de mars, inquiet sur le mont des Oliviers, et strié de courants clairs, comme le miroir d'un golfe marin, devient d'un bleu profond au sommet de l'arc, là-bas, où le cercle de l'horizon s'incline sinueux sur les montagnes de Moab, des nuages gonflés de vent et de pollen réfléchissent le ton jaune des prés brûlés et des solitudes pierreuses de la terre de Loth. Tout autour, le paysage varie avec ses cyprès et ses oliviers : par moments, la ligne douce d'une colline fait penser au paysage toscan peint par Giotto. C'est ainsi que je regarde et que je pense, ayant lâché les rênes, quand un bruit de trompettes vient me surprendre par-derrière.

J'avais passé la nuit à l'auberge du Bon Samaritain, sur une natte étendue par terre, dans une chambre encombrée de selles et de corbeilles vides, amoncelées, pêle-mêle, le long des murs. J'étais parti de Jérusalem, à l'aube, remontant à cheval les coteaux herbeux qui se brisent tout à coup et tombent rapidement dans la vallée profonde du Jourdain. La saison était chaude, le vent de printemps apportait au désert le présage des premiers nuages de sauterelles. Après avoir parcouru pendant le jour les collines et les vallées qui, à l'est du mont des Oliviers, se prolongent jusqu'au mont de la Quarantaine, dominant Jéricho, où Jésus fit pénitence et fut tenté par le démon, et après m'être reposé quelques heures au couvent grec de Koziba, suspendu comme une cage aux flancs rocheux de la montagne au-dessus de l'abîme d'El Kelt, je m'étais acheminé vers le Nébi Musa, où les musulmans prétendent que Moïse est enseveli. Il faisait déjà sombre, le cheval était fatigué, et il me sembla prudent de m'arrêter à mi-route pour passer la nuit à l'auberge du Bon Samaritain. Devant la porte de l'auberge, célèbre dans les chroniques par le geste de miséricorde que tout le monde connaît, une petite Ford était arrêtée, toute grise de poussière et chargée de valises en cuir. Pendant que je descendais de selle, voici sortir de l'auberge et venir à ma rencontre, avec l'air de quelqu'un déjà las de m'attendre, un petit vieillard, maigre et agile, aux jambes courtes, à la tête petite, et aux lèvres minces et souriantes dans un visage spirituel, nu et ridé. Il me serra la main avec la cordialité d'un vieil ami et, prenant mon bras :

– Excusez-moi, dit-il, si je me présente de cette façon : je suis François Marie Arouet, seigneur de Voltaire.

– En personne ! m'écriai-je.

– En personne. Le Patriarche de Ferney, le Voltaire de *Candide*, du *Sottisier*, des *Lettres philosophiques* et de bien d'autres choses.

– C'est une véritable chance, dis-je, que je dois certainement beaucoup plus au hasard qu'à ma prévoyance.

Et j'ajoutai les phrases habituelles de courtoisie qui sont d'usage lors de pareilles rencontres. Rencontres extraordinaires, qui auraient l'air de miracles dans n'importe quel pays, sauf en Palestine, sur les bords du Jourdain, où les miracles, conformément à une tradition ancienne, sont des faits qui ne sortent pas de l'ordinaire et auxquels personne ne prête attention. Cependant, un Arabe s'était occupé de mon cheval et le débarrassait de la selle et du mors.

– Je suis vraiment content, répondit Voltaire, en m'accompagnant, bras dessus bras dessous, vers l'entrée de l'auberge, de rencontrer un homme civilisé qui ne soit ni juif, ni arabe, ni anglais.

Et il eut un geste de joyeux étonnement quand il apprit que j'étais italien, que je voyageais pour mon plaisir, et surtout que je n'étais pas un pèlerin.

– Je suis désormais persuadé, poursuivit-il, qu'il faut préférer la foi qui déplace les montagnes à celle qui déplace les hommes.

Et il ajouta qu'après une expérience de tant d'années, après toutes les déceptions auxquelles sa philosophie l'avait conduit, surtout en ce début de siècle, après toutes les désillusions dont il était redevable à la morale européenne, à cette morale moderne dont il se considérait justement, non sans un orgueil paternel, comme l'unique juge et l'unique responsable (et là, il me dit, à voix basse, qu'il ne savait pas toutefois renoncer à la fierté des erreurs du prochain pas plus qu'à celle de ses propres raisons), il avait choisi, pour vivre, une profession que le préjugé des temps lui faisait apparaître beaucoup plus noble que celle de philosophe.

– De mes amis d'Amérique, conclut-il, auprès desquels mon ancienne bienveillance pour le bon Huron de *l'Ingénu* me permet de jouir d'encore un peu de crédit, j'ai accepté la représentation générale, pour la France et pour les colonies, mandats et protectorats français, des voitures Ford, dont j'espère réussir à deviner un jour le fonctionnement un peu mieux qu'Algarotti n'a réussi à deviner le mécanisme de ma philosophie.

– Personne à Paris, l'interrompis-je, ne peut certes se vanter d'avoir eu un destin meilleur que le vôtre ; n'êtes-vous donc pas devenu, en quelque sorte, le représentant de la philosophie américaine, c'est-à-dire de la philosophie la moins voltairienne du monde, dans le pays le plus voltairien de la terre ?

– Et qui vous dit, répliqua le Patriarche de Ferney, que l'Amérique de Ford est moins voltairienne que la France ? Comment pensez-vous donc que c'est justement à Ford qu'est revenu d'accomplir le miracle de conduire Voltaire en Terre sainte ?

– Voilà un miracle, dis-je, que Moïse lui-même n'eût point rêvé d'accomplir, même s'il avait reçu une éducation bourgeoise.

À ces mots, Voltaire se retourna, me regardant en souriant et :

– Quant à Moïse… commença-t-il à dire.

Mais à ce moment-là, l'aubergiste, un Arabe barbu en *galabia* courte et jambes nues, s'approcha de la table qui était au milieu de la pièce, attendit que nous fussions assis, posa assiettes et verres, un carafon de vin, des victuailles dans une sorte de plateau en terre cuite, et sortit en nous regardant de travers.

– Maintenant, je comprends, dit Voltaire en riant, pourquoi l'auberge du Bon Samaritain s'appelle aussi Khan el Hatrour, ce qui signifie auberge des voleurs.

Et il me raconta qu'il avait rencontré de nombreuses auberges de ce genre, sinon du même nom, dans toute la Syrie, que pendant près d'un mois il n'avait fait que parcourir, de long en large, pour étudier les conditions de ce marché et se rendre compte de près des possibilités de conciliation entre la philosophie de Ford et la paresse des Syriens.

– Un bon marché, ajouta-t-il, pour les voitures à bas prix : mais la politique française en Syrie n'est certes pas favorable à la bonne marche des affaires.

Et là, me voyant sourire :

– Qui aurait pu imaginer, s'écria-t-il, que l'on pourrait un jour rencontrer l'auteur de *Candide* au volant d'une Ford, sur le chemin de Damas ?

De la politique des Français en Syrie, la conversation passa à celle des Anglais en Palestine. Voltaire ne pouvait se résigner à la pensée que c'était justement aux Anglais qu'on avait confié la garde des Lieux saints et l'administration d'un territoire aussi fertile en miracles.

– Le peuple britannique ne sait pas administrer les miracles ; dans toute l'histoire de l'Angleterre, il ne s'en trouve pas un seul. Je ne veux pas dire qu'il n'y a pas de gens qui essaient d'en faire de temps à autre et qu'éventuellement ils ne sauraient en faire ; mais pour l'instant, je n'en connais pas, et les saints anglais, bien rares, dont les noms se transmettent dans les calendriers, sont trop gentlemen pour être saints et pour faire des miracles. Quant à moi…

Il voulait peut-être ajouter que lui-même ne croyait pas aux miracles, mais je le prévins par un sourire discret :

– Il est évident, dis-je, que vous ne croyez pas aux miracles parce que vous ne savez pas en faire.

– Je n'ai jamais essayé, répliqua Voltaire, mais je ne crois pas à la nature, comme Rousseau, ou aux machines, comme Ford, au point de me juger absolument incapable pour cet art. Un Français de notre temps ne peut pas faire des miracles.

Et nous nous mîmes à parler de toutes sortes de choses miraculeuses, des mystères de la magie, des anciens Égyptiens et des légendes qui entourent la civilisation de ce peuple. J'étais venu à Jérusalem après un long séjour dans la vallée du Nil, que j'avais parcourue en tous sens, d'Alexandrie à Assouan, et la désillusion dont je garderai toujours à l'Égypte la plus noire ingratitude était en moi encore très vive. Voilà un pays qui, à mes yeux, n'a rien de mystérieux ni de magique ; une civilisation dont les tombes sont l'unique témoignage ne peut susciter qu'une impression de sombre ennui. Heureusement, mon esprit s'égayait au souvenir des momies, que les anciens Égyptiens bourraient d'oignons, pour les conserver. Voltaire était de mon avis. N'avait-il pas écrit, dans *la Princesse de Babylone*, que les Égyptiens, « *si fameux par des monceaux de pierres, se sont abrutis et déshonorés par leurs superstitions barbares* » ? L'auteur de *Candide* ne se lassait pas de rire à la pensée que les momies de ces reines, au visage serein, aux yeux doux, aux lèvres fines et souriantes, de ces rois, à l'aspect noble et fier, gisaient dans des sarcophages d'or, l'estomac et le ventre remplis d'oignons. Et que dire des crocodiles, des rats, des chiens, des serpents, des chats embaumés, qui tenaient compagnie, dans leurs tombes, aux reines et aux rois.

Le vin était clair et doux, et le sang en bouillonnait agréablement. Nous parlâmes ainsi longuement des Égyptiens et de leurs « monceaux de pierres » (même les pyramides n'étaient pour Voltaire que des *monceaux de pierres*), des Anglais modernes, de leur patience devant l'immortalité et de leur liberté devant le ciel. (Voltaire n'avait-il pas écrit, dans ses lettres sur les Quakers, que tout Anglais, « *comme homme libre, va au ciel par le chemin qui lui plaît* » ?) Et, petit à petit, la conversation glissant sur les raisons de mon voyage en Terre sainte, l'auteur du *Sottisier* me demanda si je comptais m'arrêter à Jéricho, ou si j'avais l'intention de poursuivre au-delà du Jourdain, et il me proposa de m'accompagner en voiture jusqu'à Sodome.

– Le Patriarche latin de Jérusalem, qui est italien, ajouta-t-il, m'a appris que l'on a découvert les ruines de cette ville, si importante dans l'histoire des peuples civilisés. Je ne voudrais pas rentrer à Paris sans pouvoir dire que j'ai passé une nuit à Sodome.

Je lui répondis que je tenais à terminer mon voyage en Palestine comme je l'avais commencé, c'est-à-dire à cheval, que j'acceptais volontiers sa compagnie, mais que nous nous donnerions rendez-vous à Jéricho et à Sodome où je le rejoindrais au plus tôt.

– Je vous préviens cependant, dis-je pour conclure, qu'il n'est pas prudent de passer la nuit à Sodome : c'est une ville où il convient de garder l'œil ouvert.

Les autorités anglaises de Jérusalem m'avaient en effet conseillé de ne pas me fier aux Arabes qui campaient sur les rives de la mer Morte. La vallée du Jourdain était encore en effervescence, et le danger d'une nouvelle révolte contre les Juifs ne pouvait être considéré comme conjuré.

– Nous surveillerons réciproquement nos épaules, dit Voltaire en riant.

Et, après bien d'autres propos du même goût, nous nous quittâmes pour aller nous coucher. Je devais partir dès l'aube, à cheval, et l'auteur du *Dictionnaire philosophique* devait, avec sa Ford, me rejoindre à Jéricho.

Mon sommeil fut peuplé de sons de trompettes et de murs croulants ; puis Josué s'avançait, petit et maigre, et m'accueillait avec beaucoup de chaleur, d'embrassades et de poignées de main, comme si j'étais le héros de cette grande ruine. Après m'avoir embrassé une dernière fois, Josué monta sur une Ford, qui s'éloigna à son de trompe et disparut dans un nuage de poussière.

Voltaire arrêta la voiture.

– Si je ne me trompe pas, s'écria-t-il, nous sommes presque arrivés.

Pas tout à fait arrivés, mais pas très loin : là-bas, Jéricho, à deux milles environ, avec ses maisons blanches, ses jardins, ses bosquets de palmiers et de sycomores.

– Qui sait, dis-je, si le sycomore auquel grimpa Zachée le publicain pour voir passer Jésus n'est pas encore vivant et vert.

– Et qui sait, ajouta le Patriarche de Ferney, si, à la fenêtre de Rahab la Courtisane, n'est pas toujours suspendu le chiffon rouge qui la sauva du massacre.

Je mis mon cheval au pas, près de la Ford, qui avançait lentement, et, devisant ainsi, nous poursuivîmes vers Jéricho.

Il fut question d'anges et de miracles. Tout est possible à Jéricho, et l'on peut croire que les miracles sont toujours la seule monnaie qui ait cours légal dans l'histoire de cette contrée. Ce n'est plus l'époque de Josué et d'Élisée, où les anges se promenaient à travers le pays, vêtus de lin blanc, anges aux longs cheveux dénoués sur les épaules et aux mains lumineuses, argentées et frétillantes comme des poissons. Mais certes, cette espèce rare d'hommes ailés ne s'est point perdue et survit aujourd'hui, cachée dans les vallées et dans les cavernes, descend de temps en temps frapper à la porte des couvents et des maisons de paysans, se désaltérer à la fontaine d'Élisée, se baigner dans le Jourdain, échanger quelques mots avec les mendiants et les pèlerins qui, à certaines époques, se rencontrent en foule sur la route de Jérusalem. Voir un ange, lui parler, a toujours été mon rêve, depuis mon enfance. Je me rappelle avoir lu un jour, quelques mois avant la guerre, qu'un ange était apparu soudain sur la petite place d'un village de Russie, pour avertir les paysans qu'ils devraient se garder de manger les pigeons, par respect pour le Saint-Esprit. Les moujiks avaient été étonnés de cet avertissement car, de mémoire d'homme, dans toute la Russie et surtout dans ce village, on n'avait jamais mangé de chair de pigeon, justement pour éviter de mordre dans le Saint-Esprit. Mais il semble que l'ange était mieux informé qu'eux, tant il est vrai qu'il en parla, entre quatre yeux, avec le *starosta*, sur un ton plutôt brusque, et il s'en alla à pied, remuant tout doucement les ailes et secouant la tête en signe de menace. Quelques mois plus tard, en effet, la guerre éclata comme punition de ce sacrilège. J'ai toujours cru à la réalité de cette apparition de l'ange dans le village russe, et très souvent, depuis, je me suis trouvé sur le point de reconnaître, en telle ou telle personne, parmi toutes celles que j'ai eu l'occasion de rencontrer dans ma vie, un ange, oui, un ange avec des ailes ; mais, chaque fois, j'ai cru m'être trompé.

Pourtant, je suis persuadé que les anges ne sont pas aussi rares qu'on voudrait le croire. Un témoin digne de foi m'a raconté que, pendant la guerre, en 1917, dans un hôpital de Londres, un officier anglais, qui avait été blessé en Palestine au cours de la bataille pour la conquête de Jérusalem, recevait chaque nuit la visite d'un jeune homme, au visage pâle, et presque lumineux. L'inconnu entrait par la fenêtre, s'approchait du lit du blessé et s'étendait près de lui ; à l'aube, il sortait comme il était entré, léger et silencieux, en frôlant le bord de la fenêtre. Cette apparition extraordinaire fut prise pour un rêve par les témoins eux-mêmes et, la première fois, personne n'en parla. Mais, le fait se renouvelant, certains s'aperçurent que le jeune homme avait aux épaules quelque chose de luisant, comme deux ailes repliées. Un ange, sans aucun doute ; et à la façon dont il marchait, sur le bref trajet de la fenêtre au lit du malade, en se balançant sur les hanches, les autres blessés, qui se trouvaient dans ce même dortoir et pouvaient observer de près l'étrange visiteur, jugèrent que c'était un ange herma-phrodite. Informée de ce cas incroyable, une infirmière décida de fermer la fenêtre. C'était l'été, et la chaleur était suffocante ; mais personne ne se plaignait et chacun gardait les yeux ouverts dans la pénombre des dortoirs. Et voici que l'ange apparut sur le bord de la fenêtre et frappa doucement aux vitres. L'officier blessé se leva, il semblait dormir, alla sur la pointe des pieds jusqu'à la fenêtre, l'ouvrit et, marchant comme un somnambule, retourna se coucher. Il souriait comme un enfant qui rêve. L'ange entra, léger et silencieux, et s'étendit près de lui ; à l'aube, il disparut et pour quelques jours ne réapparut plus. Mais, une nuit, quelques malades crurent voir l'ange entrer, s'approcher du lit du blessé, se pencher pour l'embrasser et disparaître. Le matin, l'officier fut trouvé mort, une longue plume argentée plantée dans son cœur. La plume était transparente, veinée de bleu, et une infirmière l'ayant à peine effleurée de ses doigts, elle se brisa en mille invisibles éclats, comme si elle était de verre.

Mes fantaisies faisaient sourire Voltaire. Les anges ne lui inspiraient pas confiance, et il n'estimait que les prophètes pour leur rude humanité et leurs humeurs implacables.

– Voilà des hommes ! disait-il.

Et cependant, il admettait que l'époque des prophètes est passée, et qu'aujourd'hui, pour notre bonheur, il est plus facile de rencontrer un ange qu'un prophète. Des hommes qui gouvernaient les peuples par la menace et la nature par le miracle.

– Il y a quelques années, ajouta-t-il, j'ai eu l'occasion de lire une histoire tout à fait comparable à celle que vous m'avez racontée. Mais dans la vôtre, il y a un ange qui tue un officier anglais ; dans la mienne, il y a un prophète qui ressuscite un enfant. Un jour, Élisée, ce même Élisée qui, à Béthel, fit mettre en pièces, par deux ours, quarante-deux enfants qui s'étaient moqués de sa calvitie, fut appelé par la Sunamite dont le fils venait de mourir. Élisée entra dans la pièce où gisait le petit défunt, s'y enferma à clé, puis monta sur le lit, se coucha sur l'enfant, posa sa bouche sur celle du petit mort et, de temps en temps, descendait du lit, faisait le tour de la chambre, revenait s'étendre sur le fils de la Sunamite, jusqu'à ce que l'enfant ressuscitât. Comme vous le voyez, Élisée non plus ne plaisantait pas. Mais c'était une époque où les anges entraient dans les maisons, se mettaient à table, et les paysans leur servaient à dîner en les traitant familièrement, point du tout étonnés de ces visites improvisées ; les anges, après avoir mangé et bu, prédisaient l'avenir, dévoilaient les secrets de Dieu, annonçaient aux femmes de la maison qu'elles seraient enceintes dans le courant de l'année, jouaient à cache-cache avec les enfants, disparaissaient et réapparaissaient en un clin d'œil, dans un coin, puis dans un autre, comme une petite flamme qui s'éteint et se rallume, puis ils saluaient tout le monde et s'en allaient à pied, comme ils étaient venus. Je ne vous dis pas ce que faisaient les prophètes, non seulement au cours de leur vie, mais une fois morts ; toutes sortes de miracles, de jeux surprenants, de trucs et d'inventions prodigieuses. Pensez à Élisée dont nous allons voir, sous peu, la fameuse fontaine. Un jour, des fossoyeurs étaient occupés à ensevelir un défunt, dans une tombe creusée juste à côté de celle d'Élisée, quand ils virent venir sur eux un groupe de pillards moabites qui, en ce temps-là, infestaient le pays. À cette vue, ils empoignèrent le mort, le jetèrent dans la tombe d'Élisée, et s'enfuirent au pas de course : le mort dégringola, alla tomber sur les os du prophète et,

84

à peine les eut-il touchés, il revint à la vie, se leva, les cheveux droits sur la tête, et partit à toutes jambes derrière les fossoyeurs. Ce sont là des histoires que l'on lit dans la Bible, et il y a toute raison de croire que, si elles étaient vraies alors, elles doivent l'être aujourd'hui encore. Je ne vous cache pas que je ne voudrais pas rentrer à Paris sans avoir vu un ange, ou tout au moins un prophète.

Cependant, nous étions arrivés à Jéricho, et nous nous arrêtâmes près de la fontaine d'Élisée, aux pieds de ce petit coteau où l'on voit affleurer, çà et là, les restes des murs que Josué fit crouler au son de ses trompettes. Ce coteau est une sorte de Testaccio, et les tessons y abondent ; mais comme ruines véritables, seules apparaissent les fondations du double cercle de murs, dont la base est faite de pierres grossièrement équarries. Cité minuscule que cette fameuse Jéricho d'il y a trois mille ans, grande comme l'acropole d'Alatri en Ciociaria, ou comme la piazza Colonna. Le géant Goliath l'aurait tenue dans sa main. En voyant ces petits morceaux de brique, ce terreau rouge, ces pavés de terre battue, pavés de masures et non de palais, on comprend que quelques trompettes aient pu provoquer un tel désastre : une flûte aurait suffi. L'endroit est triste, et ces restes de murs semblent plus misérables encore si l'on contemple le décor biblique des montagnes de Moab, la vallée du Jourdain, le mont de la Quarantaine, l'étendue bleue de la mer Morte et l'arc immense du lointain horizon.

Le jeune archéologue américain, au nez crochu et aux oreilles saillantes, qui fouille parmi les ruines de l'antique Jéricho, pour le compte d'un comité sioniste de Philadelphie, ne pardonnera jamais aux soldats turcs campant en 1917 près de la fontaine d'Élisée d'avoir fait crouler les quelques murs que Josué n'avait pas réussi à abattre tout à fait, et que le professeur Sellin, de Vienne, avait découverts en 1909. Il est plein d'admiration pour le sérieux historique de la Bible.

– Pensez, dit-il, que cette fontaine est précisément celle qu'Élisée purifia par le sel : les potagers, les vignes, les jardins fleuris de roses, les célèbres roses de Jéricho, se désaltèrent depuis des milliers d'années à cette fontaine qui, aujourd'hui encore, comme au temps d'Élisée, arrose les champs autour de la ville maudite. À propos de malédictions, je vous dirai que la Bible est d'une exactitude miraculeuse. Quand Josué eut accompli avec les trompettes les prouesses dont nous voyons les signes, il réunit le peuple et *fit faire un serment, disant : Maudit soit quiconque essayera de reconstruire Jéricho ; il la bâtira sur son fils aîné et posera ses portes sur son fils cadet* ; voulant indiquer par là que les enfants mourraient, et qu'il reconstruirait la ville sur leurs tombes. Quelque temps après, raconte le livre des Rois, un certain Hiel, de Betel, *reconstruisit Jéricho et la bâtit sur Abiram, son fils aîné, et posa les portes sur Segub, son fils cadet*. Eh bien ! conclut l'archéologue, les fouilles du professeur Sellin ont mis en lumière, sous les pavements des maisons, un grand nombre de tombes d'enfants. Cette impressionnante découverte a été illustrée par Sellin lui-même, dans la *Revue Biblique* de juillet 1910.

– Et les anges ? demandai-je. En rencontre-t-on encore ?

– Selon les époques, répondit l'archéologue, les Anglais font aux anges une chasse impitoyable, et ces derniers temps ils en ont tué un grand nombre. Désormais, ils se sont faits plus rares, mais cette année, peut-être en raison de l'exceptionnelle douceur de l'hiver, il s'en trouve beaucoup dans toute la région.

Cependant, nous avions fait le tour des murs et rejoint la route près de la fontaine d'Élisée.

— Je vous conseille, dit l'archéologue à Voltaire, après nous avoir salués et souhaité un bon voyage, de ne pas passer la nuit à Sodome ; ce n'est pas prudent. Vous pourriez rencontrer…

Mais le bruit du moteur couvrit ses paroles.

M'étant tourné sur la selle pour mieux entendre (j'étais déjà monté à cheval, précédant la Ford), je vis l'archéologue américain se mettre à courir en direction d'une bande de gamins qui venaient en gambadant à notre rencontre : c'étaient des petits Juifs polonais et hongrois de la colonie sioniste de Jéricho, aux yeux noirs, aux cheveux brillants et crépus, aux visages cuits par le soleil.

En tête marchait un marmot haut comme trois pommes, fier et raide comme un Josué, soufflant à pleines joues dans une trompette en fer-blanc, dont le son était fort et strident au point de crever les tympans. En quelques bonds, l'archéologue rejoignit ce Jéricho inattendu, lui arracha la trompette de la bouche et la jeta dans la fontaine d'Élisée.

— Sage précaution, observa Voltaire, on ne peut jamais savoir le mal que peut encore faire une trompette.

Désormais, il n'est pas besoin de miracles pour passer le Jourdain.

— Je ne comprends pas, dit Voltaire quand nous fûmes au milieu du pont, pourquoi dans toute la Bible il n'y a aucune trace du moindre petit pont en bois. Le Dieu de Moïse recourait plus volontiers aux miracles qu'aux ingénieurs. Pour le passage de la mer Rouge, ou pour le premier gué du Jourdain, il est clair que le miracle fut réalisé à bon escient, puisqu'il s'agissait de transporter sur l'autre rive une multitude immense de gens et de chars ; mais pour le prophète Élie ou pour son disciple Élisée, une passerelle aurait suffi. Il est bien vrai que les miracles ne coûtent rien à celui qui sait les faire.

Moi, je ne partageais pas l'avis de l'auteur de *Candide*. Dans un pays comme celui-là, il est plus facile de faire un miracle que de construire un pont, et il n'est pas dit qu'il déplaise au Dieu de Moïse d'épargner temps et fatigue. Et puis, si nous avions tenté nous aussi de passer à gué le Jourdain, qui sait si l'eau ne se serait pas retirée devant nous, comme devant les prophètes Élie et Élisée.

– Si vous voulez, proposa Voltaire, nous pouvons essayer.

Mais nous étions déjà sur l'autre rive, et nous fûmes d'accord pour faire l'essai au retour.

– Je ne veux pas vous donner tort, poursuivit le Patriarche de Ferney, mais il me semble que vous faites trop confiance aux miracles. Vous êtes italien, et ceci explique cela. Vous autres Italiens, vous croyez aisément aux choses miraculeuses, l'histoire de vos faits et de vos fortunes en souffre. Grâce à Dieu, nous, Français, nous sommes plus prudents, plus attachés au solide, au concret. Nous sommes habitués nous aussi à être trahis, mais nous nous appuyons sur la raison plutôt que sur la fantaisie.

Il s'interrompit et tourna les yeux vers la mer Morte, qui s'étendait maintenant devant nous, opaque et bleue sous le soleil oblique. La route tournait sur notre gauche, vers l'orient, entre la mer et le bord d'une plaine désolée, couverte de broussailles, et parsemée çà et là de plaques sablonneuses et de pierres blanches, pareille à une immense tête teigneuse.

– Seriez-vous fâché, reprit Voltaire, si je vous disais que les Italiens sont tous comme le capitaine de la mer Morte ?

Peu de temps avant d'emprunter le pont sur le Jourdain, dans l'auberge de Spiriotikès, cafetier grec aux grosses moustaches noires cosmétiquées, et aux yeux de pierre à fusil, d'où le soleil faisait jaillir des étincelles à chaque mouvement de la tête, nous avions rencontré un personnage à l'air important, pansu et barbu, occupé à déguster un café dans une minuscule tasse de cuivre. C'était le célèbre capitaine de la mer Morte, le Christophe Colomb du paquebot rouillé qui fait le service régulier entre l'embouchure du Jourdain et la côte de Kerak, où un château construit par les croisés rappelle les exploits de Renaud de Châtillon : depuis des siècles, les ronces et le sable assiègent les murs garnis de tours, et les rats les rongent. Assis près du loup de mer, sous la tonnelle, Spiriotikès nous écoutait sans ciller. L'ombre de la tonnelle se brisait à quelques pas de nous, sur la berge du Jourdain, en une frange bleu et or qui jouait avec l'eau boueuse. C'est là le lieu précis où Jean baptisa Jésus-Christ : le cafetier grec y fait bonne garde, et aucun Josué, aucun Élie ne pourrait passer à gué sans lui donner un pourboire.

Quand Spiriotikès nous avait conseillé de revenir en arrière, ou de passer la nuit chez lui, si nous ne voulions pas aller au-devant de l'orage qui s'annonçait sur les montagnes de Moab, du côté de Sodome, « eau, feu ou cendre, à Sodome il pleut toujours quelque chose », le capitaine de la mer Morte avait levé la tête brusquement, criant d'une voix tonitruante :

– Il ne pleut jamais, ici, il ne pleut jamais !

Et, se calmant soudain :

– Il ne faut pas, ajouta-t-il d'une voix douce, effrayer ces messieurs. On le sait bien, les orages sont des orages : mais il m'appartient de vous dire qu'il est inutile de redouter les tempêtes. Moi, je n'ai peur de rien, et il y a quarante ans que je flotte sur cette mer. Il n'est pas de meilleur marin que moi dans toute la mer Morte.

– D'autant plus, avait interrompu Voltaire, qu'il ne doit pas y en avoir d'autres : n'êtes-vous pas le seul marin des environs ?

– Le seul et le meilleur ! avait répondu le capitaine. Que toute la terre se noie, je ne me noierai pas !

Puis, d'une voix plus douce :

– Pourtant, c'est un miracle, un vrai miracle, si je flotte encore, pensez donc, en quarante années, il ne m'est jamais arrivé de couler.

Et c'est à ce loup de mer que Voltaire comparait les Italiens.

– Pourquoi devrais-je m'offenser ? répondis-je. Ce grave capitaine m'a tout l'air d'un galant homme.

– Sans aucun doute, repartit l'auteur du *Sottisier*, mais d'un galant homme qui croit aux miracles. Sa foi est si aveugle et sa conscience si tranquille qu'il fait beaucoup plus confiance aux vertus miraculeuses de son navire qu'à la composition chimique de l'eau de la mer Morte. Le fait que son navire ne puisse pas couler ne doit pas être attribué à un miracle, mais à l'extraordinaire densité de cette eau. L'analyse du docteur Lortet nous révèle la présence d'une telle quantité de chlorures et de bromure de magnésium qu'aucun organisme ne peut y vivre. Pensez que dans soixante parties d'eau se trouvent dissoutes au moins trente parties de chlorure de sodium, de calcium, de magnésium, de potasse, de bromure de magnésium et de sulfate de calcium. Essayez d'y jeter un enfant de quelques mois : il ne pourra pas couler. C'est une mer sur laquelle tout flotte, où un naufrage est impossible. Le capitaine de la mer Morte, malgré tous ses efforts, ne peut couler à pic ; son paquebot ne peut faire naufrage. Voilà un marin qui ne doit pas crier au miracle parce qu'il flotte, le miracle serait qu'il coulât.

– Je ne comprends pas, dis-je en souriant, pourquoi les Italiens ressembleraient à ce brave capitaine…

Mais un grand vent se leva, un nuage vert, suspendu depuis une heure au-dessus de nos têtes et dans lequel le soleil allumait par moments d'étranges reflets d'argent, tout comme s'il était plein de poissons frétillants, s'abaissa tout à coup et il se mit à pleuvoir d'innombrables sauterelles crépitantes. Aussitôt, un tourbillon de poussière rougeâtre monta de la plaine teigneuse, et nous nous trouvâmes rapidement comme dans un ouragan ; la tempête de sauterelles s'abattait sur les broussailles, sur les taches de sable et sur la mer avec un bruit de feuilles sèches frappées par la grêle. Ces terribles dévoreuses s'accrochaient à nos cheveux, à nos visages, à nos vêtements, le sol en était couvert sur plusieurs milles alentour, l'air scintillait et bruissait d'ailes d'argent que le soleil oblique frappait de ses glaives poudreux, et la mer sombre bouillonnait. Je ne pouvais plus respirer, mes yeux brûlaient ; sur la croupe de mon cheval grouillaient de petits monstres jaunes et verts aux mandibules féroces, un relent de sueur, une odeur âcre de fourmis pleuvaient de ce nuage vivant et bourdonnant.

J'éperonnai mon cheval, qui se mit à galoper, suivi de la Ford.

– Arrête ! Arrête ! criait Voltaire, agrippé à son volant, la tête basse et aveuglé par cette pluie extraordinaire qui frappait violemment son visage en le piquant jusqu'au sang : une sorte de roi Lear dévoré par les remords et par les sauterelles.

Enfin, nous réussîmes à sortir de ce nuage et, revenus à l'air libre, nous regardâmes autour de nous, essoufflés et contents. Assis sur le bord de la route, deux hommes, vêtus à la façon des Arabes, semblaient attendre quelqu'un. Ils levèrent la tête et nous saluèrent en anglais.

– Bonjour, dit Voltaire, et il demanda si Sodome était encore loin.

– Sodome est là, dit l'un des deux hommes, tendant le bras d'un geste solennel en direction d'une colline qui surgissait à peu de distance : au pied de la colline, on voyait des tentes, quelques masures, et un peu de fumée qui montait d'un repli du terrain.

Les deux inconnus ne semblaient pas dépasser la trentaine et, quoique grands et forts, avec des épaules larges et un cou musclé, ils avaient des mains petites et blanches et des visages d'enfants, presque de fillettes, encadrés par deux bandeaux de cheveux blonds qui, partagés sur le milieu du front, retombaient sur leurs épaules comme chez les anges de Benozzo Gozzoli.

– Si vous allez aussi dans cette direction, poursuivit l'inconnu après nous avoir fixés longuement dans les yeux, nous pouvons faire ce dernier bout de chemin ensemble.

– Montez donc, proposa gentiment Voltaire, je ne sais si vous serez à votre aise, mais je ne puis vous offrir mieux.

– Cela suffit, dit celui des deux qui n'avait pas encore ouvert la bouche, pour vous faire considérer comme un galant homme, même à un mille de Sodome.

Chemin faisant, les inconnus demandèrent au Patriarche de Ferney si nous n'avions pas rencontré, un peu avant le pont sur le Jourdain, les ingénieurs du Commissariat anglais de Jérusalem ; et ils ajoutèrent qu'ils appartenaient à la police de la route, qu'ils avaient reçu l'ordre de se rendre à Sodome pour y faire une enquête sur les douloureux événements de la veille, et qu'ils s'étonnaient de nous voir seuls et désarmés, dans un pays aussi peu sûr. Le soir précédent, à Sodome, un archéologue américain, venu de Boston pour rechercher les ruines de la maison de Loth, avait été assailli par quelques Arabes qui campaient dans les environs, et soigneusement rossé : il s'était sauvé par miracle, et justement comme Loth.

— Je n'ai aucune intention, dit Voltaire, de subir le sort de cet archéologue, et j'espère qu'à l'occasion vous défendrez mes arrières contre les Sodomites.

Et il se mit à fredonner entre les dents, avec un malicieux sourire, ces vers à la mémoire de Loth :

> *Loth but*
> *et devint tendre*
> *et puis il fut*
> *son gendre.*

— Vous autres, Anglais, dit-il, lorsqu'il eut terminé le quatrain, vous n'êtes pas très forts en histoire ancienne, et pour l'histoire sainte votre ignorance est plus classique que celle de Rousseau.

— Je vous approuverais, repartit celui des deux inconnus qui semblait avoir le plus d'autorité, si nous étions anglais, comme vous dites ; mais nous sommes d'ici, et l'histoire sainte est un peu la chronique de notre famille.

— Vous êtes donc juifs ? demanda le Patriarche de Ferney.

— Ni juifs ni arabes, répondit l'autre, nous sommes des anges.

— Je m'y attendais, dit Voltaire d'un air pacifique, quoique, jusqu'à ce jour, j'aie toujours douté de votre existence. Mais dans ce pays, tout est possible, et votre Dieu a toujours été un *faiseur d'anges*. Toutefois, j'espère que, pour me convaincre de votre existence, vous ne voudrez pas me contraindre à lutter avec vous, comme fit certain ange avec Jacob.

— Nous ne sommes pas ici pour attaquer les gens, répondit l'autre, mais pour les protéger, et, soulevant les pans de son grand manteau blanc, il nous montra son uniforme anglais, couleur tabac.

Puis il se mit à nous raconter son histoire et celle de son camarade, qui est un peu l'histoire de presque tous les anges de Palestine. Après avoir chassé les Turcs, les Anglais s'étaient établis en maîtres dans tout le pays et ils avaient commencé, dès les derniers mois de 1918, à recruter des soldats et des employés parmi les gens de l'endroit : Arabes, Grecs, Juifs, Anges, soit moyennant argent et promesses, soit par la force. Un véritable *racolage*. Ces quelques anges échappés aux guerres, aux persécutions religieuses, aux famines et aux épidémies, qui ont affligé pendant plusieurs siècles la Terre sainte, s'étaient vus tout à coup contraints d'abandonner, en toute hâte, leurs champs et leurs maisons, pour faire place aux Juifs, que la politique de Balfour acheminait de tous les coins du monde vers la Palestine, ou de subir la volonté des nouveaux maîtres. Mais ils n'avaient pas tous réussi à passer la frontière en temps voulu, pour chercher refuge en Syrie et en Turquie ; plusieurs d'entre eux avaient été saisis par les plumes à mi-route ; ou rejoints en vol par les escadrilles du camp d'aviation de Jérusalem, ou bien encore, dénichés dans les grottes des montagnes de Moab et, pour les empêcher de s'enfuir, on avait rogné les ailes aux anges prisonniers. Nos deux compères avaient dû subir le sort commun, et s'étaient vus obligés d'endosser l'uniforme anglais, d'accepter une solde et de prendre du service dans la police de la route de Sa Majesté britannique. Tout le monde sait que, dans l'administration coloniale anglaise, les anges abondent depuis l'époque de Gladstone, qui se disait inspiré par Dieu.

— Il est vraiment dommage, dit Voltaire, que nous ne puissions plus vous voir planer avec vos grandes ailes d'argent ouvertes. Mais je suis sûr qu'à Paris vous auriez du succès même comme cela.

– Si au moins on nous avait laissé un petit bout d'aile, s'écria l'ange, ne fût-ce que pour nous élever d'une palme au-dessus de la terre.

– Les Anglais, remarquai-je, n'admettent pas que les hommes et les peuples assujettis puissent se consoler, d'une certaine façon, de la politique britannique.

– C'est à juste titre qu'ils se vantent d'être philanthropes, dit l'ange en souriant, seule la philanthropie peut conserver les empires.

Nous étions arrivés au pied de la colline. Quelques Arabes sommeillaient, couchés devant les tentes et les masures de roseaux et de boue, éparpillées sur la pente herbeuse où broutait un troupeau de brebis décharnées. Plus loin, vers la mer Morte, on découvrait, à ras de terre, quelques restes de murs, étouffés par le sable et par les broussailles.

– Voici les ruines de Sodome, dit l'ange, et, plus loin, celles de Gomorrhe. La colline devant nous, que les Arabes d'ici appellent Djebel Usdum ou Montagne de Sel, est la statue de l'épouse de Loth.

– Si je ne craignais pas de devenir moi aussi une statue de sel, observa l'auteur de *Candide*, je reviendrais en arrière avant qu'il ne fasse nuit. En y pensant bien, il ne me semble pas prudent de passer la nuit dans ces lieux.

– Et qui pourrait donc vous toucher, si vous restez avec nous ? dit l'ange. Je m'appelle Artaxerxes, et dans la vallée du Jourdain même les pierres me connaissent. Tout le monde sait qu'avec moi on ne plaisante pas.

Puis, regardant autour de lui :

– À quelques pas d'ici, ajouta-t-il, se trouve une vieille tour en ruine, où les Turcs, pendant la guerre, avaient installé un poste de garde : nous y serons à l'abri et en sécurité. Craignez-vous peut-être que les habitants de Sodome soient aujourd'hui comme ceux d'autrefois ?

– On ne sait jamais, répondit Voltaire, en tout cas, il vaut mieux avoir les épaules contre le mur.

– Si vous avez peur de rester à Sodome, proposa Artaxerxes, nous pouvons aller à Gomorrhe, qui se trouve à deux milles d'ici.

– Je préfère passer la nuit parmi les Sodomites, dit Voltaire, je connais leurs habitudes et je peux me défendre, car nous savons ce que l'on faisait à Sodome ; mais à Gomorrhe ? Que diable faisait-on à Gomorrhe ?

– C'est ce que je me demande, moi aussi, répondit Artaxerxes.

Entre-temps, nous étions arrivés à la tour, et l'ange n'ajouta rien.

Assis, les bras autour des genoux, dans la tour en ruine, deux anges chantaient : les voix étaient lasses et douces, les paroles suaves, l'air triste et monotone, comme les airs des forçats de Volterra. Ils chantaient dans une langue inconnue, harmonieuse comme le frôlement d'une aile. J'ai essayé ensuite, avec l'aide d'Artaxerxes, de traduire ces paroles si bleues, si aériennes, mais le bleu est devenu gris et sombre, tout plein d'ombres terrestres :

> *L'ange Anadyomène*
> *à la bouche douce encore*
> *de sommeil, sort au-devant de l'aurore.*
> *Son aile à peine le soutient.*

Artaxerxes chantait les yeux fermés, la tête renversée ; l'autre semblait dormir, le visage sur la poitrine, et chantait du bout des lèvres, comme dans un rêve.

Il remue chastement les hanches
l'ange hermaphrodite
au regard assoupi,
visage candide, mains blanches.

Attaché par le licou à un piquet derrière la tour, près de la Ford, mon cheval hennissait de temps en temps et frappait le sol de son sabot, inquiet et impatient. Un vent chaud et lourd soufflait de la mer, le vent huileux de la mer Morte qui sent l'eau saumâtre et le bitume.

– Si les Anglais comprenaient le langage des anges, dit Voltaire quand Artaxerxes et son compagnon eurent cessé de chanter, je pense qu'ils pourraient dormir en Palestine les yeux fermés.

– Et pas seulement en Palestine, remarquai-je. La raison de la crise dont souffre depuis quelque temps la politique impériale britannique réside dans le fait que les Anglais, comme les anciens Romains, n'arrivent pas à comprendre le langage des anges.

– L'Angleterre, dit Artaxerxes, est tombée dans la même erreur que les historiens reprochent à Rome : il ne suffit pas de s'approprier la Palestine, ombilic de la terre et du ciel, pour pouvoir dominer le monde, il faut apprendre le langage des anges pour comprendre celui des hommes et pour connaître leurs secrets, c'est-à-dire pour dominer les peuples. À Rome aussi, comme on ne parvenait pas à comprendre le sens de nos paroles, on se vengeait en rognant les ailes des anges, on les asservissait à la politique nationale, en les réduisant à l'état d'esclaves et en les utilisant comme instruments pour les plus bas services. Ce Judas qui trahit Jésus était un ange abruti par l'esclavage et son métier : en effet, Judas faisait partie de l'*Intelligence Service* d'alors, un agent provocateur, comme on dirait aujourd'hui. Mais tout cela a porté malheur aux Romains et ne peut, certes, porter bonheur aux Anglais.

– Maigre consolation, s'écria le compagnon d'Artaxerxes.

– Toi, Lucie, il est inutile que tu parles de consolation, repartit Artaxerxes, tu as un caractère trop fier, et tu ne te consolerais même pas si tes ailes repoussaient et si Londres était rongée par les rats.

– Votre compagnon, demanda Voltaire, est donc *une* ange puisqu'il s'appelle Lucie ?

– Pour nous, répondit Artaxerxes, les noms ne comptent pas : mon compagnon a un nom féminin, mais c'est un ange.

– La question n'est pas aussi simple qu'on pourrait le croire, dit Lucie. Tous les anges sont hermaphrodites mais ont soin de cacher, peut-être par pudeur, leur sexe féminin. En effet, les peintres les représentent toujours comme des êtres appartenant au sexe masculin : pourtant, à Rome, dans une église, exception unique, une fresque célèbre les représente comme des êtres appartenant au sexe féminin. Ce sont là les seuls anges féminins dont les profanes aient connaissance.

– Il est indubitable, ajouta Lucie, que Napoléon était mâle à Austerlitz et femme à Waterloo.

– Il est notoire aussi, poursuivis-je, qu'il croyait aux anges.

– Aux anges mêmes, non, dit Artaxerxes, mais plutôt au pape. Stendhal rappelle que Napoléon, en plein Conseil d'État, au cours d'une discussion sur les rapports avec le Vatican, s'écria : « *Si le pape me raconte que cette nuit l'archange Gabriel lui est apparu et lui a dit ceci ou cela, je suis obligé de le croire.* »

– J'aimerais savoir, demanda Voltaire, si les Anglais se servent de vous comme des anges masculins ou comme des anges féminins.

– Il est impossible de découvrir les intentions de la politique britannique, répondit Artaxerxes. Même à nous, il arrive très souvent de ne rien comprendre. Mais il est certain que les Anglais manient, avec beaucoup d'adresse, les instruments de leur politique. En Palestine, par exemple, ils suivent fidèlement les traditions bibliques. Prenez notre propre cas : dans quel but avons-nous été envoyés à Sodome ? Pour y rétablir l'ordre public, troublé par les délits et les émeutes qui, depuis quelque temps, se répètent, en ces lieux, avec une fréquence inquiétante. C'est aussi pour y rétablir l'ordre public que les deux anges dont parle la Bible furent envoyés à Sodome. Le feu et le soufre que le Seigneur fit pleuvoir sur la ville ne causèrent sûrement pas un dommage plus grand que celui qui a été promis aux Sodomites modernes par le commissaire britannique de Jérusalem, s'ils continuent à troubler le tranquillité publique.

– Pourtant, observai-je, il y a une certaine différence entre les vices et les délits des anciens Sodomites et ceux des Sodomites modernes.

– Les anciens citoyens de Sodome, dit Voltaire, ne faisaient querelle ni de politique ni de race : malgré leur coutume de frapper les ennemis par-derrière, on ne peut affirmer qu'une telle coutume ait été de nature politique. Il est vrai qu'alors aussi ils haïssaient les étrangers, que leur haine pour Loth ne résultait pas d'un amour repoussé, mais du fait que Loth n'était pas Sodomite, je veux dire citoyen de Sodome ; il était étranger, fils du frère d'Abraham, et il était venu s'établir dans cette ville depuis plusieurs années seulement ; il avait le tort de se tenir sur son quant-à-soi, d'agir en maître et de se donner des airs d'homme vertueux. Mais la raison de la ruine de Sodome fut le vice infâme et non la haine pour Loth, l'étranger : une raison de nature morale, en somme, et non de nature politique.

– Je ne veux pas vous contredire, répliqua Lucie, mais ne vous semble-t-il pas que Loth était un Anglais de ce temps-là ? Il est tout à fait exact que l'histoire n'est qu'un recommencement.

– Espérons que non, m'écriai-je. Je ne voudrais pas me trouver mêlé, cette nuit, aux événements de cette autre nuit fameuse.

– Je pense, dit Voltaire en riant, que nous pouvons dormir tranquilles. L'histoire refuse de bisser.

– Et pourtant, objecta Artaxerxes, les choses se préparent ce soir comme la Bible les raconte. Alors aussi les deux anges furent envoyés à Sodome pour rétablir l'ordre public.

– La Bible, ajouta Lucie, raconte que cette nuit-là, tandis que les deux gendarmes, je veux dire les deux anges, se disposaient à aller se coucher, les hommes de la ville encerclèrent la maison de Loth, jeunes et vieux, tous les habitants de Sodome, hormis les femmes, et appelèrent Loth à grand bruit. Notez que les femmes sodomites ne s'intéressèrent point à l'affaire. « Où sont, criait la foule, où sont les deux hommes que tu as reçus tout à l'heure chez toi ? Dehors, dehors ! Nous voulons les voir ! » Quel malheur pour les deux pauvres gendarmes, s'ils n'avaient pas été des anges, et si le feu et le soufre ne les avaient pas sauvés à temps !

– Espérons, dit Voltaire, que, cette nuit, les Arabes de Sodome nous laisseront dormir en paix ; je me fie davantage à cet espoir qu'à votre protection, car seul un miracle pourrait nous sauver en cas de danger, et je vous estime trop pour vous croire encore capables de faire des miracles.

– Le fait que vous nous ayez rencontrés, répondit Artaxerxes, est déjà un miracle. Même si le ciel n'était pas disposé à vous sauver par une autre pluie de feu, soyez certains, ajouta-t-il, en montrant le pistolet qui pendait à sa ceinture de cuir, soyez certains que nous suffirions.

Mais, à ce moment-là, une grande clameur environna la tour. Voltaire pâlit.

– Nous y sommes ! s'écria-t-il en saisissant mon bras.

Je regardais Artaxerxes et Lucie : les deux anges s'étaient levés et s'acheminaient lentement vers la sortie, les yeux tournés vers le ciel et les mains ouvertes, dans une attitude extatique. Ils semblaient écouter des voix et des musiques célestes : dehors, des hurlements, le vacarme, les coups montaient vers les étoiles.

– S'ils attendent les ordres du paradis, s'écria Voltaire avec emportement, nous sommes perdus !

– Nous ne perdrons rien, dis-je en riant, fors l'honneur.

– Et cela vous semble peu ? repartit l'auteur de *Candide*, cela vous semble peu ? Tomber aux mains des Sodomites, à mon âge ! Que dirait Rousseau ? Que dirait Algarotti ? Paris tout entier rira à mes dépens !

– Il ne faut pas prendre les choses au tragique, répondis-je, vous verrez que nos anges gardiens sauveront nos arrières.

– Et vous vous fiez à ces traîtres ? Vous vous fiez aux anges, vous ? Mais ne comprenez-vous pas qu'ils seront les premiers à se jeter sur nous ? Ne comprenez-vous pas que nous avons été trahis ?

– Nous verrons, répliquai-je. À mon avis, ce sont des gentlemen.

– À cette heure-ci, ils nous auraient déjà sauvés, si c'étaient des gentlemen.

– Loth aussi fut sauvé au dernier moment. Ayez un peu de patience, un miracle est vite fait.

Cependant, Artaxerxes et Lucie étaient sortis, et nous les entendions parler à haute voix, sur un ton de commandement.

Aux paroles des anges, la clameur était soudain tombée. Maintenant, quelqu'un toussait, au-dehors, la bouche tout près du mur. Cette toux régulière, sèche, insistante, résonnait comme les coups d'une pioche qui eût tenté d'ouvrir une brèche dans la tour. Un chien aboyait au loin, du côté de Gomorrhe. Les voix des anges baissaient par moments, et un long murmure se répandait dans l'obscurité.

– Je crains, me chuchota Voltaire à l'oreille, qu'ils soient en train de se mettre d'accord.

À ce moment, Lucie rentra : les Arabes du lieu nous avaient pris pour deux Juifs et menaçaient de mettre le feu à la tour si nous ne quittions pas Sodome avant l'aube. Dans toute la vallée du Jourdain, après les incidents qui quelques mois auparavant avaient ensanglanté les rues de Jérusalem, l'agitation contre les Juifs ne donnait aucun signe d'apaisement, et récemment, surtout le long des rives de la mer Morte, les émeutes et les agressions s'étaient répétées avec une fréquence inquiétante. C'est ainsi que l'archéologue américain qui était venu de Boston afin de poursuivre les fouilles entreprises par les Turcs, et de rechercher parmi les ruines de Sodome la maison de Loth, avait eu la malchance d'être pris pour un Juif et, le soir précédent, avait été frappé jusqu'au sang par les Arabes de l'endroit.

– Par ceux-là même, ajouta Lucie, qui en ce moment assiègent la tour.

L'archéologue américain, qui en fait était juif, avait payé de cette façon les vexations et les violences auxquelles les Arabes de Jérusalem étaient soumis journellement, au pied du fameux mur des Lamentations, de la part de ses coreligionnaires.

– Mais nous, protesta Voltaire, qu'avons-nous à payer ? Pas une seule goutte de sang juif ne coule dans nos veines.

Sommes-nous peut-être anglais ? Nous nous en garderions bien, surtout ce soir en tout cas. Pour être justes, ce ne sont pas les Arabes qui devraient me donner les coups de bâton, mais les Juifs, pour toutes les calomnies, les méchancetés et les infamies que j'ai écrites, et dites, et tues contre le peuple d'Israël.

– Et vous pensez, disait Lucie en riant, que les Sodomites lisent vos livres ?

À ce moment-là, Artaxerxes entra, frémissant de rage et le visage sombre.

– Il n'y a rien à faire, dit-il à voix basse, tout en surveillant la porte.

Ces forcenés ne voulaient pas entendre raison : si, avant l'aube, les deux maudits Juifs n'étaient pas partis, les Sodomites ne respecteraient même pas les anges.

– Je vous conseille de partir au plus tôt, conclut Artaxerxes. Nous sommes trop peu pour essayer de résister à une centaine d'Arabes fanatiques ; mais si vous voulez rester, si la fuite vous fait peur, moi, je suis prêt à vous défendre.

– Moi aussi, s'écria Lucie, jusqu'à la mort.

– Il me faudra attendre longtemps, dit Voltaire d'une voix ironique, s'il est vrai que vous êtes immortels.

– Hélas, depuis que les Anglais ont occupé la Palestine, murmura Lucie en tournant ses yeux vers le ciel, notre immortalité est devenue toute provisoire…

– Assez de discours inutiles, interrompit Artaxerxes, il n'y a pas de temps à perdre. Je vous conseille de vous en aller tout de suite, avant que les Sodomites reviennent sur la parole donnée. Nous risquons de les voir se ruer sur nous d'un moment à l'autre.

– Allons, s'écria Voltaire, et que la lèpre les emporte.

Nous embrassâmes silencieusement les deux anges. Lucie me serra fort contre sa poitrine et baisa mes joues, baignant mon visage de larmes. Artaxerxes aussi semblait ému. La nuit était noire, on ne voyait point à un pas devant soi : un son de voix rauque descendait du haut de la Montagne de Sel, la colline de sel gemme qui domine les ruines de Sodome. À cet instant, je me rappelai que la Montagne de Sel était la statue de l'épouse de Loth. Il me semblait que, de l'obscurité profonde, mille yeux nous épiaient, j'entendais par moments le bruit d'une pierre déplacée. Inquiet, mon cheval piaffait, tournait la tête en soufflant. J'étais déjà en selle, et Voltaire avait déjà mis en marche la Ford, quand Artaxerxes nous rejoignit en courant.

– Quoi qu'il arrive, ne vous retournez pas, cria-t-il, ne vous retournez pas !

Le ronflement du moteur couvrit les paroles de l'ange. Voltaire leva la main en geste de salut et disparut dans l'obscurité.

Mais alors, une flambée s'alluma soudain sur la Montagne de Sel ; d'autres feux, çà et là, incendiaient la nuit, une grande clameur monta de toutes parts. J'enfonçai mes éperons dans les flancs de mon cheval et me lançai au galop vers le rivage de la mer Morte, derrière la Ford, qui fuyait au loin devant moi. Au fond de l'horizon, sur les collines de Jérusalem, la foudre brisait de temps en temps le ciel assombri, d'étranges reflets rougeâtres se répandaient sur la vallée du Jourdain, et le tonnerre résonnait comme un coup de gong jusqu'aux montagnes de Moab. Tout à coup, à la lueur d'un feu allumé à un tournant de la route, j'aperçus la voiture arrêtée au milieu d'un groupe d'ombres gesticulantes. « Ils l'ont pris », pensai-je. Et voici un homme qui bondit de la Ford et vient vers moi en courant, talonné par une foule de Sodomites. Déjà je bridais mon cheval, déjà je me penchais pour m'apprêter à hisser le fuyard en selle, quand Voltaire ralentit sa course, trébucha deux ou trois fois, s'arrêta les bras tendus, tout plié en avant.

– Au secours ! Au secours ! cria-t-il.

Il essaya de se dégager, ouvrit la bouche dans un ultime effort et resta là comme cloué au sol, figé dans sa course, les yeux morts dans son visage blanc, et la bouche ouverte, muet et immobile comme une statue.

LA TÊTE EN FUITE

À l'affectueuse mémoire
de Cesare Pavese

Préface à la première édition
(1936)

J'ai écrit ces pages durant mes deux ans de prison et de résidence surveillée. Je ne me suis décidé à les recueillir en volume que pour montrer – à ceux qui me croiraient avili par la privation de liberté – que je suis resté serein et libre.

Je voudrais indiquer la raison qui m'a poussé à y joindre quelques pages écrites en France et en Angleterre, peu avant mon arrestation. Je les ai ajoutées pour que le lecteur attentif puisse mesurer, par comparaison, combien l'intervalle est mince de la liberté à sa privation et à quel point le malheur change peu l'âme de l'homme libre et serein.

« Maintenant, il te faut faire comme si tu étais revenu d'un long voyage », m'a dit ma mère à mon retour. Chère et honnête sagesse maternelle. Mais plus que d'un long voyage, je revenais de deux années de continuelles tentatives d'évasion. Les criminels et les brutes essaient de fuir de prison en sciant les barreaux des grilles, en se glissant le long de leurs draps du haut des fenêtres et des murs à pic ; ou en s'ouvrant les veines du poignet. Les hommes intelligents, cultivés, civilisés essaient de fuir par l'intelligence, la culture, la poésie. Ces pages sont le récit de telles évasions : la tête en fuite

Préface à la dernière édition
(1954)

Avoir été en prison ou en résidence surveillée est pour beaucoup en Italie, et pas seulement en Italie, un prétexte vulgaire à toutes sortes de spéculations politiques. Pour moi, ce n'est qu'une expérience humaine qui s'est trouvée être profitable à l'homme comme à l'écrivain. Sans doute aurais-je pu à mon tour en tirer des avantages d'ordre pratique si je m'étais engagé dans tel ou tel parti politique et si j'avais crié sur les toits, comme tant d'autres l'ont fait, que j'étais moi aussi un martyr de la liberté. Je ne me repens pas, ni ne me repentirai jamais, de ne pas avoir commis une semblable faute de goût.

Je ne connais qu'un écrivain en Italie qui n'ait pas utilisé la prison ou la résidence surveillée comme matière à spéculations politiques : Cesare Pavese. Et c'est la raison pour laquelle je l'estime, je le respecte et je l'aime. Un mois avant sa mort, dans les premiers jours de juillet 1950, je le rencontrai à Rome, via Sistina. J'étais avec la pauvre Jana qui songeait déjà au suicide. (Une semaine plus tard, elle se tuait.) Cesare Pavese me dit : « Quel dommage que vous ne soyez pas avec nous. » Je lui répondis que j'étais avec eux lorsqu'il s'agissait d'aller en prison ou en résidence surveillée, mais pas maintenant qu'il ne s'agissait plus que d'obtenir des prix littéraires. Juste à ce moment, je me souvins, mais trop tard, qu'il venait d'obtenir une récompense, un « prix mondain » comme il disait. Il sourit timidement, comme pour s'excuser, puis me dit : « Je ne suis pas de ceux qui pensent que seule leur prison compte, à l'exclusion de celle des autres. Ma prison vaut la vôtre. »

Aujourd'hui, Pavese est mort. Il s'est tué. L'obsession de la cellule, c'est justement le suicide : unique moyen d'évasion. Il suffit de lire toutes les pages qu'il a écrites, un certain nombre, voire un petit nombre, pour comprendre que Pavese n'a jamais réussi à se libérer de l'obsession de la prison. Dans son journal posthume (Le Métier de vivre, p. 78) il a noté : Partir en résidence n'est rien ; en revenir est atroce. Au fond, il n'a jamais pu « en revenir ». Après tant de douloureuses tentatives d'évasion par l'intelligence, la culture, la poésie, c'est finalement par la mort qu'il s'est échappé de prison. (Il a nié ce que je pensais quand moi aussi je tentais « d'en revenir » : à savoir que seuls les criminels et les brutes essaient de fuir en sciant les barreaux des grilles ou en s'ouvrant les veines du poignet. Les désespérés également aurais-je dû ajouter.) Par la mort, cette vraie liberté, la seule pour laquelle il vaille la peine de mourir. Je pense aujourd'hui que sa mort n'a pas seulement de valeur pour lui, mais pour nous tous.

Je voudrais dédier à sa mémoire le récit de ces tentatives d'évasion : la tête en fuite.

Curzio Malaparte.
Villa Hildebran
Forte dei Marmi
septembre 1954

PREMIÈRE PARTIE

RÉCITS ET SOUVENIRS

L'excursion

Dès que le commandant de la garde l'eut remis aux mains de l'escorte, la porte de *Regina Cœli* s'entrouvrit, laissant voir, dans l'entrebâillement, une tranche de rue : un morceau de muraille – la berge maçonnée du Tibre – qu'ourlait la dentelle d'un ciel jaunâtre, la roue arrière d'une bicyclette qui aussitôt glissa, avec un léger frou-frou, hors du champ de sa vision. Boz sentit qu'on le poussait doucement par les épaules ; il posa le pied au-delà du seuil et trébucha comme s'il avait fait un faux pas. L'air de dehors, l'air vif, l'air libre, l'odeur du fleuve, le reflet livide du couchant sur le pavé et contre les murs, ces deux femmes juste en train de passer qui l'observèrent d'un regard blanc et opaque lui apparurent comme les signes inattendus d'une solitude triste et vide. Il se sentit seul, perdu ; il se retourna pour s'assurer que les agents le suivaient.

Au nombre de trois, ils l'entouraient, l'air mal à l'aise et ennuyé. L'un d'entre eux était petit, trapu, avec des yeux rétrécis et brillants dans un visage bouffi et cordial. Il eut l'impression de le reconnaître : c'était sûrement le brigadier de la S. N. (Sûreté nationale) qui, deux mois auparavant, l'avait accompagné du commissariat central à *Regina Cœli*. Son nom lui revint même à l'esprit et il sourit. Il se souvint que, ce matin-là, devant la porte de la prison, il lui avait demandé comment il s'appelait. « Je m'appelle Petrolini », avait répondu le brigadier. Boz sourit, exactement comme il avait souri alors, et soudain un sentiment de sécurité l'envahit, comme s'il avait craint un instant d'être laissé seul, d'être libre. Le brigadier souriait également, un peu gêné : il était peut-être content que Boz l'eût reconnu. Puis il dit « la voilà » et fit un geste vers le fond de la rue.

La Direction des Prisons avait téléphoné à une station de taxis ; la voiture arrivait en dérapant de ses roues bloquées, avec des crissements aigus de freins, sur le pavé poisseux. Boz tout d'abord ne s'était pas aperçu qu'il pleuvait ; il sentait maintenant la bruine douce et froide comme un crachin de montagne lui mouiller le cou, les oreilles. Un long frisson lui descendit dans le dos. Il pensa : « J'ai encore un peu de fièvre. » Une envie de tousser lui noua la gorge, éclata en une quinte violente. « Couvrez-vous bien, dit un agent. À cette saison, il faut prendre garde. » La voiture traversait le pont sur le Tibre, parcourait en klaxonnant le cours Victor-Emmanuel. Sur la piazza del Gesù un embouteillage l'arrêta. Là derrière, c'est le Collège romain, pensa Boz, le commissariat central, la rue du Piè di Marmo et, plus loin, Saint-Ignace. « Ne vous penchez pas à la portière, dit le brigadier, vous pourriez prendre froid. » Il s'aperçut que la nuit était déjà tombée ; les rues étaient illuminées ; sur les trottoirs, la foule s'écoulait, noire et vulgaire contre le fond clair des vitrines. On s'était mis à monter vers Magnanapoli, on passait sous les hauts murs de la villa Aldobrandini, on s'engageait dans la via Nazionale.

À un certain moment, il vit rouler à côté du taxi une petite voiture découverte conduite par un jeune officier de grenadiers vêtu d'une étrange manière : tunique ouverte, cravate noire, casquette plate à visière étroite posée de biais sur le front. C'était la première fois qu'il voyait un officier en nouvelle tenue. « Il y a à peine quinze jours, dit le brigadier, que les uniformes de l'armée ont été changés. » Il lui sembla qu'un siècle le séparait du jour de son arrestation et ce n'est qu'alors qu'il eut conscience du temps énorme qui s'était écoulé durant ses deux mois de prison. Il sentait que la cellule n° 461 de la 4e division de *Regina Cœli* où il avait vécu cet énorme espace de temps – et pourtant il ne s'agissait que d'à peine soixante jours – était en lui, demeurée au fond de lui : forme secrète de son esprit. Il pensa à un oiseau qui aurait avalé sa cage. Il transportait sa propre cellule avec lui, en lui, dans ce voyage aux Lipari, comme une femme enceinte porte son enfant dans le ventre. Il s'aperçut qu'il était en proie à une bizarre inquiétude ; il se passa la main sur les yeux ; ses paupières gonflées étaient brûlantes, il avait la bouche pâteuse de sommeil. Il aurait voulu se trouver dans sa cellule ; il devait être sept heures, d'ici une demi-heure, la cloche imposant le silence allait retentir, carillon désordonné et rageur qui secouait les barreaux, faisait trembler les vitres et le grillage métallique de la fenêtre, la gamelle, le broc à eau, le seau hygiénique, le lit, les doigts de pied endoloris par l'immobilité. Du fond des couloirs montaient un murmure de voix étouffées, un bourdonnement lointain qui se rapprochait peu à peu, prenait forme et s'alourdissait, emplissait corridors et cellules comme quelque chose de palpable, comme une coulée de plâtre dans un moulage d'argile. Cette rumeur sourde et confuse que l'oreille, pendant la journée, perçoit comme un écho vague et doux, diluée par la lumière tombant des fenêtres à travers le verre dépoli, résonne dans la pénombre, à cette heure qui annonce la nuit, comme la clameur d'une foule en marche : et l'idée du silence, l'imminence du sommeil semblent la rendre plus intense et plus pleine. Puis l'ampoule au-dessus de la porte s'allumait, lueur rougeâtre qui se répandait lentement dans la cellule, envahissant peu à peu jusqu'au moindre recoin, les rugosités du crépi, la cuvette, le verre, la bouteille. Et soudain le carillon de la cloche, le carillon, le carillon, le carillon de la cloche.

Boz approcha son visage de la portière ; son regard se perdit, se désagrégea dans la clarté blanche et immobile qui élargissait les perspectives de la piazza dell'Esedra, rebondissant en un pétillement serré et lumineux sur les feuillages des arbres, s'incurvant en miroirs concaves sur les façades des maisons et sur l'asphalte des avenues. Il s'était habitué à poser son regard sur des formes précises, entre des limites fixes, sur la géométrie nette et proche des murs, du tabouret, des barreaux, de la gamelle, du broc, du seau, du lit, de sa propre ombre contre la paroi, et cette fuite désordonnée et vague de lumières, de roues, de visages, de parapluies, d'arbres éveillait en lui une angoisse étrange, un sentiment de vide, de solitude, d'abandon. Il ferma les yeux, les rouvrit au bout d'un moment, secoué par l'arrêt brusque du taxi devant la gare de Termini du côté de la Salle royale. Il se trouva soudain noyé au sein d'une foule gesticulante, assourdi à en perdre la tête par le vacarme des voix, le cri rauque et monotone des portefaix d'hôtels, le choc sourd des malles et des valises sur le trottoir. « Par ici, par ici », lui cria le brigadier Petrolini, en lui saisissant le bras. Ils entrent dans les bureaux du commissariat de la S. N. ; il se laisse choir sur une banquette, lève les yeux vers un ordre de service fixé à la paroi, se met à observer attentivement le feuillet d'un calendrier. Samedi 30 novembre. Le train ne partait qu'à dix-neuf heures trente. Encore vingt-cinq minutes. Boz ferme les yeux, il voudrait dormir, un sommeil tiède et mou lui caresse les paupières et tout à coup il s'aperçoit, avec une agréable surprise, qu'il lui est resté dans les narines une odeur grasse et doucereuse de punaises, odeur qui désormais demeure liée pour lui à l'idée du sommeil. La fleur du sommeil, le délicieux parfum des punaises, de cette fleur qui s'épanouit lentement au fond de sa bouche. Ces pas, ces voix, les coups de sifflet et les chocs, le halètement des trains qui arrivent et qui partent, tout cela s'éloigne peu à peu et s'évanouit dans de lointains golfes d'ombre.

Boz s'endort et rêve qu'il est enfermé dans sa cellule, qu'il écoute le pas monotone des gardiens dans le couloir sonore. Chaque soir, quand les geôliers avaient éteint du pied, comme un mégot de cigare, le dernier battement de la cloche imposant le silence, Boz restait étendu sur le dos, les yeux grands ouverts, à l'écoute des rumeurs qui montaient de la rue, commères qui s'interpellent, cris et rires d'enfants, musiques de phonographes, échanges de mots d'une fenêtre à l'autre, aboiements de chiens, roulements sur le pavé. Jusqu'à ce qu'un géant à cheveux roux surgît d'un angle de la cellule et, levant ses longs bras flasques et balancés, le frappât à la tête de sa grande mailloche trouée de bourdonnements et de chuchotements. Parfois, le premier coup l'anéantissait et l'aube livide le surprenait plongé dans un sommeil froid et sans faille. D'autres fois, à moitié assommé par le coup, il restait étendu sur le lit, les yeux écarquillés, mouillé de sueur, comptant les pas des gardiens dans le couloir. 14 721, 14 722... 18 306... Brusquement il s'éveille, ouvre les yeux ; la pièce est remplie d'agents qui vont et viennent, se retournent tous pour le fixer d'un regard indifférent et curieux ; un jeune commissaire parle d'une voix forte au téléphone, s'impatiente, répète deux ou trois fois le même mot, « absolument, absolument » ; sa voix se fait d'une grande douceur, il sourit, continue à parler en observant le prisonnier d'un air courtois et ennuyé. « C'est le docteur Giordano », murmure le brigadier Petrolini à son oreille. Le jeune commissaire pose le récepteur, s'approche de Boz : « Notre train part dans dix minutes, il faut se dépêcher », dit-il en souriant. « Allons-y, répond Boz, je ne voudrais pas rater le train. » Quelqu'un lui touche l'épaule, le prend par le bras. Boz se lève, sort sous la verrière, s'achemine derrière le docteur Giordano vers le train de Naples, suivi par le brigadier Petrolini et les quatre agents de l'escorte.

Et près d'une portière ouverte, un grand bouquet de fleurs dans les bras, voici sa mère ; plus grise, plus voûtée ; souriante et tranquille. Boz s'avise à cet instant qu'il a les cheveux longs, une barbe de dix jours, les mains sales, les ongles cassés et noirs. La sueur de la fièvre et de l'insomnie lui colle la chemise à la peau. Ce qu'il éprouve, c'est de la pudeur ; la présence de sa mère l'humilie, l'irrite, il voudrait qu'elle ne fût pas là, qu'elle ne le vît pas en cet état ; il a la sensation de lui manquer de respect, de l'offenser. Le bouquet de fleurs, tandis qu'ils s'embrassent, s'écrase contre sa poitrine ; un parfum pénétrant lui réchauffe le visage et suscite en son cœur un sentiment de honte et de remords pour sa première réaction d'affectueuse rancœur. Cette pauvre maman, il ne s'attendait pas à la trouver là, il ne se demande même pas comment elle a pu apprendre qu'il partait précisément ce soir, par ce train. « Ils ont été très gentils pour moi, dit sa mère, le regard droit sur lui, étrangement fixe et serein. Voici une demi-heure qu'ils sont venus m'annoncer ton départ, j'ai juste eu le temps de courir à la gare. » Elle lui passe la main dans les cheveux, sur le front, sur le visage. « Tu sais, je viens avec toi. Ils m'ont permis de t'accompagner jusque là-bas. » Elle parle vite, avec le léger accent milanais qui lui remonte aux lèvres toutes les fois qu'elle souffre ou qu'elle est heureuse. Mais on ne dirait pas qu'elle souffre, ni qu'elle est heureuse : elle n'a même pas l'air émue, mis à part un imperceptible tremblement des mains et ce regard trop fixe, trop limpide. Elle s'appuie sur le bras de son fils, se tourne vers le docteur Giordano : « Pouvons-nous monter ? » demanda-t-elle. Il y a dans son sourire une gentillesse, une simplicité, un orgueil si tranquille et si sûr que Boz se sent tout à coup libre. Non comme un évadé ou un libéré de prison, mais comme un homme quelconque, un voyageur semblable aux autres, comme quelqu'un qui vaque à ses affaires.

Il voudrait que le train parte tout de suite ; déjà les portières se ferment ; il y avait si longtemps qu'il avait promis à sa mère le cadeau d'un beau voyage. C'est un vrai plaisir que de monter dans ce train avec elle, partir ensemble, les deux tout seuls : l'Italie est si merveilleuse ; il existe tant de villes, de villages, de fleuves, de lacs, de mers que Boz lui-même n'a jamais vus. La Calabre, la Sicile, les jardins étincelants d'oranges d'or sous un ciel jaune et rugueux comme une immense orange, étincelants de citrons pâles comme des astres de printemps qui errent dans le feuillage luisant et noir comme dans un ciel serein avant le lever de la lune. Et la fragrance pénétrante des mimosas dans l'atmosphère dense et blonde comme un vin doux. Il est vraiment content de partir, de quitter Rome, d'accompagner sa mère dans ce beau voyage vers la Sicile. Le train s'ébranle lentement et sa mère est assise à côté de lui, dans le compartiment de seconde classe, plein d'une bonne odeur de charbon, d'huile et de tabac. Les quatre agents d'escorte disposent les valises à leur place, parlent entre eux à haute voix, fument, rient ; le docteur Giordano et le brigadier Petrolini, debout dans le couloir, se retournent de temps en temps pour regarder le prisonnier et les voyageurs se retournent également en passant pour le dévisager avec une curiosité aimable et puérile. « Madame, dit le docteur Giordano, je vous ai pris deux oreillers. Il y en a un pour votre fils », ajoute-t-il avec un sourire de sympathie. « Ils sont très gentils », pense Boz. Il ferme les yeux et s'abandonne, la tête contre l'épaule de sa mère.

Or voici que le sommeil s'est mis à lui becqueter le front. Comme un oiseau qui picote dans un fruit mûr, s'enfuit et revient le bec pointé, s'enfuit encore et revient, ainsi le sommeil s'est mis à lui becqueter le front, entre les deux yeux, et s'enfuit et revient le bec pointé. Boz voudrait le chasser. Il s'agite, protège ses yeux de son bras replié, mais l'oiseau revient pour lui becqueter le front. Le prisonnier s'endort et se réveille au bout de cinq heures, au bout de six heures : le train a déjà dépassé Naples, dépassé Pompéi, Cava, Salerne. Il roule maintenant à travers la plaine de Battipaglia. La nuit est trouble et inquiète, coupée çà et là de vastes zones phosphorescentes ; de pesants nuages noirs montent sans arrêt de la mer à la rencontre d'autres nuages plus légers, plus clairs, plus élevés qui descendent des monts du Cilento, du Capaccio, de l'Alburno. Des rafales de vent chaud et humide soulèvent dans la plaine des tourbillons de poussière jaune, la mer miroite entre les arbres sous une lune aux yeux verts et battus. Le train ralentit, s'arrête, se remet en marche avec un sifflement plaintif et effrayé, puis il s'arrête encore : à cet endroit, la plaine est inondée, des équipes d'ouvriers travaillent le long de la ligne, on voit au loin des balancements de lanternes, l'éclair des pelles ;

des voix résonnent, des coups sourds, un martèlement d'outils sur les rails. La lueur bleue de la foudre révèle un décor de colonnes, de ruines, d'arbres tordus par le vent. « Nous sommes à Paestum », pense Boz. Il se lève, sort dans le couloir. « Où allez-vous ? » demande la voix du docteur Giordano. Le prisonnier ne répond pas, il se met à la fenêtre, plonge ses regards dans la nuit déchirée d'éclairs, parsemée de taches huileuses, d'étendues transparentes. Une nuit étrange, d'un gris de perle veinée de jaune et de vert.

Les temples de Paestum surgissent devant lui, solitaires, solennels, funèbres. Nettes et précises, les colonnes se détachent sur le fond écumeux de la mer. Le docteur Giordano sort dans le couloir, se met à côté du prisonnier. « Un vrai ouragan », dit-il. Pâle et fumeuse, la lune est au sommet d'une haute muraille de nuages noirs. Soudain la muraille s'écroule et la lune tombe de montagne en montagne, roule de vallée en vallée, s'abat avec un sourd écho au fond de la plaine, disparaît derrière la colline d'Agropoli.

Boz se penche à la fenêtre. Le vent lui enfonce ses ongles dans le front, le saisit par les cheveux, lui renverse le visage en arrière, essaie de le tirer de vive force hors du train, de l'arracher aux agents, à sa mère. Mais le docteur Giordano lui pose la main sur l'épaule, comme pour le retenir. « Je me recommande, dit-il. Ne commettez pas d'imprudences. Vous avez un peu de fièvre. Cet air humide vous fait du mal. » Sa voix est courtoise, pleine d'une affectueuse attention. Il relève la vitre. « Soyez tranquille, répond le prisonnier avec un étrange sourire. N'ayez pas peur, je ne commettrai pas d'imprudences. » Du haut du ciel bouleversé des montagnes de nuages s'éboulent, s'écrasent sur la plaine inondée en soulevant d'immenses gerbes d'eau fangeuse. Traversée d'éclairs, la furie du sirocco se brise avec un grondement de vagues contre la colonnade des temples de Poseidon, de Cérès, de la Basilique. De profonds gouffres pourpres s'ouvrent au sein des montagnes, une clarté sulfureuse en jaillit, le ciel se déchire brusquement avec un crépitement aigu de toile arrachée, une lune gonflée de sang jaune roule avec des fumées et des cris parmi les buissons de ronces et de genêts, les colonnes, les flots blanchis d'écume. Boz appuie son front contre la vitre, une quiétude humide et froide lui descend dans le cœur. Tout s'effondre au-dedans de lui, dans la chaude pénombre brumeuse du compartiment. Sa mère aussi coule à pic au milieu des agents endormis. Immobile, le train pousse son sifflement plaintif, la pluie s'acharne tout à coup sur le toit du wagon. « L'année dernière. La dernière fois… » pense le prisonnier. Cette dernière fois qu'il est venu à Paestum, c'était avec Flaminia et Massine. À peine une année, presque hier.

Ils étaient partis à l'aube des Isole dei Galli, une aube d'été paisible et blanche. Les Faraglioni de Capri, là-bas, surgissaient lentement de la mer, indistincts dans la brume. L'air sur la côte d'Amalfi était transparent, veiné d'argent comme les ailes des cigales. Dans sa maison construite sur la plus grande des Isole dei Galli (les Sirénuses homériques, noirs écueils qu'Ulysse vit tout blanchis d'ossements humains : c'étaient là qu'avaient leur nid les lascives sirènes au souffle fétide et à la voix harmonieuse), Leonide Massine passe chaque année une importante partie de l'été seul avec un Pleyel dont le sel marin rend les sons enroués, essayant sur les faïences de Vetri qui recouvrent le sol les pas d'un nouveau ballet de Stravinsky ou de Charrier. Les matins de beau temps, du haut de la terrasse à pic sur la mer, on voit s'élever à l'extrême horizon, là-bas au fond du golfe de Salerne, entre l'embouchure du Sele et le cap de Palinuro, les

127

colonnes des temples de Paestum, roses dans l'atmosphère translucide. Quelques jours auparavant, à Paris où il mettait en scène, au théâtre des Champs-Élysées, *La Concurrence* d'André Derain sur une musique de Georges Auric, Massine avait dit à Boz : « Venez me voir aux Sirénuses, nous irons ensemble à Paestum. » Et maintenant ils naviguaient sur la mer blonde et unie comme un dos de tortue vers l'embouchure du Sele, vers les colonnes solitaires plantées sur le rivage désert. Étendue à côté de Boz, Flaminia se taisait, le regard lointain, les lèvres entrouvertes, le visage allumé par le feu candide des voiles.

Quand ils abordèrent le long de l'immense arc du rivage nu de Paestum, le soleil était déjà haut. Sous sa lumière blanche, une réverbération immobile montait du sable, comme d'une étendue de neige. Sur la plage jusqu'aux ruines, le sentier, parmi des buissons de genêts et de ronces, traverse une plaine poussiéreuse que des essaims de gros insectes velus emplissent d'un bourdonnement intense et continu. La chaleur était étouffante. Précédant Flaminia et Boz, Leonide Massine marchait de son pas de jeune fille agile et joyeux et de temps en temps tournait vers eux son profil sec, ironique, qu'illuminait un sourire ambigu et puéril. Puis peu à peu un enduit de poussière et de sueur couvrit son corps à demi nu, la poitrine large, les jambes lisses et brillantes, et pour finir, le visage coupant disparut lui aussi sous un masque de boue jaune. Flaminia également portait ce même masque de boue, et Boz était heureux, s'imaginant participer à un jeu enfantin mystérieux, tenir le rôle d'un héros ou d'un dieu dans une légende pour tout petits. Il marchait en tenant Flaminia par la main ; tout à coup il se mit à courir et il était heureux de se présenter devant les temples avec ce masque de boue jaune sur le visage.

Mais le ciel vers midi se couvrit d'épais nuages noirs, un vent chaud et impétueux se leva de la mer. L'atmosphère était devenue livide, les colonnes de tuf rougeâtre brûlaient, sombres et fumeuses dans la pénombre sèche et plombée de l'orage imminent. Boz s'assit près de Flaminia sur les marches du temple de Poseidon, du côté qui regarde les montagnes de Capaccio. Il humait dans l'air livide une fraîche odeur de genêts, de thym, de menthe, de genièvre. Un troupeau de chèvres noires et osseuses broutait l'herbe maigre au pied des colonnes de la Basilique. Deux vieilles femmes enveloppées dans de lourds vêtements de laine sombre, les yeux rouges et gonflés par la fièvre, la chevelure en désordre, le front labouré de rides pourpres et le visage parsemé de croûtes luisantes, se tenaient debout sans bouger au milieu des chèvres. Une religieuse enfermée dans sa guimpe, menaçante, hostile, le regard torve, était assise auprès d'une fillette sur un chapiteau enfoncé dans les broussailles, ses mains mortes, à peau verte tachetée de jaune comme une peau de lézard, croisées sur le ventre. La fillette avait les yeux fixés à terre, avec une violente expression d'humilité, quelque chose d'obstiné, de méchant, de douloureux. La cheminée de la fabrique de conserves Cirio, là-bas vers la ligne de chemin de fer, se découpait en relief, palpitant comme une grosse veine violacée, contre le fond gris des collines nues et pierreuses. Sur la grande route grinçait un convoi de chariots pleins de tomates s'acheminant vers la fabrique et le garçon de l'hôtel Neptune, là tout près, était apparu sur le seuil et respirait l'odeur enivrante du genièvre, des tomates et de l'urine de chèvre. Couleur de plâtre, les jambes raides, le cou tendu, la crinière pétrifiée, un cheval blanc galopait, silhouette circonscrite et pesante, derrière la colonnade de la Basilique ; et l'on ne percevait pas l'écho sourd des sabots sur les dalles de tuf clair.

Soudain, un cri lui fit tourner la tête. Un cri bref et doux comme une plainte de femme. Massine était là, immobile, les épaules contre une colonne, son torse de cuivre se confondant avec le tuf rougeâtre. Une lourde terreur contractait son visage. Le front penché sur la poitrine, il fixait d'un regard éteint un serpent noir et petit qui, d'une allure lente et prudente, rampait vers lui sur le dallage du temple. Rampait, perfide et ironique, le regardant en plein visage de ses yeux luisants amoureux. Sombre présence du ciel par-dessus les colonnes, et les éclairs gravaient dans ce ciel de pierre noire un étrange chiffre, le huit mystérieux que forment les deux serpents entrelacés du caducée de Mercure. La fillette leva la tête, tendit l'oreille pour écouter le bruit des ailes de Mercure dans le vent impétueux. Puis tout à coup le ciel craqua comme une voûte sur le point de s'écrouler ; les premières gouttes de pluie tombèrent, rares, lourdes, stridentes, comme des gouttes de plomb en fusion. Elles creusaient dans le sol des trous profonds d'où s'échappait en sifflant une vapeur rougeâtre.

Massine était resté appuyé contre la colonne, tel un prisonnier qui attend le supplice, dans l'attitude de la terreur extatique, les bras levés pour se protéger de cette pluie chaude, de cette pluie toute frémissante de flèches. Un saint Sébastien transpercé par le ciel. Précautionneux, le serpent s'approchait tout doucement à travers la brume rouge que la pluie bouillante soulevait. À un moment donné, Massine leva les yeux au ciel. Les lèvres entrouvertes, le visage très pâle, figé en une expression de souffrance intense, de souffrance joyeuse. Ses genoux tremblaient, le flanc fragile s'abandonnant sur la cuisse gonflée de muscles, arquée comme pour la danse, les pieds petits touchant à peine le sol, un sillon creusé dans le mollet tendu en un douloureux effort, l'effort d'une fuite immobile. Déjà le serpent était tout près, triste et somnolent. Boz retenait son souffle, le sang battait à ses tempes, une étrange saveur naissait au fond de sa bouche, une saveur tiède et douceâtre. Cette scène cruelle, répugnante et fascinante, le remplissait d'un dégoût attendri. « Mords-le, mords-le » se répétait-il. Anxieux, il attendait avec un plaisir douloureux que le serpent plantât ses dents dans le talon tremblant.

Soudain, Massine se détacha de la colonne, se mit à courir. Et l'on eût dit d'abord qu'il entrait en scène, qu'heureux et oublieux de tout, il volait sur un léger pas de danse. Mais ensuite il eut l'air de fuir, il s'enfuit réellement comme un prisonnier qui a brisé ses liens, comme un homme libéré de la mort. La pluie se mit à crépiter, le ciel s'écroula avec fracas sur le temple, les nuées livides s'effrangèrent en lambeaux tourbillonnants ; le hurlement de la mer se brisait parmi les colonnes, comme un flot contre l'écueil. Colonnes de pierre dure, compactes, pesantes, enfoncées dans la terre comme des arbres vivants. Et Massine qui, léger, s'enfuit là-bas vers la mer, parmi les buissons de ronces et de genêts, et Boz qui, finalement, se sent délivré d'un cauchemar : il retrouve en lui-même et autour de lui-même l'immuable sérénité des colonnes au sein de l'ouragan furieux, force maigre, austère, âpre et impassible. Incorruptible repos. Et l'odeur enivrante du genièvre, des tomates, de l'urine de chèvre. Peu à peu l'ouragan s'éloigne vers les montagnes, le soleil bondit de nuée en nuée, humide de pluie sanglante. Flaminia est étendue sur les marches du temple, coupée en deux par l'ombre pourpre d'une colonne : genoux blancs et polis, chevelure blonde illuminée par le feu d'un or exsangue, visage clair et doux, sourire triste, lointain, reflet rose de ses yeux, regard orgueilleux et las. Presque nue, abandonnée à la renverse sur la pierre squameuse. Les chèvres barbues l'observent en ruminant de leurs yeux rétrécis et jaunes, les deux vieilles pointent les doigts vers elle, lui faisant les cornes, et crachent à terre en criant d'une voix aiguë : « Anathème ! Anathème ! » Oui, voilà ce qu'elles criaient : « Anathème ». La religieuse enfermée dans sa guimpe levait en silence ses bras où tintaient des médailles, la bouche grande ouverte comme si elle avait hurlé : ses mains à peau de lézard brimbalaient mortes au bout des poignets grossiers.

Une chaleur visqueuse avait succédé au vent et à la pluie ; l'air était imprégné d'un parfum excitant d'herbe mouillée. Boz sentait naître en son cœur une étrange félicité, le souvenir serein d'une légende mystérieuse et puérile. Il regardait Flaminia étendue à son flanc et les deux vieilles qui s'éloignaient à reculons, faisant les cornes de la main tendue, crachant à terre : « Anathème ! Anathème ! », et la religieuse qui ouvrait grand la bouche, levait en silence les bras, agitant ses moignons velus, et la fillette la suivait tête basse, tournant vers eux de loin en loin des yeux douloureux et méchants. Bêlement rauque des chèvres. Un lent vol de corbeaux passait, coassant au-dessus des temples. Le cheval blanc, cheval de plâtre, apparaissait et disparaissait derrière la colonnade de la Basilique, au galop, le front haut, rigide et pesant, et il hennissait de temps en temps d'une voix faible et triste. Flaminia à la renverse sur les marches du temple donnait un sexe aux montagnes, à la mer, aux buissons de genêts, aux touffes de thym et de menthe ; tout était femme autour d'elle, tout était féminité et odeur de sexe et couleur de chair vivante. Elle regardait le ciel entre les colonnes ; la sueur lui coulait de la nuque et des seins sur le ventre et les bras. Et cette odeur excitante d'herbe mouillée, ce hennissement faible et triste, ce doux hennissement qui résonnait dans l'air immobile comme une plainte amoureuse.

Voici que le train s'ébranle, se remet à rouler avec un sifflement faible et triste, une longue plainte aiguë, à travers les rafales de pluie et de vent, et le prisonnier se sent arraché de vive force à ce paysage de temples et de flots écumeux, comme s'il était lui-même une colonne de pierre, pesante, dure, compacte, enfoncée dans la terre, arbre accroché au sol par mille profondes racines. Il sent que sa fuite vers le salut, la liberté, le bonheur a commencé le jour où il est entré à *Regina Cœli*. Il se retourne et rencontre le regard ferme et serein du docteur Giordano, le regard d'un complice, d'un camarade d'évasion. Adieu, pense Boz, adieu. Il sait qu'il ne pourra jamais renier tout ce à quoi il renonce, ce qu'il fuit, d'où il s'évade, tout ce qu'il a rejeté le jour de son entrée en prison. Il revoit Flaminia dans le couloir de *Regina Cœli*, le matin où elle était venue lui rendre visite au parloir, après la condamnation. Il la voit s'éloigner, un peu voûtée, le pas peu sûr ; puis, croyant que Boz ne la regarde pas, elle s'arrête, appuie son front contre le mur gris, à côté du gardien qui l'observe en silence, agitant son trousseau de clefs. Ces sanglots convulsifs, le tintement des clefs, ces épaules secouées par les pleurs. Flaminia ne sait pas que le prisonnier est resté derrière la grille à la considérer, elle ne sait pas que Boz, dans le fond de son cœur, a désormais renoncé à tout ce qui était le secret orgueil de sa vie, à tout ce qui jusqu'à hier était sa gloire, sa servitude, son bonheur déçu, humilié, corrompu. Flaminia lève le front, essuie ses larmes, s'éloigne dans le couloir gris et sourd, suivie par le gardien qui marche en agitant ses clefs.

Adieu, pense Boz, adieu. Il rentre dans le compartiment, s'assied à côté de sa mère, laisse glisser la tête contre son épaule, serrant doucement sa main endormie sur la banquette. Il ferme les yeux et voit Flaminia s'éloigner dans le couloir, un peu voûtée, le pas peu sûr, et les clefs tintinnabulent dans le grondement du train qui fuit à travers la plaine de Paestum vers Agropoli, vers la Calabre noire de forêts, vers la Sicile rouge et dorée, vers Lipari jaune de soufre et de genêts, île errante sur la mer. Mais il est trop tard, oui, trop tard. Il voudrait dormir. Le train roule dans la nuit avec un grondement de fleuve en crue. La main de sa mère est chaude, elle tremble un peu dans le sommeil ; légère et heureuse, elle tremble. Boz s'enfonce peu à peu dans un flot tiède et vert, tout son corps s'abandonne au sommeil, le poids des pieds, des jambes, du ventre, des épaules l'entraîne sous l'eau. Seule la tête émerge, impossible de remuer, mais il voit, il entend, il respire comme un homme plongé dans l'eau jusqu'au cou. Le train fuit le long du rivage escarpé de la mer, de loin en loin il s'arrête devant une gare perdue dans l'ombre ; la pluie s'acharne contre la fenêtre, des ombres encapuchonnées sortent d'une baraque en planches. Voix, chocs de marteaux contre les disques des freins, et le hurlement de la mer en contrebas ; de ténébreuses montagnes se penchent, écrasées sous de sombres nuages. Le prisonnier s'endort, il entend des voix lointaines, un halètement profond, de longs échos métalliques, des égouttements de gargouille sur des toits de tôle. Un éboulement a obstrué la ligne, le train a déjà trois heures de retard ; c'est l'aube ; la côte de Calabre hérissée de noirs écueils fait s'écrouler la muraille écumeuse de la mer. Le train de luxe Paris-Syracuse est arrêté là, sur la voie d'en face, il faut attendre que les ouvriers aient déblayé la ligne Paris-Syracuse. *Paris 39, quai de l'Horloge, madame Martig la concierge dit qu'il en aura pour cinq ans, un brave garçon, oui, un écrivain, un poète, il connaissait tout le monde à Paris, on l'aimait bien, Pirandello venait le trouver de temps en temps, et Malraux, Glenway Welscott, des écrivains, des peintres italiens, anglais, américains,*

> *Seigneur, nous avons fait la guerre*
> *et nous sommes bien fatigués*

C'est Mme Martig la concierge qui a donné tous ces détails à la presse, oui, monsieur, il aimait l'Italie, la place Dauphine, sa mère et les huîtres de Prunier,

> *On a bien fait*
> *de le mettre en prison*
> *il était beau garçon*
> *et il aimait sa mère*[1].

Paris-Syracuse. Dans le train de luxe, de jeunes Anglais blonds, étendus sur les couchettes, mastiquent en songe les feuilles d'acanthe des chapiteaux et ces brins d'herbe à parfum d'encens qui pointent dans la pénombre verte et rose des latomies de Syracuse. « What do you mean by respectable ? – He keeps a gig. » *Il venait justement de passer deux mois à Londres, n. 1 St James' Street, S.W.I. c'est Mme Martig la concierge qui nous a donné ce détail, un brave garçon, oui, un gentil garçon. Croyez-vous, madame, qu'il avait l'intention de traverser la Manche à la nage ? Non, monsieur, c'est une abominable calomnie. Je peux vous assurer qu'il n'a jamais eu l'intention de traverser les Alpes à la nage*[2].

---

1. En français dans le texte.
2. En français dans le texte.

Oh gramo, gramo, gramophone,
which of us is the fairest one ?

C'est l'aube, il ne pleut plus, le matin rose poursuit des troupeaux de nuages blancs dans le ciel parsemé, çà et là, de taches bleues ; il fait déjà grand jour quand le train repart du nœud ferroviaire d'Aspromonte, un pâle soleil éclaire de maigres vignes, des forêts de figuiers de Barbarie, des ravines nues en à-pic sur la mer.

Le docteur Giordano ouvre de temps en temps les yeux, observe le prisonnier d'un regard ensommeillé, les agents remuent dans le compartiment, se promènent dans le couloir, fument, mangent, une odeur de saucisson et de vin adoucit le grondement du train en fuite. Sa mère n'est plus à côté de lui, elle est peut-être descendue dans une gare déserte, sans lui parler, sans même lui avoir dit au revoir, il ne la reverra plus jamais, plus jamais, jamais, il ne reverra plus jamais Flaminia ; d'ici cinq ans il sera libre, il reviendra par cette même ligne dans cinq ans, dans ce même train et ce même compartiment. Non merci, je n'ai pas faim. En ce moment, les geôliers distribuent la soupe dans les cellules, les détenus tendent la gamelle à travers le judas de la porte, on entend dans les couloirs le sourd tintement des cuillers de bois contre les récipients de fer-blanc, un murmure étouffé de voix, des pas traînants de pieds endoloris. Sa mère reparaît, sourit, lui offre une orange, le train roule le long d'une mer démontée, non merci, je ne suis pas fatigué, le rocher rouge de Scylla resplendit dans le vert et le gris du couchant. « Nous allons passer bientôt le détroit de Messine, dit le docteur Giordano ; nous avons six heures de retard. » Déjà la nuit. Le train entre dans le ferry-boat avec un grand bruit de ferraille. À la gare de Messine, un policier s'approche du docteur Giordano, lui parle à voix basse. « Nous pouvons aller dormir à l'hôtel, dit le docteur, il n'y a pas de train pour Milazzo jusqu'à cinq heures demain matin. » Boz s'appuie sur le bras de sa mère, les jambes lui font mal, il respire avec peine, des spasmes lui soulèvent l'estomac, il n'a plus l'habitude de l'air frais, de l'air libre.

L'hôtel est triste, sombre. Odeur de sciure, d'ail et de vernis. « J'ai encore un peu de fièvre », pense Boz. Un frisson lui court le long du dos. « Mon devoir est d'appeler un médecin. Non, c'est inutile, demain matin je n'aurai plus de fièvre, vous verrez. Ne faites pas de compliments, il vous faut me considérer comme votre ami, je suis ici pour vous aider, que diable. Merci, vous êtes très gentil. Vous verrez qu'à Lipari, on se trouve très bien. Oui, sans doute, on s'habitue à tout. Eh, je comprends, je comprends. » Boz écoute ces voix lointaines, il s'aperçoit qu'il parle, qu'il répond, mais il oublie tout de suite ce qu'il a dit ; ce n'est peut-être qu'un peu de faiblesse, la fatigue du voyage, la fièvre. Vautré dans un fauteuil, à côté de son lit, les chaussures délacées, la chemise déboutonnée et la cravate dénouée, le brigadier Petrolini le regarde en souriant. Voilà qu'il est devant l'entrée de *Regina Cœli*. « Je m'appelle Petrolini, oui Petrolini, le brigadier Petrolini. »

La porte s'ouvre et sa mère entre, suivie du docteur Giordano. Elle dit « Pauvre garçon », le docteur sourit et Boz pense : « Ils sont très gentils avec ma mère », et il sourit ; il voudrait hurler, se débat, dit à haute voix « très gentils avec ma mère », et sa mère dit : « Pauvre garçon, il délire », et le docteur Giordano sourit, marche sur la pointe des pieds, fait un signe au brigadier Petrolini, et Boz voudrait crier, il se débat, et sa mère s'approche, lui caresse le front ; puis il se tourne vers le docteur Giordano, lui demande à voix basse : « Flaminia, où est-elle ? » Elle est peut-être restée dans le corridor du parloir, appuyée contre le mur gris, les épaules secouées de sanglots, près du gardien qui l'observe en silence et fait tinter son trousseau de clefs. « Il faudrait aller la chercher », dit sa mère et le docteur Giordano sourit, entrouvre les lèvres, ouvre la bouche et cette bouche s'élargit peu à peu, devient béante, se dilate démesurément, les lèvres s'incurvent, s'arrondissent en ponts énormes, gonflés et rouges, cette bouche monstrueuse emplit toute la chambre et le docteur Giordano chuchote quelque chose en remuant ces immenses lèvres lentement, très lentement, tandis que sa mère fait un petit geste de sa main blanche, un geste qui fait vibrer les vitres de la fenêtre, le verre sur la table de nuit, et Boz voudrait hurler, il se débat et Flaminia se retourne au fond du couloir, fait un signe de la main, un signe d'adieu, et Boz tout à coup ne voit ni n'entend plus rien ; il se réveille alors que quelqu'un le touche, le secoue légèrement : il voit sa mère à son chevet qui lui dit : « Il est quatre heures, lève-toi, il faut partir. »

Les agents sont déjà prêts, debout près du lit ; assis dans le fauteuil, le brigadier Petrolini lace ses chaussures en jurant, le visage pâle et luisant. L'aube s'annonce lumineuse et froide, le ciel à l'orient se teinte de rouge, là-bas, au-dessus des montagnes de Calabre. Un faible mugissement de sirène monte du port, un train siffle au loin, sur la rive opposée du détroit, les maisons de Reggio sortent peu à peu de l'ombre. Boz marche avec sa mère bras dessus bras dessous, il se sent reposé et allègre, l'air piquant du matin le met dans un état de légère ivresse, et sa mère elle aussi est contente, elle marche d'un pas vif et jeune, s'appuyant, gaie et affectueuse, sur le bras de son fils ; elle regarde autour d'elle et répète de temps en temps : « C'est vraiment beau

Messine. » La gare est claire, nette, pleine de sonneries ; le train de Milazzo est déjà là qui attend, un vrai tortillard déteint, mais propre, retapé, avec un ou deux empiècements de vernis frais, un ou deux raccommodages ici et là. Il est là, arrêté sous la marquise, avec toutes ses portières ouvertes, comme un vieux meuble familier, une vieille commode prenant l'air par tous ses tiroirs ouverts. Il n'attend qu'eux, on voit qu'il a hâte de partir, il siffle de joie, s'ébroue, s'ébranle en soufflant ; il quitte la gare, engoncé et jovial, flâne au milieu des faubourgs, laisse la ville derrière lui, grimpe par un grand détour sur les collines entre des haies de figuiers de Barbarie, des potagers, des vignobles, des bosquets d'amandiers et d'orangers. Voici Messine tout en bas, avec ses rues rectilignes, larges, ombragées, vides, neuves, et même les masures décrépies des faubourgs ont l'air neuves, et neuf est déjà le ciel plein d'azur, neuves les montagnes encore luisantes de pluie. Le détroit ressemble à un énorme fleuve dans une vallée aux flancs blancs de maisons, verts de vergers plantés d'orangers et de citronniers ; et voici le gouffre de Charybde, là en face le rocher de Scylla qu'effleure déjà la lumière rosée déboulant des montagnes. Et la mer libre là-bas, une mer bleue, striée de jaune, coupée de mille ruisseaux et rivières d'écume à la dérive, que la tempête en fuite a abandonnés derrière elle.

Boz est heureux, il se croit redevenu enfant ; enfin les écoles sont fermées, les examens se sont bien déroulés, c'est le début des vacances : « Si tu es promu, je t'offre un beau petit voyage », lui avait promis sa mère ; jamais il n'aurait pensé que le voyage de Rome en Sicile était si amusant. Quel plaisir que d'ouvrir la fenêtre, que de respirer cet air limpide et parfumé, regarder les bateaux qui entrent dans le détroit en laissant derrière eux une longue traînée de fumée, un blanc sillage d'écume. « Tu te souviens, dit sa mère, tu te souviens du jour où pour la première fois tu m'as fait monter sur un navire ? » Oui, bien sûr qu'il s'en souvient, il y a bien longtemps à Venise, mais ce n'était pas un navire, c'était le *vaporetto* qui fait la navette entre Saint-Marc et le Lido, et puis ce n'était pas la mer, mais la lagune. « C'est vraiment joli la Sicile, dit la mère. Ce doit être un rêve que de vivre dans un si beau pays. » Elle le regarde dans les yeux et Boz sent qu'une timide angoisse l'étreint. Peut-être a-t-elle peur de la mer et pense-t-elle déjà avec anxiété à la traversée de Milazzo à Lipari. À moins qu'elle ne veuille exprimer ainsi sa reconnaissance, sa joie de voir son fils hors de prison, hors de sa cellule sans air, sans lumière (alors qu'ici il y a toute cette mer, tout ce ciel) ou lui faire comprendre qu'au fond rien n'est plus agréable que de vivre dans un beau pays, que d'être obligé de vivre dans un si beau pays. « Pauvre maman », se dit Boz.

Le train descend vers la mer en décrivant de vastes courbes, il roule gaiement le long du rivage, au milieu des potagers, des plantations d'agrumes, des maisons aux murs maculés de moisissure, cette moisissure verdâtre qui affleure à la surface du crépi les jours de sirocco et donne aux maisons une teinte livide, un aspect de triste abandon. « Nous voici à Milazzo », dit le docteur Giordano. De la gare au port, il y a deux kilomètres de route. Boz prend sa mère par le bras, et tous deux vont leur chemin, suivis des agents, et le docteur Giordano dit à haute voix au brigadier Petrolini : « N'ayons l'air de rien. » Ils s'en vont donc ainsi comme un petit cortège d'amis. Mais les gens ont l'œil exercé, ils observent leur visage et se retournent pour les suivre du regard. La route est encombrée de charrettes tirées par des ânes, de groupes de femmes portant d'énormes paniers en équilibre sur la tête, de jeunes filles avec l'amphore sur l'épaule, de gamins qui se poursuivent en piaillant, de voitures qui passent au trot dans un nuage de mouches, et les cochers sur leur siège font claquer joyeusement le fouet. Cris, rires, appels, chansons se croisent de fenêtre à fenêtre et de balcon à balcon. Le long des trottoirs, le maréchal-ferrant courbe à coups de marteau le fer à cheval sur l'enclume brillante, le tonnelier assouplit les douves sur un feu crépitant de broussailles et de copeaux, le boulanger sort devant son four, pelotant avec de grandes gifles sonores, comme par jeu, un informe pain de pâte molle, et ses dents jaunes resplendissent dans son visage enfariné ; les coiffeurs en blouse blanche prennent l'air sur le seuil des boutiques, brandissant des rasoirs, des peignes, des blaireaux, et ils ont des moustaches frisées, des cheveux crépus et gominés, de longs sourcils noirs tirebouchonnés de biais vers les tempes. Sur chaque porte un barbier, et ils s'interpellent d'une voix forte à travers la rue, gesticulant dans un nuage de poudre et de moucherons, tout parfumé de cosmétique et de brillantine. De l'intérieur des cours jaillissent pêle-mêle bêlements de chèvres, pleurs de nourrissons, gazouillis de jeunes filles, criailleries et bavardages de bonnes femmes. Des bandes de chiens errants débouchent de tous les coins, fouillent la queue basse dans les tas d'immondices, vont renifler avec prudence les charrettes de marchands ambulants chargées de poisson séché, de légumes, de lentilles, de pois chiches ou se bousculent autour des flaques de sang au pied des chevreaux dépecés suspendus au croc sur la porte des boucheries. Et la foule joyeuse, bruyante, gesticulante, s'essouffle à saluer à grands cris, avec embrassades et révérences, tous les religieux qui vont et viennent, sourient, interrogent, répondent, donnent des coups de pied aux chiens, des taloches aux gamins, des médailles aux commères, font cercle, se dispersent, se rassemblent ici ou ailleurs, semant tout alentour des sourires cordiaux, des œillades entendues et de grands gestes de bénédiction.

Boz se sent renaître, il ne s'est jamais senti si jeune, si fort, si plein d'espérance et de foi. Sans y prendre garde, il se met à siffloter

> *Quando a Milazzo*
> *passai sergente*
> *camicia rossa*
> *camicia ardente*
>
> *Quand à Milazzo*
> *je passai sergent*
> *chemise rouge*
> *chemise ardente*

Il marque le pas sur le pavé, et sa mère lève la tête, rythme son allure sur celle de son fils, et le docteur Giordano, le brigadier Petrolini, les quatre agents d'escorte se mettent aussi à marcher au pas, sans y prendre garde. « C'est bien ici, demande soudain la mère, le souffle court et les joues rouges, c'est bien ici ce Milazzo de Garibaldi ? – Oui, c'est ici, répond Boz, et là-haut, c'est le château. » Sa mère lève les yeux, puis elle dit : « Dieu sait quelle belle vue on a, ça me plairait beaucoup de monter jusqu'au château. – Nous y monterons à mon retour, quand tu viendras me chercher pour me ramener à la maison. – Cinq ans, c'est vite passé. » Mais sa mère se repent tout à coup d'avoir laissé échapper ce « cinq ans » ; elle s'arrête, regarde le ciel, fait un geste de la main : « Que c'est beau, que c'est beau ! » Haut par-dessus les toits, une mouette vole, remuant à peine les ailes, blanche et lente. Et voilà qu'ils arrivent au port. Le reflet éblouissant de l'eau les aveugle, une violente odeur de goudron et d'agrumes les étourdit.

Le port est encombré de péniches, de chalands, de cargos peints en rouge et en noir où l'on charge des corbeilles de citrons et d'oranges, des fûts de vin et de vinaigre. De grands voiliers chargés de poteries, de sacs de grain, de corbeilles de figues sèches se balancent le long du quai. De gais grincements de cabestans, un brouhaha confus et joyeux, des claquements de voiles, des ploufs de rames, le cri des mouettes. La sirène du *Luigi Rizzo*, le petit bateau à vapeur qui assure le service entre Milazzo et Lipari, les appelle une fois, deux fois ; Boz aide sa mère à traverser la passerelle, le pont est parsemé de sacs, de paniers de légumes, de chevreaux liés par les pattes, et sur les paniers des femmes sont accroupies, toutes vêtues de noir, le regard opaque, le front étroit et proéminent, ainsi que des hommes à visage jeune, fendillé de rides jaunes, les cheveux dorés par l'incessante pluie de soufre que le Stromboli et le Vulcano font pleuvoir sur l'archipel éolien. Dans l'entrepont, un taureau noir, lié par les pattes et les cornes avec de grosses cordes, comme les canons dans les anciennes frégates, pousse de temps en temps des mugissements tristes et promène autour de lui le regard de ses yeux énormes, ronds, humides, deux globes blancs où le ciel reflète le jeu rose et candide des nuées. Soudain le hurlement plaintif de la sirène poursuit la fuite rauque des mouettes et le vapeur se détache de l'embarcadère, glisse le long du môle, sort du port. Les voix, les bruits, le bêlement des chevreaux, le mugissement triste du taureau, le cri des mouettes se confondent doucement avec le ronronnement de l'hélice. Le capitaine du *Luigi Rizzo* s'approche en roulant des hanches, fait un signe au docteur Giordano ; ils s'éloignent en conversant. Puis ils reviennent et le capitaine s'adresse au prisonnier : « Bonjour », dit-il d'une voix chantante et il sourit. Boz aussi, ainsi que sa mère, sourit. Le bateau glisse le long de la côte à pic du promontoire de Milazzo couvert d'oliviers, de genêts, de figuiers, de vignobles. La mer est calme, protégée par le haut rivage rocheux.

« Vous voyez cette maison là-haut ? dit le capitaine. C'est la maison de l'amiral Luigi Rizzo, le héros, le parrain de notre bâtiment. Il vit presque toute l'année à Gênes, mais l'été il vient toujours ici. Vous le connaissez ? Et ça, c'est la thonaire. » Il montre une ou deux barques vides, ancrées à peu de distance de la côte. Sur chaque barque flotte un petit drapeau rouge : c'est là que s'ouvre le filet en forme de sac, la prison où les thons en fuite se réfugient et trouvent la mort. « Vous n'avez jamais assisté à une *mattanza ?* Un vrai massacre ! Toute la mer devient rouge de sang. »

Le bateau passe sous le sémaphore, double le cap, se risque au large. Des lames furieuses se précipitent contre les flancs de la petite embarcation ; les tas de paniers s'écroulent sur le pont, le hurlement des vagues comme les mugissements désespérés du taureau. Et voilà qu'au fond de l'horizon un, deux, trois, cinq îles émergent de l'eau ; là-bas au loin, le cône solitaire du Stromboli, très haut sur les îlots agités, secoue sa longue crinière de fumée noire, et plus près, une autre montagne, le Vulcano, enfonce sa cime dans un épais nuage de fumée jaune, tandis qu'à gauche, loin derrière une chaîne de montagnes verte de forêts, apparaît l'épaule blanche de l'Etna au travers de vapeurs pourpres. Boz sent sur son bras une douce caresse. « Que c'est beau, dit sa mère et sa voix tremble, une voix fatiguée et triste. Que c'est beau ! » Puis elle se retourne, regarde le capitaine du bateau, le docteur Giordano, le brigadier Petrolini, les quatre hommes d'escorte. « Une bien belle excursion, dit-elle, une merveilleuse excursion ! »

Boz prend la main de sa mère entre ses mains, la serre tendrement et il se sent heureux, vraiment heureux. Il ne s'est jamais senti si serein, si libre qu'à cette heure où l'île de Lipari s'avance à sa rencontre, émergeant peu à peu de la mer blanche d'écume.

Le port

À peine eut-il tourné le coin qu'il se trouva dans la rue illuminée, juste devant un café.

Les globes électriques se reflétaient sur l'asphalte luisant de pluie, légèrement balancés par la brise tiède qui soufflait de la mer. Le port est là-bas au fond de la rue, dressant sa forêt de mâts nus et de cheminées fumeuses. La sirène d'un remorqueur mugissait dans l'ombre. À pic au-dessus des grilles de l'Arsenal, le phare, avec un éclair rougeâtre, explosait silencieusement. Derrière les grandes baies du café, les gens assis autour des guéridons de marbre mat avaient l'air misérable, ennuyé et têtu de ceux qui attendent l'heure du départ, qui sait pour quelle destination. Les mêmes visages qu'en passant il entrevoyait chaque jour, dans le port, devant les bureaux de la douane. Les jeunes, hommes ou femmes, semblaient tous attendre, dans cette ville, le moment de partir, tandis que les vieux semblaient débarqués à l'instant de quelque long voyage. Les théâtres, les hôtels, les cafés, les édifices publics étaient couverts d'affiches des compagnies de navigation, avec d'immenses transatlantiques peints en couleurs claires sur des fonds maritimes d'un beau bleu estival, avec des coupes de navires révélant le mécanisme secret de leur ventre, les files de cabines, la chambre des machines, les cales pleines de marchandises, la fumée tirebouchonnée comme un ressort dans le conduit de la cheminée ; et, en marge, des colonnes de chiffres : horaires des départs et des arrivées, prix des différentes classes jusqu'à New York, Rio, Buenos Aires, Le Cap, Sydney.

Un port, rien de plus : la ville n'était qu'un faubourg du port, un ensemble hâtif et provisoire de maisons de briques noircies par la fumée, d'hôtels, d'hôpitaux, de restaurants, de cinémas, d'écoles, de prisons, de cimetières, d'églises à campanile bas, aux façades depuis des siècles demeurées inachevées, laissées à l'abandon par la faute de cette grande impatience de partir, de s'embarquer, de prendre le large avant qu'il soit trop tard. Une énorme gare de transit, un campement de pierre, de ciment et de brique, un éventail de hangars et de magasins où la foule se pressait entre les monceaux de marchandises, attendant l'heure du départ.

Rien qu'un port : origine et destin de la ville, son unique raison d'être, delta de cet immense flot d'hommes, de femmes et d'enfants, perdus, pleins d'ennui, maladifs, qui, des années durant, attendaient patiemment l'heure de s'en aller, de monter sur le pont d'un navire, d'agiter le mouchoir dans la brume grise pour dire adieu à ceux qui restent à terre dans l'attente de leur tour ou d'un autre navire qui les emporte au loin, Dieu sait où, Dieu sait quand ; peut-être demain, dans dix, dans vingt ans, peut-être jamais. Ceux qui ne partaient pas à temps n'étaient guère nombreux, quelques centaines par génération. Le cimetière était là-haut sur la colline nue, blanche de tuf, et l'on eût dit un bateau ensablé sur un haut écueil, laissé à sec par la marée. De loin en loin, les croque-morts dans leur uniforme vert portant brodé au col l'écusson de la ville (une ancre d'or attachée par une grosse chaîne au pied d'une tour crénelée) retournaient la terre de ce cimetière, fouillaient les tombes, faisaient un tas avec les os, un autre tas avec les débris de cercueils, un troisième tas avec les pierres et les croix, et un camion emportait le tout Dieu sait où. À vingt ans, trente ans d'intervalle, ceux qui avaient quitté la ville tout jeunes revenaient grisonnants et voûtés, flanqués d'une femme et d'enfants d'un autre sang, la bouche dure et le regard méprisant, sur d'immenses bateaux blancs à cheminée basse, et ils passaient de longues heures à la douane, appuyés contre les valises et les malles ouvertes, attendant leur tour, le chapeau rejeté en arrière sur la nuque, une expression d'impatience et d'arrogance dans les yeux mi-clos.

Les navires qui venaient d'Amérique ou d'Australie s'amarraient le long du Nouveau Quai, à quelques pas de la douane. Pour sortir de l'enceinte, il fallait passer devant la chapelle de San Genanzio, protecteur de la cité, qui, seize siècles auparavant, avait lui aussi débarqué exactement à cet endroit, sur cette langue de terre, d'une barque à voile qui, poussée par un vent miraculeux, avait accompli en trois jours la traversée de la Méditerranée des côtes d'Asie Mineure jusqu'à cette plage déserte. Les os de San Genanzio reposaient dans la crypte de la cathédrale, au sommet de la rue qui descend des quartiers hauts vers le port. Les anciens émigrants qui revenaient de New York, de Rio, de Sydney, en passant devant la chapelle du saint, avaient le même geste pour se découvrir que là-bas, pendant des années, pour saluer le directeur de la mine ou le propriétaire de la plantation ; et une fois les lieux choisis, ils se mettaient tout de suite à déblayer le terrain, à construire la maison, à préparer le nouveau nid d'où leurs fils s'en iraient eux aussi un beau jour tenter fortune au-delà des mers. Dans la maison sans gaieté, les vieux tournaient vers le large un visage tout ridé, et les jeunes revenaient déjà voûtés et grisonnants, avec leurs grasses épouses au parler insolite, leurs enfants aux yeux narquois. La chaîne s'allongeait, un anneau s'ajoutant à la série interminable des anneaux qui formaient cette autre énorme chaîne de fer où, sur l'écusson de la cité, l'ancre d'or était attachée au pied de la tour crénelée. Un peuple d'émigrants, une ville de transit, l'immense salle d'attente d'une gare maritime.

Vingt ans auparavant, son père était revenu de New York en compagnie d'une femme qui parlait américain et d'un enfant au regard méprisant ; il avait vieilli dans l'espoir que son garçon aussi s'en irait un beau jour vers l'autre rivage de la mer. Mais la guerre avait éclaté, l'Amérique avait fermé ses portes, le flot des émigrants, pendant les premières années troubles de la paix, avait inondé d'autres terres lointaines, les navires avaient changé de route, tandis que la ville continuait à se vider et à se remplir de fils qui partaient, de pères qui revenaient. C'était vraiment une fatalité, presque un mal héréditaire à la contagion duquel personne ne pouvait se soustraire. Le garçon était devenu un homme, il avait trouvé un emploi dans une compagnie de navigation : ses yeux, avec les années, s'étaient faits plus sombres, plus doux, pleins d'une noire tristesse, d'un courage timide et têtu. Sans qu'au début il s'en fût rendu compte, une sourde rancune s'était peu à peu accumulée au fond de sa conscience, un sentiment de révolte contre le destin de son père, de sa famille, de sa cité. L'amertume au cœur, les deux vieux étaient morts, accrochés jusqu'à la dernière seconde à l'espoir que le fils partirait, prendrait la décision de partir.

Il ne savait où aller, les jambes lui faisaient mal, il se sentait les paupières brûlantes et lourdes, la nuque humide et froide. Il ôta son chapeau, s'essuya le front de sa main glacée, se passant les doigts dans les cheveux déjà clairsemés. Le port était là-bas, noyé dans l'ombre. Il marcha lentement le long du mur, sous la bruine qui lui chatouillait le visage. Il avait l'impression d'avancer à travers les fils serrés d'une toile d'araignée. Quand il fut sur le pont qui franchissait le canal, il s'arrêta un instant, indécis ; un homme passa à bicyclette, enveloppé dans un ciré noir qui voletait autour de ses genoux avec des claquements miroitants de rinçage. De l'autre côté du canal, la rue descendait brusquement, s'évanouissait dans une petite brume sale qui sentait le charbon et le pétrole. Cette odeur grasse lui plaisait, il marchait en buvant l'air de ses lèvres entrouvertes. Le gazomètre était plus loin, à gauche : il devinait dans les ténèbres son énorme cloche en équilibre à l'intérieur de l'armature de fer au-dessus d'entrepôts bas aux toits de tôle ondulée. Il aurait peut-être mieux fait de rebrousser chemin, de remonter vers le centre de la ville, vers les cinémas et leur chaleur de four, les cafés pleins de lumière et de musique, les restaurants éblouissants de couverts et de verreries.

Il ne savait même pas pour quelle raison il était descendu au port. C'était la première fois qu'il sortait se promener un dimanche après-midi, et maintenant il hésitait à revenir sur ses pas, obsédé par l'étrange sensation d'avoir fui la maison pour échapper à un danger. Une mouette invisible lançait son cri plaintif et peureux d'enfant qui pleure. Il était à peine six heures et on se serait cru déjà en pleine nuit : les rumeurs du port arrivaient étouffées, enveloppées dans le coton de la brume, des coups sourds de marteau tombaient autour de lui comme des pierres dans la boue. On eût dit le bourdonnement d'une forêt au fond d'une vallée, les chaînes des cabestans grinçaient comme des branches tordues par le vent. Depuis dix ans, deux fois par jour, il descendait et remontait cette rue, et le soir, rentrant chez lui, il se sentait seul, dépaysé au milieu de la foule qui encombrait les trottoirs des quartiers hauts. Le tapage, l'agitation, le jeu aveuglant des lumières le plongeaient dans un bain de calme et de repos ; mais les lumières, les voix autour de lui, rendues rugueuses par l'argot de la mine, de la plantation, des *docks*, striées de cadences emphatiques et d'accents rauques où le gargouillement guttural du *slang* affleuraient à la surface des sonorités anciennes et intactes du dialecte natif, ces voix du peuple lui serraient le cœur. Elles lui rappelaient la voix ingrate de son père, ses jurons, les mots durs et grossiers que les deux vieillards échangeaient le samedi soir, quand ils avaient bu et que l'ivresse les retransformait soudain en étrangers. Si différents du fils, si éloignés de lui. Le garçon les observait d'un œil méchant, comme deux intrus, et déjà il les reniait du fond du cœur et souffrait de se sentir devant eux comme un petit bâtard. Aujourd'hui, ils dormaient là-haut, au sommet de la colline, dans le cimetière échoué sur le sable. Et toutes les fois que, rentrant chez lui le soir, il levait les yeux vers ce cimetière perdu dans le brouillard, une grande pitié l'envahissait pour ces deux pauvres vieux, une pitié chargée de rancune et de révolte.

Les navires qui lèvent l'ancre dans la brume rouge du couchant, le grondement des hélices, l'appel mélancolique et sauvage des sirènes, les remorqueurs noirs et plats, empanachés de fumée qui creusent un triangle écumeux devant la proue des transatlantiques n'arrivaient plus à exciter son imagination. Depuis qu'il avait refusé l'invitation d'un frère de son père qui le réclamait en Amérique, son cœur était en paix. Il éprouvait une orgueilleuse satisfaction à penser que sa vie était ancrée, comme un bateau hors de service, sur le miroir d'eau huileuse qu'il apercevait des fenêtres de son bureau. Il tirait jouissance de se sentir incapable de partir, de s'en aller tenter fortune, comme tous les autres, au-delà des mers. Les racines de son destin, du destin qu'il s'était choisi, plongeaient chaque jour davantage dans cette terre, dans cette ville où personne, de son vivant, ne s'enracinait jamais, où tout le monde revenait, voûté et épuisé, après de longues années d'absence, d'efforts, de fatigues, de désillusions, pour se réfugier finalement dans ce dernier port là-haut, sur la colline que ne cesse de battre un vent amer et salé.

Devant la grille de la douane, il s'arrêta indécis, regardant autour de lui. Il appuya son front contre les barreaux, un frisson lui glissa le long du dos, ses yeux étaient brûlants : il sentait naître en son cœur une orgueilleuse tristesse, une grande envie de pleurer et resta là, accroché aux barreaux, comme devant la grille d'un cimetière.

QUATRE SAISONS DE L'AMOUR

Femme au bord de la mer

Un soir que j'étais assis comme d'habitude sur la rive escarpée et herbeuse de l'île de Skye en haute Écosse, près de la tombe de Flora Macdonald, contemplant le lointain profil des Hébrides dont le bleu s'estompait à l'horizon, le vent m'apporta soudain du large une odeur forte et enivrante, cette odeur de printemps et de mer, âpre et douce, qui sent l'algue et le miel.

Elle annonçait la lune de mai et mon cœur frémit. Aussitôt, des prairies d'alentour, un vaste murmure s'éleva, presque un crépitement d'herbes en flammes. Une légère brume jaune se détacha paresseusement de l'immense tapis de bruyères qui couvrait les flancs des collines, remonta la pente en scintillant, disparut derrière le sommet de la première hauteur, réapparut très loin contre le fond pourpre des monts. L'air était tiède et transparent, le ciel pâle, d'un vert clair, au-dessus de l'île, veiné de rose au-dessus de la mer. Les flots venaient mourir sur les rochers avec une plainte longue et vibrante qu'on eût dit née d'une harpe. Il était près de minuit, le soleil avait disparu depuis un moment, mais l'horizon à l'extrême occident, sur les hautes croupes arquées des Hébrides, brillait encore du reflet cuivré du couchant. Et comme une vague qui envahit le rivage et se retire en bouillonnant, le reflux du vent me saisit aux épaules, m'abandonna au sec sur l'éperon herbeux, m'apportant de la montagne, mêlé à l'odeur d'algue et de miel, un fort relent de lait et de laine : mes oreilles bourdonnaient comme si j'avais émergé à l'instant d'une eau profonde. Un brouillard argenté se répandit sur la mer, l'herbe se teinta d'un obscur éclat métallique, le ciel s'éloigna en s'incurvant, transparent comme un vélin, et le lent, l'interminable crépuscule septentrional commença.

Je me sentais heureux, plein de cette ineffable tristesse dont est faite notre expérience du bonheur. Flaminia était là, à mon côté, étendue dans l'herbe. Son front blanc resplendissait au sein de l'éclatante obscurité métallique, ses mains ramenées sur la poitrine pour maintenir contre le vent les pans du manteau de laine couleur rouille paraissaient de cire, la tiédeur ambiante les dénouait, une faible clarté autour de la tache blanche de ces mains éclairait l'un des pans du manteau, large tache couleur rouille, comme du sang coagulé. Le poil de la laine brute luisait comme un duvet de chardon. Flamina se taisait : son silence à mon côté était vivant, j'en sentais la pulsation comme une grosse artère. Silence tiède, parfumé, fluide, comme le sang qui s'écoule d'une veine ouverte. Une brebis loin derrière nous, sur la pente rougeâtre des collines, bêlait dans le vent chaud et humide qui passait sur l'herbe comme la langue d'une vache. Entre les ravins et les pics de Quiraing, les cerfs inquiets bramaient et de rocher en rocher l'écho adoucissait en plainte d'amour ce bramement plein d'angoisse. Les bergers marchaient dans la nuit claire sur l'échine courbe des monts, cherchant parmi les bruyères les agneaux à peine nés. Les brebis ensanglantées broutaient l'herbe, regardant à la dérobée les agneaux encore humides, les yeux encore clos, étendus dans les broussailles, blanchâtres et mous. La faucille de la lune resplendissait au milieu du ciel, rose comme un quartier d'ongle.

Les mains ramenées sur la poitrine, le visage tendu vers la mer, Flaminia à mon côté se taisait. Et je soupirais à part moi et mon cœur battait fort. Demain nous descendrons à Portree, d'ici quelques jours nous serons retournés en Italie et, étendue sur le rivage d'une mer de marbre rouge, profondément sertie dans le sable d'or opaque, tu dénoueras devant moi tes bras et ta chevelure dans les flots rafraîchis de résine que distillent les pins le long de la côte tyrrhénienne. Je pensais : adieu sauvage Écosse, adieu immenses espaces de bruyères pourpres, ciel de soie, amoureuse tristesse de ce jeune printemps marin. La mer ondoyait, tendre et lumineuse comme une prairie, dont l'herbe était parcourue de frémissements de vent, de sombres barques y erraient, je voyais les pêcheurs debout, penchés sur les rames, ou d'autres encore sur de petits esquifs en train de fouiller les écueils ; un grand navire aux voiles vertes débouchait d'une baie, prenait le large. J'entendais Flaminia respirer doucement, enveloppée dans son manteau de laine brute, le visage très blanc dans le brouillard argenté, comme un visage reflété par un miroir terni. Ses cheveux blonds retombaient en boucles sur ses épaules, serpentaient dans l'herbe, autour de son cou, lourds et brillants comme des cordons de soie tordue. L'oreille émergeait de l'or des cheveux comme un coquillage du sable.

Je la regardais et un miel amer me montait aux lèvres. Je pensais : me voici désormais parvenu au sommet de l'arc de ma vie, au seuil de cette félicité que les années, en déclinant, offrent aux premiers regrets et aux dernières espérances. Une sourde rancœur, une douce pitié de moi-même m'envahissaient peu à peu. Je sentais que le meilleur de mon âge était déjà dans l'ombre, comme la joue d'un enfant endormi près d'une fenêtre. Alors seulement je m'aperçus que Flaminia me cachait la moitié de son visage, la joue qui certainement portait l'empreinte de ses ivresses les plus secrètes et sur laquelle j'aurais pu déchiffrer le mystère de son silence et de son éloignement. Mystère puéril, jeu facile – qui sait ? – comme les devinettes de mots inventés et de sons sans signification que les enfants se posent les uns aux autres. J'aurais voulu me lever, me coucher auprès d'elle de l'autre côté : appuyer mon visage contre cette joue mystérieuse. J'étais retenu par la crainte de m'enfoncer dans cette ombre, dans cette boue obscure, visqueuse, gargouillante. Je songeais à ces formes humaines qui dorment dans les sépulcres étrusques du rivage tyrrhénien, le visage collé au mur, la joue rongée par l'humidité du tuf. Comme ces pensées m'agitaient, Flaminia se souleva sur les coudes, regardant au loin vers la mer. Je lui disais « Tourne-toi », mais les mots mouraient sur mes lèvres, j'étais comme étouffé par le désir violent que Flaminia consentît à tourner son visage vers moi. Je la regardais, je la regardais fixement, ne voyant d'elle qu'une oreille, un œil, la moitié de la bouche, un seul pan du nez. Oui, sans doute l'autre joue était rongée par la mer, appuyée contre l'immense espace de bruyères qui, s'élevant sur le flanc des collines, dressait derrière elle une haute paroi de reflets pourpres.

Je l'entendais respirer, remuer, je la voyais se recoucher dans l'herbe, s'abandonnant doucement sur les coudes, et elle me paraissait très lointaine, étendue là-bas sur la crête de la colline, au bord de l'horizon, au fond d'une perspective d'eau, de montagnes et de nuages. Étrangère cependant aux éléments de ce paysage, de cette lumière, de cet instant : étrangère à cette ombre qui peu à peu montait de la mer, à ce décor sauvage et triste, à ces prairies, ces monts, cette mer verte et immobile, à ces îles lointaines à l'horizon ; étrangère au flot tiède du vent, à l'odeur d'algue et de miel, au murmure de l'herbe, au bêlement des brebis, au bramement inquiet des cerfs, à cette musique de harpe le long des écueils, à cette respiration anxieuse de la nuit tout autour de nous. Une étrange angoisse m'étreignit, la peur que Flaminia se fût déjà infiniment éloignée de moi, n'entendît plus ma voix, les mots qui me venaient aux lèvres ; la peur qu'elle ne me vît plus, qu'elle fût déjà aveugle à ce qui me concernait, mon visage, ma vie, mon destin. Ce vague sentiment de la mort, cette douceur funèbre qui est dans l'amour, ce début de décomposition qui est dans tout adieu, tout dernier baiser, toute séparation me dominèrent soudain comme une révélation secrète. En nous, entre nous deux, il y avait quelque chose de mort.

Et je pensais : déjà je décline, mes espérances sont couleur d'automne, déjà je vais errant au sein d'un bois et d'un après-midi d'octobre, et ce bois est tout mon univers. Tandis que toi, tu pointes à peine à l'horizon, poussée en avant vers la vie par la lumière qui est au creux du soleil naissant. La mer remue à peine sous tes pieds, des nuées roses ourlées d'argent illuminent ton visage, l'aile d'un ciel bleu rend tes pas légers et balancés, le disque rouge du soleil à l'orient resplendit sur tes épaules, et tu le portes comme une amphore, les bras levés en un geste plein de grâce négligente. Minuit déjà : l'occident était couleur de chair, encore tout veiné des reflets du couchant. La candide nuit du nord commençait sa courte vie, déjà vers l'orient une brume errante à la limite de la mer offrait à voir le rose présage de l'aube. Ivres de bonheur, les grives chantaient dans les buissons, s'appelaient, se répondaient avec des accents insistants qui serraient le cœur, comme les serments d'amour d'un moribond. Cette joue mystérieuse dans l'ombre m'inspirait une inquiétude douloureuse, je sentais qu'un inutile secret assombrissait la moitié de ce visage, que le meilleur de ma vie s'était déjà englouti dans cette vive obscurité. Je pensais : je ne saurai plus rien de toi, plus rien de complet sur toi. Et je t'invoquais du milieu de cet exil, oh femme de mon cœur, du milieu de ce paysage étranger à tes songes, à ton regard, à tes gestes, à notre sombre bonheur. La partie la plus vivante, noble et claire de ta personne était certainement cette part invisible de toi, ta joue rongée par le brouillard du crépuscule. Je soupirais, adieu, adieu, et, fermant les yeux, je te revoyais telle que tu m'étais apparue pour la première fois, abandonnée dans le soleil sur une plage tyrrhénienne, et tout le ciel entre la pinède et la mer reposait sur ton visage illuminé.

Soudain, lentement, tu te tournas vers moi : le ciel s'éteignit, un grand souffle chaud passa sur l'île, une ombre bleutée t'enveloppa. Au sein de cette ombre, je ne voyais que ton visage clair, je ne sentais autour de moi que la respiration des bruyères dans le vent, que ta respiration de femme dont le cœur est secret.

Prière pour une femme

Je n'ai jamais prié pour toi. J'aurais voulu m'humilier dans la poussière, invoquer sur ton front, avec de cruelles paroles, la miséricorde divine, ma pitié. L'orgueil me retenait, la rancune des hommes en présence de l'ange ou du monstre. J'avais approché ton trouble d'un cœur méfiant et incertain. Enfermée dans ton doux enfer, innocente Eurydice, tu écoutais, descendant de ton ciel noir, les voix lointaines des vivants : peut-être que tu m'attendais. Je t'ai prise par la main et aussitôt m'est née dans le cœur l'espérance de te ramener, libre et souriante, au sein de la vie sereine. C'était l'été, les cigales chantaient dans le jaune plein midi immobile, le frisson des lézards fendait les pierres, les murs, les colonnes, les troncs des arbres. Les serpents rampaient, somnolents et pensifs, dans l'ombre des oliviers ; des nuages emplis d'herbes et de vent surgissaient des sommets des monts lointains. On percevait déjà dans l'air brûlant l'odeur de menthe du prochain orage, déjà les feuilles trahissaient la rouille de septembre, la mer tâtait la rive d'une lèvre plus douce.

La tête légèrement inclinée sur l'épaule, ton front pur éclairé d'un regard clair et sans mémoire, tu t'es avancée au-devant de moi sur le seuil de ton obscur royaume secret.

Et aussitôt, te voyant pour la première fois, j'ai reconnu ton sourire, le son dolent et repentant de ta voix. Tu t'es avancée au-devant de moi et ce fut comme si tu t'étais éloignée pour toujours. Notre premier salut était un adieu. Maintenant tu es là, étendue à côté de moi sur le rivage désert et la respiration de la mer gonfle ton sein déçu. Tes yeux blancs et vides me regardent d'un horizon très reculé : je te vois au travers de paysages verts et bleus adossés à un haut mur d'ombre turquine. Trop tard, hélas, innocente Eurydice. Désormais, notre vie nous appartient, nous ne pouvons plus en faire don. Et la prière qui me monte ce soir aux lèvres est mon dernier salut à ce qui m'est échu d'heureux.

Tout à coup, la lune émerge du giron d'un nuage rose ; elle ressemble vraiment au blanc visage d'une jeune femme, visage de mère et d'amante, voilé d'une mortelle tristesse, incliné sur le sommeil paisible des pinèdes et de la mer. Un léger souffle de vent glisse avec un agréable murmure sur les plis du sable, parmi les buissons de genêts et de tamaris. L'air est doux et odorant comme la joue d'un enfant. Je te vois sourire dans la pénombre argentée, le front tourné vers la mer, et le cœur me point. Je n'ose parler, j'ai peur de ma voix. La lune surgit de l'arc de tes épaules, de la légère courbure du cou ; elle resplendit d'une flamme glacée parmi tes cheveux. Abandonnée sur le sable, ta main respire doucement comme un animal blessé à mort : si proche de la mienne que je sens courir dans mon poignet le noir fleuve de ton sang. Mais ton visage est loin, si reculé qu'il semble l'image de la lune reflétée dans ce nuage rose qui erre à l'horizon.

Les flots remuent paresseusement dans tes yeux blancs de statue, se brisent contre ton front, retombent sur ta nuque en écume verte. Tes cheveux d'écume marine. Tu me regardes en souriant, déjà sur le point de t'en retourner. Tout à l'heure je t'aurai perdue pour toujours. Tu es déjà loin de moi, plus lointaine que ces monts, que cette forêt, que ce miroir opaque du ciel. Adieu Eurydice : jamais plus je ne verrai ton visage candide. La lamentation des chiennes de l'Hadès te poursuit dans la nuit humide d'herbe et de lune. Une amoureuse terreur se fait jour dans ton regard, une anxieuse espérance ; ton front se couvre déjà d'une brillante pâleur infernale. Il est temps que tu retournes à ton royaume secret : déjà le sable tiède te caresse le pied, te lèche la jambe, te saisit le genou. Lente, tu t'enfonces dans le sol de la grève, comme une statue rejetée par les flots sur la rive déserte. Immobile, tu souris aux chères images de ton doux enfer. Des ombres dolentes paraissent sur le seuil de l'Hadès, t'appelant par ton nom. Ou peut-être est-ce un pêcheur qui appelle son compagnon perdu en mer, un faon égaré dans la forêt qui appelle sa mère ?

Encore un instant, Eurydice, un seul instant. Puis tu retourneras au pays serein des morts, tu descendras aux rives muettes du sommeil. Trop longtemps déjà je t'ai retenue à la frontière de la vie. Plein d'illusions, cruel et plein d'illusions, moi qui espérais t'arracher aux songes, aux souvenirs, aux regrets, aux repentirs, aux espérances trahies. Il est trop tard pour que je puisse te sauver. La plainte des chiennes infernales te résonne aux oreilles, beaucoup plus douce que mon amoureuse prière. Désormais tu es perdue, aucune force au monde ne pourra plus te sauver. Cette nuit même, cette heure interminable, cette fugace éternité marquent le début de ta condamnation. Si au moins je pouvais te suivre, descendre à ton côté le long de la triste pente, à la rencontre des cygnes noirs aux yeux blancs. Mystérieuse Eurydice, il ne me sera jamais donné de connaître ton secret. Adieu. Tout à l'heure tu retourneras brusquement en arrière, tu lèveras les bras en un geste de terreur, ta bouche s'ouvrira en un affreux hurlement muet, tes pieds nus suivront dans l'herbe la trace argentée du serpent à écailles rouges et vertes.

Tu fuiras toute tremblante et tu n'entendras pas la plainte de la mer, le cri des oiseaux nocturnes, la lamentation des cerfs dans la forêt reculée, tu n'entendras pas ma voix, ma prière, la voix implorante d'Orphée. Encore un instant, un seul instant. Reste encore un instant près de moi, sur cet ultime rivage, sur cet extrême bord du ciel : un seul instant avant que la saveur de la vie se dissolve sur tes lèvres, que s'éteigne pour toujours dans ton cœur le souvenir des jours clairs, du reflet doré du soleil sur les pierres et sur les feuilles, des nuages blancs dans le ciel profond. Pleure, il est encore temps. Un jour peut-être, quand tu ne pourras plus pleurer, t'envahira l'angoisse des souvenirs, la nostalgie d'un chagrin enivrant. La mémoire du temps ne réussira plus à voiler de larmes tes yeux de verre.

Alors seulement tu te découvriras morte, alors seulement l'écho lointain de ma voix viendra frapper ton oreille : de ton ciel noir tu entendras descendre la lamentation d'Orphée et une tristesse humiliée courbera ton orgueilleux front d'azur. Oh ! Eurydice perdue, monstre innocent. Mon chant le plus tendre ne pourra te sauver de la joie inutile des souvenirs. En t'appelant, je viendrai jusqu'aux portes closes de l'Hadès et les pierres, les forêts, les bêtes, les monts, les fleuves, les flots tempétueux de la mer me suivront, une obscure inquiétude agitera jusqu'en ses profondeurs la nature souffrante et troublée. Immobile sur la rive du fleuve, dans l'incertain plein midi de l'enfer, tu écouteras l'écho étouffé de mon chant et le désir de remonter vers la vie parée de rose te mordra le sein, tu lèveras les yeux, cherchant les étoiles en vain parmi ton ciel éteint.

Regarde, déjà les Pléiades se couchent, comme dans le chant de Sapho, une brume légère s'élève de l'embouchure du fleuve. Dans le ciel clair, les étoiles pâlissent, tombent une à une. Le bruissement des pins s'adoucit en un bourdonnement d'abeilles essaimant vers la lune. Un chien aboie au loin dans le silence couleur de miel. La mitre d'or d'une meule resplendit sur la rive du fleuve. Je vois les étoiles déclinantes traverser le ciel blanc de tes yeux et s'évanouir, légères, à la surface de la mer. Adieu, ta vie s'engloutit, une nouvelle éternité commence pour toi. Déjà tu te lèves, déjà tes pieds s'enfoncent dans le sable, déjà tu t'achemines vers l'obscur seuil infernal ; tes cheveux brillent dans le creux de ta nuque comme l'écume marine dans le creux de la vague. Je t'appelle par ton nom, Eurydice, Eurydice, et le son de ma voix se perd dans le bourdonnement d'abeilles qui émane des pins, dans le murmure de ruisseau que le vent trace parmi l'herbe, dans la respiration de la mer parmi les algues mortes. Muette et lente, tu t'éloignes, les bras levés en un geste de terreur, penchée vers la nuit éternelle avec tout le regret de ton bonheur perdu.

Pitié, pitié pour toi, Eurydice, pitié pour moi ; pitié pour tous les jours sereins, pour mes cruelles espérances. Tourne-toi un seul instant, tourne-toi vers moi, que je puisse une dernière fois contempler ton visage candide. Sur le sable humide de lune, le vent efface déjà l'empreinte dorée de tes pieds. Il ne subsiste rien de toi sur cette rive déserte, plus rien, innocente Eurydice. Et peut-être que dans mon chant lui-même s'éteindra un jour l'accent de malédiction qui me jaillit maintenant du cœur sous la musique d'une prière.

Femme parmi les tombes

Il y avait bien des années que je n'étais pas revenu dans cet antique pays toscan et je ne saurais dire si, à revoir ces lieux, à moi jadis si chers et si riches de rêves libres et heureux, c'est le rappel ému de ma triste adolescence qui m'agitait ou la rancune toujours prête à troubler le souvenir de cet âge impur, entre tous mortel. Quoique les dernières vicissitudes de ma vie et le mal dont j'ai longtemps souffert m'aient rendu l'idée de la mort douce et familière, l'aspect de la campagne autour de Tarquinia, où les tombes étrusques résonnent à chaque pas sous le pied du promeneur, m'apparaissait si désolé et humilié qu'à ma propre surprise je sentis naître en mon cœur une étrange inquiétude et pour la première fois la pensée de la mort m'épouvanta.

Lavinia, elle aussi, était triste, offensée ou effrayée – je ne sais trop – par ce ciel couleur de cendre, par ces bois et ces prairies qu'un automne précoce flétrissait, par cette mer déserte d'un bleu passé, par cet horizon jaune de nuées boueuses. Nous étions montés par la Vallée des Morts qui, du pied du rocher dominé par les tours de Corneto, s'élève insensiblement, contournant la hauteur de la Civita où se dressait l'étrusque Tarquinia, pour se perdre dans un cercle de collines rondes et lisses. Un vent léger et amer souffle sans répit le long de cette vallée comme un fleuve qui chercherait en vain son lit parmi les buissons de genêts et de genévriers et errerait incertain, en gémissant, d'un ravin à l'autre. Je marchais devant Lavinia pour lui ouvrir le chemin entre les ronces sur le sentier glissant, défoncé par les sabots des chèvres. Des bandes d'oiseaux noirs dont le vol désordonné faisait moins penser à des corbeaux qu'à d'énormes chauves-souris planaient çà et là sous le ciel gris. Des voix perdues résonnaient de loin en loin par intervalles : appels de bergers qui rassemblaient les troupeaux dans les enclos, aboiements, coups de sifflet et bêlements timides ou rauques.

Mais quand je promenais mon regard alentour, aucune forme humaine ou animale ne se profilait sur le fond jaune et désolé des prairies et des broussailles : et m'avisant que cette vallée est tout entière une interminable nécropole, je me disais que c'étaient là peut-être des voix d'outre-tombe et qu'en cet endroit seulement, mieux que partout ailleurs en Toscane ou en Italie, il est possible de les entendre, si mince est la croûte de terre qui sépare les morts des vivants dans cette mystérieuse région.

De temps en temps, je me retournais et tendais la main à Lavinia pour l'aider à franchir un passage plus accidenté ou plus glissant : et j'observai qu'elle feignait de ne pas remarquer mon geste, comme si elle m'avait craint et m'eût suivi de mauvaise grâce. Les désillusions, les souffrances, les deuils dont son front portait les signes comme un tatouage de veines bleutées la rendaient, me semblait-il, étrangement sensible à la présence vivante de cet innombrable peuple de morts. Son esprit que je devinais déchiré entre l'attirance et l'horreur était à la fois repoussé et séduit par le funèbre aspect des lieux, par cette vallée nue, par ces tombes qui retentissaient sombrement sous nos pieds.

Peut-être y avait-il dans le cœur de Lavinia la peur de ne plus pouvoir revenir en arrière. Cette part d'anxiété et d'avidité qui est toujours mêlée à l'amour suffisait cependant à l'entraîner contre son gré sur mes pas. Et chaque fois que je me retournais pour la regarder, elle m'apparaissait plus voûtée, plus blanche, plus douloureuse. J'avais l'impression de surprendre dans son regard d'habitude lumineux et doux, plein d'une limpide confiance, comme une lueur opaque, quelque chose de suppliant et de menaçant. Le regard d'une Alceste qui ne veut plus mourir, d'une Alceste repentie.

Nous étions arrivés devant l'entrée du premier tombeau quand il se mit à pleuvoir. C'était une petite pluie tiède et fine, presque un brouillard, tombant du ciel sale comme les fils d'argent d'une immense toile d'araignée. Lavinia s'était arrêtée sur le seuil. Et j'avais beau l'exhorter à entrer avec moi dans le sépulcre, elle feignait de ne pas m'entendre, immobile et tête nue sous la pluie, respirant avec un plaisir étonné la brise fraîche et parfumée qui soufflait de la mer. Si bien que je me décidai à pénétrer seul dans la chambre funèbre. C'était le tombeau qui, d'après les scènes peintes sur les parois, est appelé Tombeau de la Chasse et de la Pêche : des chasseurs à cheval dans une forêt verte, un lièvre qui détale poursuivi par les chiens, des oiseaux qui volent et des poissons qui nagent dans un espace liquide et bleu, un jeune homme sur le point de plonger du haut d'un rocher, des pêcheurs courbés sur les rames et une adolescente nue qui tresse des guirlandes pour un couple mélancolique assis à une table couverte de nourritures et de fleurs.

À ma sortie du sépulcre, Lavinia m'accueillit avec un visage blanc et impassible, un regard opaque et absent.

J'avais déjà visité les tombeaux des Lionnes, des Léopards, du Sanglier, du Triclinium, du Typhon, des Boucliers, des Augures et je venais d'entrer dans le Tombeau de l'Ogre quand, levant les yeux, j'entr'aperçus contre la paroi, dans la pénombre, une enfant couronnée de laurier, aux cheveux retombant sur les oreilles en bandeaux frisés et rassemblés en chignon sur la nuque, au nez long et droit, aux lèvres sanglantes et méchantes. L'adolescente Velcha si perfide et triste dans la courbe avare de son front, dans la coupe de la bouche et de l'œil, dans la malignité du menton s'appuyant sur le cou maigre ; et près d'elle, Charun armé du marteau, Charun qui brise le front des agonisants. Je me retourne et je vois Thésée et Pirithoos assis sur une pierre (et Pirithoos est désormais une larve exsangue, une ombre qui se dissout) devant le noir Tuchulcha aux oreilles d'âne et au bec d'épervier qui agite furieusement au-dessus de leurs têtes un gros serpent sifflant. L'air est chargé de senteurs de vin et de cire vierge, un doux sommeil me caresse les tempes. Voici que j'ai renoncé à tout ce qui jusqu'ici faisait mon orgueil et ma joie. J'ai pitié de moi-même, de ma vie sans regrets et sans espérances. Je ferme les yeux et le féroce Charun s'avance en levant son marteau, déjà le coup velouté et silencieux me brise le front, déjà je m'éveille avec un cri sur la rive du fleuve obscur et fétide, à l'ombre des grands arbres à l'épais feuillage de femme. Je m'éveille avec un cri, je fuis épouvanté hors du tombeau.

Lavinia était assise sur le seuil, le menton dans les mains, le regard au loin. La pluie avait cessé, le soleil déclinait parmi de rouges vapeurs ; la mer apparaissait d'en haut comme un immense pré ondoyant dans le vent ; sur les montagnes dominant Tuscania des nuages bas flottaient, gonflés de cendre, traversés de temps en temps par des éclairs livides.

Au fond de l'horizon, vers Vetulonia, la pluie continuait à tomber en raies obliques et brillantes d'un ciel bouleversé par une terreur figée. Un troupeau fuyait dans la plaine vers l'embouchure de la boueuse Marta. La Vallée des Morts s'abaissait en s'obscurcissant peu à peu vers le fleuve aux rives plantées de peupliers et de saules, les ombres longues des arbres disséminés sur la pente remuaient tout doucement, glissant le long des flancs nus des collines comme d'énormes araignées. La terre alentour semblait soulevée de soupirs profonds, la campagne déserte, des montagnes de Canino à la plaine verdoyante de Montalto di Castro, était ici et là parsemée de taches d'un beau jaune tendre qui par moments flamboyaient aux dernières lueurs du couchant.

Lavinia était assise le front penché, où les yeux blancs, veinés de rouge, resplendissaient, tristes et pensifs. Je sentais qu'un grouillement visqueux d'espérances et d'appréhensions remuait au fond de son cœur. Elle regardait avec crainte et envie ce mystérieux pays où seuls les morts survivent, couchés sur des lits funèbres, morts aux yeux humides, aux lèvres flasques, à la panse rebondie, surveillés par le regard ironique des joueurs de cithare et de flûte, des serviteurs s'affairant à préparer les nourritures pour le banquet, des parents attentifs aux rites propitiatoires, ou dans leurs somptueux habits exprimant la douleur, ou pelotonnés tout nus aux abords du triclinium. Le chariot est avancé, les chevaux impatients frappent le sol du sabot, attelés au timon fleuri, le démon-enfant tient en souriant les rênes de sa main tendre et blanche, aux ongles rouges d'émail. Les morts parés de guirlandes, assis à table, les danses, les caresses lascives, les gestes obscènes, et les parents en pleurs, d'autres sont ivres, d'autres chantent : tout autour les pâles Lases infernales armées du marteau.

« Il est tard », dit Lavinia. Déjà les bergers allument les feux sur les collines, les troupeaux bêlent dans les enclos, les buissons de lentisques et de genêts, les touffes de bruyère et de myrte resplendissent d'un éclat sombre au long des pentes. Sur les feuilles des chênes verts, brillantes de pluie, se reflète le fleuve de cendre qui court à l'horizon entre les rives pourpres du couchant. « Il est tard, allons-nous-en », dit Lavinia en me tendant la main. Elle est debout devant moi sur le seuil du tombeau : elle sourit en battant des paupières comme aveuglée par une ombre éblouissante. Quelque chose d'intensément vivant affleure à la surface de son visage, souvenir reculé, orgueil charitable et dur. Une obscure menace résonne dans sa voix, un reproche navré. Une force irrésistible s'exhale de son sourire, de l'éclair de ses yeux, du geste de sa main tendue. Elle descend le sentier, toute droite, le regard fixé devant elle et de loin en loin elle se retourne comme si elle craignait de n'être pas suivie. Ses pas retentissent sur les tombeaux, je marche derrière elle en silence, le cœur envahi d'une douce peur. Je sens que quelque chose s'illumine en moi comme si vraiment je revenais au jour après le sombre Hadès. Lavinia soudain s'arrête, m'attend, me prend la main, se place à côté de moi, m'entraînant tout doucement.

Et au fond de ses yeux, il y avait une angoisse si blanche et fixe, une inquiétude si éperdue que j'y lus tout à coup la révélation de son attirance et de son horreur. Ce n'était pas l'amour seulement qui brillait dans son regard : c'était une pitié de mère et d'amante. Je compris alors pour la première fois combien la femme est plus que l'homme associée en même temps qu'étrangère à la mort, combien la mort a peu d'emprise sur elle, je compris tout ce qu'il y a de funèbre et d'immortel dans son amour de mère, de sœur, d'amante : Lavinia me rendait à la lumière, aux champs, aux collines, à la mer, à l'horizon, aux jours sereins de la vie. Elle m'arrachait à la servitude qui si longtemps m'avait corrompu, avili. J'eus honte de mon bonheur passé, je me sentais lié à Lavinia par une complicité mystérieuse et pudique. Je la pris dans mes bras, lui effleurai le front de mes lèvres brûlantes de fièvre, et elle leva la main, me caressa le visage. C'était la dernière caresse de la mère à son fils mourant, la première caresse de l'amante à l'homme qui vient d'échapper à la mort.

La visite de l'ange

La lune ne s'était pas encore montrée au sommet des montagnes, mais déjà la mer resplendissait opaque, une verte aurore revêtait de tendresse l'arc lent de l'horizon. Lavinia descendait l'escalier. Son pas léger et insouciant faisait un bruit très doux sur les marches de pierre. Soudain, il me sembla que son pied hésitait, le bruit des pas s'interrompit. Je demeurai aux aguets, étrangement troublé : ce silence inattendu éveillait en mon cœur une obscure inquiétude. Je criai : Lavinia.

La nuit était muette, immobile et résignée, comme une énorme bête accroupie sur la mer et sur les bois. Dans la brume verte de l'horizon marin la Gorgone errait, lointaine et désillusionnée, comme un voilier à la dérive ; de l'embouchure noire de la Magra sortaient les barques des pêcheurs, les voiles s'allumaient une à une au contact de la clarté lunaire, les coquillages, sur la rive déserte, émergeaient du sable avec des phosphorescences roses. Je criai : Lavinia. Je sortis dans le corridor, me penchai au-dessus de la rampe. Lavinia immobile, presque au bas de l'escalier, s'appuyait contre le mur, les mains croisées sur la poitrine en un geste d'heureuse stupeur. Elle leva les yeux, me fit signe de me taire, me contemplant d'un regard blanc où, pour la première fois, la tendresse m'apparaissait voilée d'un reflet hostile, d'une lueur cruelle et précise. Je descendis l'escalier sur la pointe des pieds, la pris dans mes bras, sentis qu'elle s'abandonnait sur ma poitrine comme si les forces lui avaient manqué. Je regardai dans la pièce et d'abord je ne vis rien d'insolite. La maison était plongée dans un silence épais et vide, l'ombre des arbres du parc oscillait sur les parois nues, j'entendais le sable crisser sur le rivage dans le va-et-vient incertain des flots ; de temps en temps un léger souffle de vent faisait frémir les aiguilles des pins, murmurer les feuilles des chênes verts comme un fleuve aérien.

Un sourire avide et émerveillé illuminait les lèvres entrouvertes de Lavinia ; son regard, maintenant clair et fixe, reposait serein au fond de ses yeux, ses mains croisées sur la poitrine dessinaient sur sa robe noire une tache délicate et vive. Soudain, une ombre transparente m'apparut, traversa la pièce. Lavinia tremblait, une angoisse contenue assombrissait son visage très pâle. Peu à peu, mes yeux s'habituant à cette ombre argentée, je m'aperçus qu'un enfant se déplaçait là-bas, lentement, près de la fenêtre. Il marchait pieds nus, tout doucement, sans faire de bruit, s'arrêtait de temps à autre, prêtait l'oreille au murmure du bois, à la voix de la mer. Il ne semblait pas s'être avisé de notre présence ou bien il ne s'en préoccupait pas : j'aurais juré que ce n'était pas la première fois qu'il franchissait notre seuil. Bien que profondément troublé, j'observai qu'il levait les pieds avec une pénible lenteur, tel un oiseau à l'aile blessée, avec une grâce pensive, comme s'il avait marché en songe. Regardant mieux, je constatai qu'il avait des ailes : deux petites ailes transparentes, d'un bleu imprécis, mouchetées de taches d'argent ainsi qu'en ont les feuilles des peupliers les matins d'été.

Sans aucun doute, cet enfant était un Ange. Et j'avais beau l'attendre depuis longtemps, j'avais beau être sûr depuis de nombreuses années qu'un Ange viendrait un jour m'annoncer l'heure la plus heureuse de ma vie, la plus pure, sa vue m'emplit d'une stupéfaction angoissée, de la prémonition d'un malheur imminent. J'aurais voulu lui parler, le supplier de ne pas nous faire de mal, de ne pas se montrer cruel à l'égard de notre pauvre félicité humiliée et trahie, de nos espérances orgueilleuses, mais une sorte de pudeur me retint, un pressentiment dont je me sentais coupable comme d'un désir déçu. J'avais l'impression, et ce fut l'instant le plus douloureux de notre rencontre, que d'après sa manière de marcher, son extrême lenteur, sa fatigue, cette façon de remuer comme endormi avec des allures distraites et lointaines, il souffrait lui aussi et cachait en son cœur son propre triste secret. Je pensai qu'il était peut-être venu me faire part de sa douleur, me confesser une faute, et le courage lui aurait manqué de me révéler l'angoisse dont il était si visiblement la proie.

Alors l'Ange leva les yeux sur nous. Lavinia recula avec un brusque mouvement d'amoureuse terreur : mais il nous regarda sans nous voir, battant des paupières, il passa lentement à quelque distance de nous et ses mains lumineuses effleuraient les meubles, les livres sur les tables, les lampes éteintes, les vitres des grandes fenêtres. À travers son corps transparent, je voyais les angles des murs, les objets, le dessin des tomettes rouges du sol. Livinia le suivait d'un regard anxieux, une flamme fragile sur son visage de cire, sur son front obscurci par le noir et le fauve nébuleux de sa chevelure.

À ce moment, la lune se levait sur la mer, surgie de derrière l'épaule bleue des montagnes, et elle montait muette et blanche dans le ciel pur : une lumière immaculée se répandait dans l'air immobile et froid. L'Ange s'était arrêté devant la fenêtre, le front contre la vitre, et Lavinia avait retenu son souffle comme si elle avait craint de le voir s'envoler, disparaître dans la nuit claire et douce. Lentement l'Ange s'approcha du divan qui est au fond de la pièce, s'y étendit, sa main ouverte sous la joue, dans l'attitude du sommeil. Ses ailes respiraient selon un rythme lent et égal. J'eus l'impression que Lavinia était dominée par le désir en même temps que par la peur de le dévisager de près, de le reconnaître. Cependant le visage de l'Ange endormi apparaissait si vivement illuminé par le reflet argenté des ailes, des cheveux, des mains, qu'il semblait impossible d'en soutenir la vue. Certainement Lavinia pensait que l'Ange était l'image d'une de ses joies, d'une de ses espérances, d'une de ses douleurs et pas seulement cela, cette crainte confiante, cette espèce de complicité familière que toute femme éprouve en présence d'un Ange, mais aussi une maternelle anxiété, une tendresse inquiète, l'attente d'un événement imprévu qui expliquerait le mystère de cette apparition. Peut-être comme toute femme en face d'un Ange, Lavinia éprouvait-elle que sa vraie maternité commençait à cet instant, que l'Ange était là pour lui révéler le secret d'une maternité mystérieuse et terrible, celle qui fait naître en toute femme le sentiment de la divinité de ses propres entrailles, qui fait de toute femme la fille de son propre fils.

À ce moment, l'Ange s'éveilla, se souleva sur le coude, tourna son visage vers nous. La frange de ses cils brillait d'un éclat tendre sur un regard blanc et vide. Il parut prendre conscience de notre présence, car il se leva, vint à nous, effleura la rampe de la main, nous observant toujours fixement de son regard lointain, et lentement il nous tourna le dos, s'assit sur une marche en se prenant le front entre les mains. Un frémissement convulsif secouait ses ailes. Il pleure, murmura Lavinia. L'Ange tressaillit, leva la tête, prêta l'oreille, comme attentif à un appel affectueux, à une voix chère. Soudain, il se retourna, nous offrant à voir son visage. Tout d'abord, il me fut impossible de distinguer ses traits : son visage m'apparaissait comme une tache blanche où les yeux resplendissaient humides et brillants. Puis peu à peu le dessin de la bouche, l'arc des sourcils, la courbe du menton commencèrent à se préciser. Lavinia tremblait tout entière contre ma poitrine dans un extrême abandon, serrait les lèvres en un effort visible, comme pour retenir un cri, un nom. Et déjà elle levait les bras, déjà un cri, un nom allait jaillir de sa bouche, quand l'Ange se déplaça rapidement, allongea la main, lui toucha le front.

Lavinia retomba sur ma poitrine, s'y abandonna, inerte. Je la pris dans mes bras, la soulevai, descendis les dernières marches, l'étendis par terre, la tête sur mes genoux. Elle était sans souffle. Une flamme bleue inondait son visage d'une clarté d'eau et de ciel, à la surface des paupières closes une fragile tache rose affleurait. Elle semblait morte : j'eus peur. Je me tournai à droite, à gauche, cherchant des yeux le terrible enfant ailé. Mais la pièce était vide et obscure ; la maison, le parc, la mer étaient abîmés dans une nuit glacée. Je criai : Lavinia, Lavinia. Seul son visage resplendissait au sein de cette ombre funèbre. Elle gisait désormais immobile dans mes bras, immobile pour toujours. Je criai : Lavinia. Et encore : Lavinia. Une fureur désespérée m'envahit, une haine aveugle. Je criai : « Hors d'ici, hors d'ici, monstre infernal ! » Ma voix tombait dans le silence avec un écho sourd. Une froide terreur me saisit soudain, une pitié désolée. Je criai : « Ne me laisse pas seul. Ange

176

triste et cruel, emporte-moi, ne me laisse pas vivant dans cette maison ! »

Mais un reflet doré de lune illumina la pièce. L'Ange m'apparut debout près de la fenêtre, il me regardait fixement, il avait la même bouche, les mêmes yeux, le même sourire que Lavinia. Il se déplaça, vint auprès de moi, me caressa le front de la main. « Bientôt, dit-il, elle se réveillera heureuse, heureuse pour toujours. » Il disparut tout souriant, s'évanouit dans l'air lumineux et je restai seul avec Lavinia qui déjà remuait dans mes bras, ouvrait les yeux et un sourire sans mémoire et heureux s'épanouissait sur ses lèvres, le sourire sans mémoire dont les morts nous font don lorsqu'ils reviennent à la vie.

Les deux sœurs

Au-dessus du jardin profond, les premières étoiles naissaient lentement, s'épanouissaient une à une dans la pureté de l'air. Une brise tiède et amère soufflait du large, traversant d'un secret murmure les feuillages des pins. Les étendues de genêts et de tamaris bruissaient doucement, les chenilles brillaient dans l'herbe, les coquillages disséminés sur le rivage s'allumaient de reflets d'argent. Clara et Suni regardaient le ciel, assises à la limite du jardin, là où le sable humide et luisant remplace les aiguilles de pins. La mer se gonflait à leurs pieds d'une respiration de cheval endormi, calme et profonde. « Voici Orion », dit soudain Suni à voix basse.

Il revenait d'avoir chassé, Orion, le long de la mer, dans les forêts et sur les monts, l'arc à l'épaule, derrière le Chien qui flairait prudemment les buissons de genêts. Le lièvre prit la fuite de dessous le blanc flocon d'un nuage, disparut parmi les blés d'or, la Colombe s'envola effrayée. Depuis qu'elle s'était aperçue qu'elle était encore une enfant, Suni ne pouvait lever les yeux au ciel sans se sentir tout à coup perdue et humiliée. Le ciel étoilé était un cadeau qu'elle se faisait à elle-même, un cadeau triste et mortel. Chaque soir, dès que la mince faucille de la nouvelle lune se couchait dans la mer, les deux sœurs s'asseyaient à la limite du jardin, se tenant par la main. Le fleuve muet de la nuit les emportait vers l'obscur horizon marin. Elles s'enfonçaient peu à peu dans le ciel, dans un éblouissement d'astres lointains. Elles connaissaient une à une les étoiles par leur nom, les étoiles aux noms magiques, Altaïr, Izar, Schedir, Alderamin, Algorab, Bételgeuse, Bellatrix, Alcor, qui surgissaient lentement et prenaient aussitôt à leurs yeux l'aspect humain qu'elles revêtaient sur cette antique carte du ciel accrochée à la paroi, dans un grand cadre baroque, sous le portique de la vieille villa. Andromède enchaînée au rocher, les cheveux dénoués sur ses épaules nues, ses bras blancs tendus vers un Persée resplendissant et triste, portant au poing la tête de la Méduse à frisures de serpents. L'Aurige debout sur le char rapide, les longues rênes rassemblées dans sa main, le fouet de cuir du soleil se déroulant au-dessus des crinières des chevaux qui traversent le tumulte de la bataille dans un nuage de poussière rouge, parmi les éclairs verts des cuirasses et des épées. Le Taureau qui enlève Europe sur sa croupe noire et couverte d'écume, et plus loin, au-delà de l'Ours, Pégase ailé et piaffant, et Cassiopée, et les Pléiades, et le Cygne et le Renard et, plus près, les Dioscures, haut dans le ciel, à cheval, comme dans l'*Hélène* d'Euripide. Et tout autour, le Lézard, les Poissons qui nagent dans une profonde eau bleue, le Serpent perfide et somnolent dans l'herbe.

Un ciel baroque, peuplé de personnages somptueux, comme la scène d'un théâtre. Clara aurait préféré un ciel qui aurait été comme une mer, une immense mer déserte, où les astres seraient allés à la dérive confondus avec des poissons, des méduses, des feuilles mortes, des algues et des voiles errant dans le vent à la rencontre du matin rose.

Mais Suni aimait se l'imaginer ainsi, peuplé de personnes vivantes, de monstres et d'animaux : et Orion, son très cher Orion, là-bas au fond de l'horizon, avec son arc à l'épaule et ses belles chaussures de peau à boucle d'argent, derrière son Chien à pelage vert. Elle regardait son ciel, Suni, et revivait les claires nuits d'automne passées à admirer l'éblouissement lointain des constellations au-dessus du jardin profond et Orion sur son déclin dans une brume pourpre, et une douce tristesse lui revenait au cœur. Une tristesse déjà inquiète et incertaine où les songes de l'enfance s'effaçaient devant les espérances de l'adolescence. Elle sentait la main de Clara respirer légèrement dans la sienne, elle entrevoyait dans la clarté diffuse sa joue noyée par le flot doré des cheveux dénoués que le vent agitait très lentement comme une aile. Peut-être que Clara elle aussi était triste. Suni pressentait obscurément que dans le cœur de sa sœur commençait à se former un grouillement de pensées et de sentiments ignorés d'elle, et elle enviait cette attente sereine de la vie, cette innocente acceptation des doux et inutiles mystères de l'adolescence.

« Maintenant Clara va se retourner, pensait Suni, elle me regardera dans les yeux et je verrai dans son regard briller une secrète peur, un égarement inattendu. » Les deux sœurs avaient grandi ensemble, Suni un peu plus jeune que Clara : deux ans à peine, mais encore toute petite, tout enveloppée encore des chagrins de l'enfance, combien Suni se sentait déjà étrangère à ces nouvelles inquiétudes, éloignée de cette curiosité ouverte et sensible qui caractérise l'adolescence ! Combien différent lui apparaissait leur ciel, le ciel de leur bonheur perdu d'enfants ! Clara avait quinze ans, déjà elle était sur le point d'être femme : il y avait quelque chose de profondément changé dans son sourire, dans son regard, dans sa voix. Une espèce de pressentiment ou peut-être de regret, une espérance incertaine.

Clara elle aussi était triste, le regard levé, soupirante, tendue vers l'azur, prête à s'envoler dans ce ciel, dans ce monde inconnu, parmi ces héros, ces chevaux piaffants, ces monstres aux yeux de nouveau-nés. Un merveilleux voyage commençait pour elle. Suni n'osait regarder sa sœur, s'imaginant que d'un moment à l'autre elle aurait à lui dire adieu. Jusqu'à ce jour elles avaient partagé songes, illusions et espérances d'enfance, et voici qu'il leur fallait se quitter. Clara allait entreprendre sans elle son mystérieux voyage vers l'adolescence et peut-être qu'elle ne se retournerait même pas. Suni resterait seule sur le rivage de la mer, sur le rivage du ciel, dans ce jardin, dans cette maison où elles avaient si longtemps vécu unies par les mêmes désirs et par les mêmes craintes.

« Sais-tu, dit soudain Clara, il me semble être loin d'ici, si loin.

– Et aussi loin de moi ? murmura Suni, levant ses yeux blancs vers Orion, tout d'argent parmi les genêts d'or.

– De toi aussi. J'ai l'impression de vivre dans un monde merveilleux, loin de tous. J'aimerais tant que tu puisses m'accompagner, ne jamais me quitter.

– Je viendrai avec toi », dit Suni. Elle ne s'était jamais sentie aussi triste, aussi seule. Il lui semblait qu'également en elle quelque chose était mort. Elle regardait à la dérobée la courbe douce et pleine des épaules de Clara, le golfe d'ombre rose de sa gorge palpitante, l'arc des lèvres gonflées de sang vermeil. Elle était déjà jeune fille, cette Clara, déjà hors du tiède entrelacement des songes enfantins, des imaginations déçues et résignées de cet âge ingénu et cruel. Déjà elle respirait comme une femme, les lèvres entrouvertes, les yeux pleins d'ombre vivante. On eût dit une danseuse au seuil de la danse qui déjà plie le genou, tend les bras, esquisse le premier pas.

« J'ai peur », murmura Clara. Un léger tremblement secouait ses épaules courbées. Suni saisit le bras de sa sœur, le serra avec force. Elle se sentait complice d'un secret innocent et timide.

« Sais-tu, dit Clara, cette nuit j'ai rêvé que maman me prenait par la main, me séparait doucement de toi, et nous allions ensemble, comme deux sœurs, sur une route très longue. Maman se penchait pour me regarder et il me semblait avoir ses yeux, son front, sa bouche. Ma vraie sœur, c'était elle désormais, une nouvelle sœur. Je me suis réveillée en larmes, cela me faisait mal de penser que je t'avais laissée seule ici à m'attendre. »

Suni lâcha le bras de Clara, un sanglot se nouait dans sa gorge. Oui, c'était ainsi : Clara se sentait plus proche de leur mère que d'elle. Un obscur sentiment naissait en son cœur, une jalousie résignée et déçue. Clara n'était plus une enfant, elle n'était plus sa sœur. Suni imaginait la mère et la fille, mains unies, comme deux sœurs, dans ce ciel tiède et transparent. Clara marchait sans se retourner, avec une obstination douloureuse et pleine de repentir. Mais la maman de loin en loin se retournait en souriant et Suni voyait resplendir ce sourire maternel au fond de l'immensité bleue comme le reflet d'une eau au fond de l'horizon. Elle fermait les yeux, penchait la tête sur l'épaule de Clara et voyait les deux sœurs marcher dans le ciel étoilé et Andromède les accueillait en tendant ses bras nus, et s'avançaient à leur rencontre le Cygne, le Lézard, les Poissons, le Taureau, le Serpent et Orion avec son Chien en chasse derrière le Lièvre qui fuyait en sautant parmi les blés.

« Tu dors ? » demanda Clara en se penchant sur sa sœur. Non, Suni ne dormait pas : c'était comme un vertige, comme si un flot immense était soudain tombé du ciel et l'avait engloutie. Elle ne pouvait parler, elle avait la bouche pleine d'une amère lumière bleue.

« Je suis heureuse, soupira Clara, serrant soudain sa sœur contre elle.

– Moi aussi, murmura Suni. Moi aussi, oh ! oui, oh ! oui. » Et elle se mit à pleurer en silence, le visage contre l'épaule de Clara, et elle se sentait éperdument triste, abandonnée, humiliée ; elle se sentait trahie. Pourtant cette trahison lui était douce au cœur, comme l'ultime tristesse de son enfance, comme la première révélation de l'adolescence.

LA MORT ET L'ENFANT

Le jardin perdu

La pensée de la mort m'a dominé dès ma plus tendre enfance et ce n'est qu'en ces dernières années que j'ai réussi à me libérer de cette douce et cruelle servitude. Bien que cette pensée obstinée m'ait aidé à vaincre les nombreux dangers de ma nature, en faisant de moi – ce que je suis aujourd'hui – un homme plus mécontent de lui-même que des autres, je ne saurais lui pardonner d'avoir été la compagne la plus chère et la plus triste persécutrice de mes jeunes ans.

Cette pensée dominante consistait moins en une réelle crainte de la mort qu'en ma conviction douloureuse d'être tout seul destiné à mourir au sein d'un monde d'immortels. Les autres vivront éternellement tandis que moi, me répétais-je, je serai seul à mourir. Le sentiment de cette injustice me tourmentait et m'humiliait au point que je me soustrayais avec une timide répugnance aux caresses de ma mère et aux jeux innocents de mes frères, me réfugiant dans une mélancolie taciturne et boudeuse dont ma mère elle-même ne pouvait deviner la secrète désespérance. Victime de cette peur qu'ont les enfants d'être continuellement l'objet de punitions ou de soins de la part des adultes – lesquels ne voient dans la tristesse enfantine qu'un signe de faute ou de maladie – je m'efforçais de justifier par toutes sortes de prétextes puérils mon instinctive répugnance à jouer et à manifester mes sentiments. Mais je sentais qu'à la maison tout le monde m'épiait, à commencer par ma mère qui m'observait à la dérobée et fouillait mon regard avec une défiance mal dissimulée comme si chacun de mes gestes et chacune de mes paroles avaient trahi l'état pervers ou morbide de mon âme.

Cette attitude soupçonneuse de ma mère, ce manque d'indulgence et, plus tard, de pitié, dont déjà je me sentais entouré avaient peu à peu fait naître en moi le projet de fuir et d'aller vivre dans un bois. Je m'en ouvris à ma sœur, ma cadette de deux ans et l'unique être au monde qui me témoignât une certaine compassion, et une nuit, en tapinois, je sautai de mon lit, me vêtis tant bien que mal et sortis dans le jardin sur la pointe des pieds.

Il y avait derrière notre maison un grand pré et, au fond de ce pré, un bois, mais un vrai bois, plein de troncs, de branches, de feuilles, qui s'étendait jusqu'à un haut mur au-delà duquel on entendait le fleuve couler et murmurer doucement. La nuit était noire, immobile : pas un rayon de lune, pas un souffle de vent. Je marchai sur ce pré, j'entrai dans ce bois, mais la rumeur du fleuve qui m'arriva soudain me parut si ténébreuse, si menaçante, que je m'arrêtai haletant, tendis l'oreille et tout doux tout doux, le cœur glacé et les jambes tremblantes, je rebroussai chemin et remis ma fuite à une nuit de lune. Ma tentative n'avait pas échappé à ma mère ; sans rien me dire, elle donna l'ordre aux domestiques de me surveiller. Puis vinrent les vacances d'été et un jour ma mère m'appela : « Ta sœur m'a tout raconté, me dit-elle. Si tu veux t'enfuir et aller vivre dans le bois, je n'y vois pas d'inconvénient. » J'avais dix ans et ne compris pas quelle sagesse ces propos cachaient.

Un matin, je me levai tôt, embrassai ma sœur avec des larmes dans les yeux et sortis à la dérobée – tout au moins je le croyais. Je me retirais donc dans le bois, au bout du pré, derrière notre maison. Tout d'abord, je ne pus m'empêcher d'éprouver une sorte d'épouvante heureuse à l'idée de devoir passer le reste de ma vie parmi ces feuilles humides et grasses, ces rochers, ces arbres, ces musiques de sources çà et là, étouffées par l'épaisseur des verdures. Ce qui me sauva d'un honteux retour fut le chant des oiseaux. Car, hésitant à la limite de cet univers inconnu, j'eus tout loisir d'écouter les roulades de ces tendres créatures qui discouraient au-dessus de ma tête, en parfaite harmonie des voix, sur la beauté du bois et l'abondance de ses merveilles. Telle était la douceur de ces chants que je me trouvai en accord avec les mystères de la nature et, pénétrant sans plus rien craindre dans le fouillis des feuilles, des branches et des broussailles, j'eus vite fait de me convaincre que je m'étais égaré dans ce vert labyrinthe.

Il y avait au fond du bois une cabane où le jardinier remisait les houes et les râteaux. Je m'installai tant bien que mal là-dedans, remerciant la Providence de m'avoir fait trouver dans cette pauvre cabane bien des choses que je n'y avais jamais vues, un lit de camp, quelques draps, deux couvertures, une cuvette, un broc pour l'eau, même du savon et des serviettes de toilette. Puis aussitôt je me mis à explorer le bois, en m'imaginant n'y avoir jamais pénétré jusqu'alors et en m'étonnant sincèrement de ne l'avoir jamais vu si étrange et si mystérieux. Au début la solitude me parut sibylline et orgueilleuse et il me fallut une extrême et attentive délicatesse pour entrer en confidence avec elle. Dans ce qui m'avait semblé être d'abord un silence inhospitalier et profond, je parvins peu à peu à distinguer le bourdonnement des insectes, le murmure des eaux et des feuillages, l'ondoyante respiration de l'herbe, toute la musique surprenante et variée d'un vivant sous-bois. C'est ainsi que je passai la première journée, errant entre les arbres et les buissons de ronces et le seul être humain que je rencontrai fut ma sœur qui vint m'apporter à manger vers midi. Je lui dis que cette existence sauvage m'enchantait et lui jurai que je ne reviendrais plus jamais à la maison.

Mais dès que l'ombre bleue du soir eut assombri le ciel au-dessus des frondaisons, cette solitude qui m'était apparue si accueillante et joyeuse durant la journée me devint hostile. La nuit s'écoula dans l'angoisse et finalement l'aube me trouva les yeux ouverts ; elle me réconforta, déposa sur mes paupières et mes lèvres la rosée d'un sommeil léger, sans mémoire. Je me levai comme le soleil était déjà haut. Un panier de nourriture était là sur une chaise et l'idée que ma sœur m'avait surpris en train de dormir tranquillement me fit sourire, mon sommeil étant à mes yeux la meilleure preuve du bonheur que je goûtais dans ma nouvelle existence. Je vagabondai dans le bois jusqu'au crépuscule et dès que la lune se fut levée, m'étant avisé que l'aspect des choses variait selon la lumière et que la cause de mes terreurs nocturnes était dans les apparences et non dans les choses mêmes, je me mis à comparer le bois à ce qu'il était de jour et m'efforçai de reconnaître dans ces plantes et ces pierres argentées par la lune et s'évanouissant en doux reflets opaques les mêmes plantes et les mêmes pierres que j'avais vues illuminées par le soleil et découpées par les ombres. Au point que j'en arrivai très vite à me rendre familiers les lieux les plus obscurs et les silhouettes les plus hallucinantes d'arbres et de broussailles. Cette nuit-là je m'endormis au sein d'un monde ami.

Je m'éveillai avec un agréable sentiment de liberté et de joie et pour la première fois depuis que j'avais conscience du temps, cette obscure crainte de la mort qui ne m'avait jamais quitté m'apparut comme le souvenir d'un méchant rêve, l'ombre d'un âge douloureux disparu pour toujours. Mais comme je me croyais ainsi au premier jour de ma liberté, l'ennemi pénétra dans le bois et détruisit l'enchantement.

Je m'étais mis à imiter avec un brin de paille entre les dents le léger sifflement d'un petit animal que je n'avais pas encore réussi à découvrir dans l'herbe quand il me sembla que quelque chose s'avançait en rampant de dessous un buisson. J'étais assis au bord d'un jaune ruisselet de soleil qui, tombant à travers les feuillages et le long des troncs, s'acheminait vers le creux d'une petite clairière et voilà que pour contempler cette coulée d'or où voguaient des ombres bleues de feuilles, apparaît une mince vipère, lente et prudente, à reflets d'acier brillant. Paralysé par une peur subite qui m'avait glacé les veines, je restai l'œil fixé sur le serpent sans même oser remuer ni faire un geste, sans songer à me défendre d'une quelconque manière.

La chaleur de midi avait endormi le sous-bois et assoupi toute voix. Ce silence craintif n'était pas nouveau dans la nature : la terre lui devait sa première malédiction et les hommes leur première terreur. Depuis l'instant où, au sein de la sérénité sylvestre du paradis, les oiseaux à l'improviste s'étaient tus sur leurs perchoirs tandis que les fruits des arbres s'étaient gâtés d'un coup tombant ici et là et s'écrasant sourdement sans que l'air remuât les branches, ce silence, cette immobilité inattendue dans le grand mouvement harmonieux de la terre encore vierge avaient été le présage d'une imminente condamnation. L'avance rampante, prudente et lente, de la Bête au pied de l'Arbre avait répandu la nouvelle que du bonheur et de l'ignorance des hommes allait naître une humanité blessée et fière, avait annoncé presque le remords des désillusions toutes proches et d'une disgrâce sans remède. Le serpent avait contaminé la grande paix indulgente des bois et l'innocence de la terre, par sa seule présence, s'était trouvée souillée. La plus humble créature avait dès lors connu l'orgueil et la pudeur s'était muée en regard soupçonneux. À la splendeur pesante et appuyée du soleil qui dorait jusqu'à la moelle, les portant à maturité, les choses créées depuis peu et encore vertes de jeunesse, l'ombre violette du crépuscule avait commencé à se mêler : les pleins midis étaient morts pour toujours, les hauts midis resplendissants et immobiles sur la terre bénie, et le jour avait subitement viré au trouble et à la corruption. Il n'y avait pas une créature qui n'eût pressenti soudain qu'il lui faudrait mourir et l'Homme s'était approché de la Femme pour obtenir son soutien : mais ce qu'il en avait reçu, et par traîtrise, c'était la mort.

Juste à cet instant, je fus rejoint par le serpent et l'épouvante m'abattit sans connaissance sur l'herbe.

On m'a rapporté depuis que je fus sauvé par ma sœur. Innocente et charitable, étant venue une fois encore m'apporter le panier quotidien de provisions préparé par ma mère, elle m'avait trouvé étendu comme un mort sur le sol et s'était précipitée à la maison pour appeler à l'aide. Aucun des miens n'a jamais entendu parler de la vipère, car je me suis toujours bien gardé d'y faire allusion, estimant qu'il y avait là-dedans quelque chose de mystérieux. Ce n'est que des années plus tard, en repensant à certains hasards étranges de mon enfance, que la révélation de ce mystère a brusquement jailli pour moi du nom de ma sœur qui s'appelle Marie.

Ode à la sibylle de Cumes

J'ai toujours eu une nature d'esclave, non d'homme libre. Mes années d'adolescence ne m'ont laissé que le triste souvenir de mystérieuses tyrannies. Même l'étude de la philosophie n'avait pu me délivrer de cette obscure sensation d'esclavage qui n'était pas seulement chez moi le douloureux pressentiment de la trouble mélancolie qui accompagne la puberté. La discipline philosophique, dans les écoles de mon temps, était associée à l'étude de la poésie classique, non pour initier les jeunes gens aux secrets des dieux, mais pour faire naître dans leur cœur le soupçon que rien de divin n'existe sur la terre, à l'exception de l'homme et des choses humaines. Si bien que j'avais fini par me persuader qu'il ne me restait d'autre voie de salut que de descendre tout vivant en enfer, si je voulais me soustraire à mon état de servitude et à la douce terreur des premiers mystères que la pensée de la mort révèle de loin aux jeunes esprits, les faisant hésiter, incertains et craintifs, au seuil de l'adolescence. D'une seule chose j'étais sûr : c'était que tout homme, pour avoir le droit d'espérer être sauvé après la mort, devait, une fois au moins dans le cours de sa vie, traverser des forêts et des jardins, affronter toutes les embûches de l'orgueil, de la pitié, de l'amour, et venir frapper, vivant et sans espérance, à la porte de l'enfer.

Mon père m'avait orienté vers les études classiques dans la conviction que la connaissance du latin et du grec m'aiderait à acquérir l'expérience de la vie ; à force de prières, j'avais réussi à lui faire accepter que j'aille chaque dimanche à Florence en compagnie de Bino Binazzi visiter les musées, les pinacothèques et m'initier ainsi aux amours secrètes et aux mystérieux rites nuptiaux des hommes et des dieux. Le fond de certains tableaux, le geste d'une statue, les perspectives naïves des primitifs m'ouvraient des chemins inattendus vers le libre monde de l'imagination, vers le haut et solitaire silence où seul le spectre des choses se manifeste et où les plantes, les pierres et les bêtes révèlent leur bienfaisante et magique humanité.

Nombreuses furent à cette époque mes évasions hors de la triste servitude où je vivais et où j'ai toujours vécu : extraordinaires voyages. C'est ainsi qu'il m'advint à moi aussi de m'égarer un jour dans une forêt obscure, celle de la vision de saint Romuald, dont la luxuriance bruissait jadis dans l'église de San Michele in Borgo, à Pise, et qui s'étiole aujourd'hui, dépouillée et muette, dans l'ennui d'une pinacothèque florentine. Il m'arriva vraiment d'accéder au rang de citoyen d'une Thébaïde où j'étais parvenu à travers le tableau d'un Florentin inconnu du xve siècle qui se trouve aux Offices, et je vivais là, au milieu des saints anachorètes, les regardant avec une infinie dévotion et délectation traire de timides biches, serrer la patte d'ours mélancoliques, en manière de salut, menacer d'un fétu de paille de cruelles fourmis rusées, ensevelir les morts sans crainte des lions affamés qui baissaient leur mufle flaireur, chevaucher des léopards, faire l'école aux animaux, converser avec des anges et de très belles dames blondes toutes parées de rouge, ou rester assis sur la berge du fleuve à observer la folle fureur des vents qui, sous forme de têtes de Méduse tournoyant à la surface des eaux, soufflaient dans les voiles et poursuivaient les vagues en gonflant les joues.

Mais ce n'étaient pas là les chemins par où j'avais espéré descendre vivant au pays des morts. Et peut-être n'était-ce pas non plus la saison propice. Vint l'été et ma mère s'étant retirée, comme chaque année, à Pouzzoles pour sa cure de boue, j'obtins de l'accompagner. Ce furent les plus beaux jours de ma vie. Je me levais à l'aube et j'allais errer dans la fraîche lumière du matin parmi les monts et les rivages, le long du golfe de Baïes vers le lac d'Averne et la colline de Cumes. J'ai de cette période un très vague souvenir, comme d'un âge vierge et ancien dont les hommes ont perdu jusqu'à la mémoire et qu'il n'est plus accordé à personne de vivre. Le climat propre à cet âge a disparu et beaucoup de choses qui m'étaient alors permises me sont aujourd'hui refusées. Je me découvre des afflictions et des rancœurs que je n'avais pas et je suis en train de m'apercevoir que je ne saurais plus ressusciter quoi que ce soit de ce temps, à l'exception du souvenir. L'âme, non : je me sens devenu méchant même à l'égard de ce qui depuis lors a changé en moi et je n'ai point d'indulgence pour les choses qui changeront encore. Je ne sais qu'envier et non plaindre tous ceux à qui il n'est point accordé de vivre l'expérience de cet âge définitivement mort, de cette métamorphose de l'enfant en homme, et qui un jour se découvriront soudain un cœur expert et fatigué là où naguère battait un cœur ingénu et rêveur, sans avoir souffert la joie de cette mystérieuse et très lente mutation.

Quand je repense à mes errances de colline en colline et de rivage en rivage, cherchant une faille par où pénétrer vivant au royaume des ombres, je me persuade avoir ainsi dilapidé en peu de jours cette somme de liberté que toute ma vie aurait dû contenir. Je n'ai point de regrets, cependant, et je ne me repens pas d'avoir été peu économe, si cela m'a permis d'être une fois pleinement libre, ne fût-ce que pour une brève période. Je ne pouvais me rendre compte alors de ma trop généreuse et imprévoyante prodigalité.

Un matin, je poussai jusqu'à Cumes, et me promenant à travers les forêts de ronces, de genêts et de chênes, les vers de Virgile me montaient aux lèvres, doux et neufs. La mer, striée de courants verts s'éloignant en demi-cercle vers le cône bleu de l'Épomée, variait continuellement de tons dans la lumière matinale, la campagne d'alentour était jaune et pourprée, parcourue par l'ombre nette des nuages sur l'herbe et sur les pierres. Où était le temple d'Apollon et l'art pieux de Dédale ? Où le visage d'Androgée sortant du marbre, les amours de la fausse vache et l'inextricable erreur ? Dans les flancs d'une colline escarpée s'ouvrait une fente étroite que les bergers de l'endroit appelaient l'antre de la Sibylle : le lieu était très différent de ce qu'il est aujourd'hui, la pioche de Maiuri ne l'ayant pas encore révélé aux profanes. Je m'étais mis à chercher dans le bois le chêne au feuillage d'or, épiant le ciel pour y surprendre le vol des deux colombes d'Énée. Mais j'avais beau essayer de rompre les branches les plus brillantes qui, frappées par le soleil, avaient des reflets d'or, il ne me fut pas donné de retrouver l'arbre merveilleux et je me décidai finalement à tenter de descendre en enfer sans l'aide ni la protection du rameau d'or, m'imaginant pouvoir pénétrer à la dérobée dans ce royaume interdit. Désormais les arbres sacrés sont morts et le fabuleux antique des forêts s'est éteint dans le sommeil.

L'antre de la Sibylle était aveugle et muet, ma voix se perdait sans écho dans ses profondeurs et c'est en vain que je prêtais l'oreille au léger bruit de mes pas, au fracas étouffé des pierres qui roulaient, espérant que m'arriveraient le frémissement du grand orme feuillu, siège des songes, et le lointain murmure du fleuve infernal. Me glissant ainsi à tâtons dans cette sourde obscurité, je me trouvai tout à coup enfermé dans une vaste caverne d'où il ne m'était possible de sortir qu'en rebroussant chemin vers la bouche de l'antre. Aucune rumeur, aucune voix ne montait des viscères de la terre. Je criais : ô Sibylle, ô vierge Sibylle ! L'enfer paraissait mort et je me figurais avec angoisse les misères et les infortunes effrayantes que dissimulait désormais ce monde souterrain, jadis clair et heureux, et le sombre désespoir qui devait avilir les ombres des héros et des philosophes errant dans l'obscurité le long du fleuve et dans les bosquets de lauriers. Oui, l'enfer était désormais pour toujours enseveli dans le sein jaloux de la terre, pour toujours interdit aux vivants.

Depuis le jour – jour lointain – où s'est éteint parmi les hommes le sens de l'immortalité, le sens de ces mysté-rieux voyages souterrains s'est également perdu et une dense et pesante tristesse règne au pays des morts. Car ce n'est pas seulement pour nous autres les vivants que les mauvaises actions et les lâchetés sont cause de deuil ! J'avais l'impression que plus aucune espérance n'était accordée aux ombres, que la pitié divine ne suffisait plus à les consoler de la solitude et de l'abandon où les avait maintenant jetés la crainte que les hommes éprouvent à descendre vivants au milieu d'elles. L'idée que l'enfer était mort pour toujours, éternellement sourd aux voix et aux souvenirs de la vie terrestre, éternellement étouffé par notre faute au fond des profondeurs, l'idée que la terre s'était finalement vengée de toutes les infamies humaines, étranglant les morts innocents dans le lacis de ses viscères, me glaça soudain le sang dans les veines, m'arracha de la gorge un hurlement d'épouvante. Je voulus fuir, me soustraire à l'étreinte du sol, échapper à cet horrible trépas : déjà de toute part la pierre se refermait sur moi, froide et noire, avec des craquements, déjà j'étais presque enseveli, prisonnier de la terre jusqu'aux genoux. Je me hissai de roche en roche, m'accrochai aux broussailles et aux aspérités et enfin, sorti à l'air libre et serein de la campagne qu'illuminait la clarté immobile de midi, je m'effondrai évanoui, la face dans l'herbe.

Le bêlement lointain d'une brebis me réveilla au crépuscule. Un soleil clair dorait les forêts sur les collines et le vent répandait sur la mer le triste pressentiment des premières ombres nocturnes. Cette paix légère et immense me retint de considérer mes terreurs avec honte. Je m'acheminai vers le lac de Fusano, me retournant de temps en temps pour admirer les lieux où j'avais espéré un instant pouvoir me libérer de ma douloureuse servitude et trouver la voie de l'immortalité. Adieu Sibylle, me disais-je en moi-même, adieu mon innocente Sibylle. Et aujourd'hui encore, après tant d'années, ce dernier salut remonte quelquefois à mes lèvres, ultime adieu aux premières et aux seules espérances de ma vie.

Ah ! si au moins je pouvais du fond de mon âge inquiet et mélancolique me retourner sans regret vers ta vierge saison, oh ! Sibylle. Tout ce que je rêvais en ces années est l'unique consolation de mon actuelle paix déserte.

Le regret du temps rêvé m'est resté fiché dans le cœur : afflictions et rancœurs, que je vous dois beaucoup ! Et toi Sibylle qui tournes encore de loin vers moi tes yeux verts et éteints, m'as-tu donc pardonné cet orgueil malheureux ? Puissé-je moi aussi, comme tu le veux, me souvenir du temps futur ! Ton visage est encore blanc et calme, tendu à l'entrée de la caverne à la rencontre de la lumière pour refléter la mouvance très proche de la mer et le lent mouvement du ciel dans le miroir de l'herbe. Je ne verrai plus jamais ton candide visage.

Ceci est mon dernier salut, innocente jeune fille, toi que je me figure désormais libérée de tes horribles fureurs, immobile au seuil de l'antre. Le salut que je t'adressai alors, quand je te cherchais en pleurant et que je t'appelais du bord de mon adolescence intacte.

La mère en clinique

Le médecin sourit, ma mère le regarde d'un œil attentif et sévère. Il fait chaud, une grosse mouche verte donne de la tête avec obstination contre le miroir de l'armoire, les rumeurs grasses et paresseuses d'une matinée d'été montent de la rue. Le médecin dit : « La radiographie ne révèle rien de sérieux : une inflammation du trijumeau, une simple inflammation. » D'un geste lent et mesuré, il rajuste ses lunettes sur son nez ; sa main blanche et molle aux ongles pâles s'attarde un instant sur le front, puis descend le long de la joue, glisse sur la cravate, s'amuse avec les boutonnières de la veste, remonte vers le cou, le menton, les sourcils, effleure encore les lunettes, se retire, suit la courbe du visage, revient se poser, légère et palpitante, sur le bord de la radiographie.

Ma mère observe avec une attention sévère les gestes du médecin, une succession calculée, réglée, logique de gestes qui n'ont que l'apparence de la gratuité tant leur but paraît éloigné dans la durée. « Rien de grave, vous verrez que tout s'arrangera bien », dit le médecin et il va vers la porte. Petite et osseuse, l'infirmière ne le quitte pas d'une semelle, lui touche presque les talons de la pointe de ses chaussures blanches, sort à sa suite dans le corridor, lui murmure quelque chose à l'oreille. « Oui, oui, certainement », s'exclame le médecin d'une voix douce et ennuyée : il souffle sur les mots pour les éteindre comme on souffle sur une allumette. Il est déjà onze heures. On entend dans le corridor des bruits de pas étouffés, le chuintement des roues de caoutchouc d'une voiturette, le choc d'un verre contre le marbre d'une table de nuit. Faible et régulière, la respiration haletante d'un malade arrive de la chambre d'à côté. Un râle obstiné et irritant. « Vilaine engeance, les malades », dit ma mère à voix basse. Elle est étendue sur le dos, un bandeau blanc sur l'œil droit. Les épaules débordent de l'encolure de la chemise, pleines et rondes, d'une blancheur à peine veinée de bleu. Le bras est encore beau : coude lisse, poignet étroit. Les mains fines et maigres, aux doigts longs et effilés, gisent immobiles sur le drap. Froides et distraites, elles dorment.

Elle a été belle, maman. Même maintenant qu'elle est vieille, ses attitudes conservent une grâce languide et jeune : la tête repose sur le cou avec une timide fierté, la joue est douce, légèrement gonflée de sang rose, comme son buste que Pablo Troubetskoï a modelé alors qu'elle avait dix-sept ans. L'oreille est petite et fragile, le lobe replié en un ourlet transparent. Ma mère soulève la tête, regarde autour d'elle de son œil libre, un œil brillant et chaud. C'est la première fois, depuis des années, qu'elle s'est résignée à entrer en clinique, à se laisser soigner « comme si elle était vraiment malade ». Elle voudrait revenir à la maison, souffrir à sa manière, dans son lit, loin de ces médecins et de ces infir-mières. Elle est incapable de s'habituer aux voix étouffées, à l'odeur de désinfectants, aux bruits lents et graves, à la respiration haletante des patients, au chuintement des roues de caoutchouc sur le linoléum du corridor. Elle ne veut pas se sentir malade ni être traitée comme une infirme. Elle accepte son mal, pas sa condition. De temps en temps, elle tourne la tête de profil, enfonce son œil malade dans l'oreiller, porte les mains à son front, se serre les tempes de ses doigts contractés, entrouvre les lèvre en un cri silencieux qui se fane en un sourire déçu. Pauvre maman, elle souffre. Quand le spasme est passé, elle ouvre l'œil, jette autour d'elle un regard voilé et las. Je m'approche de son lit, je lui effleure les cheveux d'un baiser. « Tu as tellement bobo, petite mère ? » Elle fait oui de la tête, allonge une main, me presse le bras : « On t'a déjà dit quand tu devais partir ? » me demande-t-elle. Elle veut que je lui écrive tous les jours, que je ne la laisse pas sans nouvelles. Elle me dit : « Moi aussi je t'écrirai tous les jours. » Puis elle ajoute en me regardant fixement : « Tu te souviens ? »

Oui je me souviens, comme si cela datait d'hier, du jour où je m'enfuis à seize ans du collège Cicognini pour aller à la guerre. Aucun reproche n'est sorti de ta bouche, je sais que tu n'as même pas pleuré. Tu m'écrivis seulement : « Je t'attends. » Et je suis revenu au bout de quatre ans. Oui, je me souviens du jour où tu m'as accompagné à la gare, à la fin de mes quinze jours de congé ; je montais dans le convoi militaire et tu me regardais les yeux secs, tu souriais, tu me parlais d'une voix douce. Puis le train s'est mis à rouler soudain, et tu restais immobile sur le quai, le visage serein, tendu en avant dans le brouillard argenté des lampadaires. Oui, je me souviens du temps où j'étais à l'hôpital, ignorant si une fois encore je pourrais t'embrasser, et tu m'écrivais comme si de rien n'était, comme on écrit à un garçon qui a un peu de fièvre, qui est alité pour quelques jours à l'infirmerie du collège. Maman, ce temps est désormais bien loin, le temps de ta dernière jeunesse, de ma première ivresse d'enfant soldat.

Essaie de dormir maintenant, petite mère, ne parle pas, ne t'agite pas : le médecin ne veut pas que tu te fatigues, tu sais bien. « Toi aussi tu crois que je suis malade ? » dit ma mère avec un long regard de reproche. Une petite veine autour de l'œil (je l'ai aussi cette petite veine) se gonfle peu à peu, commence à battre, bleutée, vivante. « Tu es tout mon portrait. » Elle est heureuse de se retrouver jeune en moi, avec le même front, la même courbe du visage, la même veine bleutée sous l'œil. Je dis : « Je partirai quand tu seras guérie. » « Mais je vais déjà mieux, je pourrais déjà me lever », s'exclame-t-elle à voix basse avec une légère moue de mécontentement et d'impatience. Puis elle se met à me parler de son père, Alexandre Perelli, volontaire lombard dans l'armée piémontaise, estafette de Charles-Albert en 1848. Sous son accent toscan pointent peu à peu les cadences milanaises, un ou deux mots de son cher dialecte maternel. « Tout enfant, dit-elle, j'ai sauté sur les genoux de Verdi, de Boito, de Fogazzaro », et elle me reproche ma sévérité, mon obstination à ne pas comprendre qu'elle n'est pas malade, qu'elle n'est plus malade, qu'elle est déjà presque guérie. Oui, pauvre maman, je sais que tu es presque guérie, que tu te sens bien, que tu pourrais déjà te lever : mais en attendant, il te faut rester tranquille et te laisser soigner. « Vilaine engeance, les malades. » Il fait chaud, la grosse mouche verte se débat, en bourdonnant, entre les vitres et les rideaux de la fenêtre ; du corridor arrivent les rumeurs étouffées de midi, un tintement de vaisselle sur le marbre des tables de nuit, la respiration sifflante des patients, le timbre sourd d'une sonnette, la voix irritée d'une infirmière.

Et je me sens les yeux humides, je voudrais te demander pardon, petite mère, pour toutes les souffrances que je t'ai infligées sans le vouloir, pour tout ce que tu as enduré à cause de moi, pour toutes les peines que tu as supportées par ma faute : oh ! sans méchanceté de ma part, tu le sais. Maintenant te voici vieille, pauvre maman, fatiguée, malade : mais tu guériras, tu dois guérir ; le médecin lui-même dit que ce n'est rien de grave. Tu reviendras à la maison toute ragaillardie, plus jeune d'au moins vingt ans : comme toutes les mamans qui, il y a vingt ans, accompagnaient leurs garçons au train, souriaient, saluaient d'une main hésitante et aujourd'hui elles s'acheminent vers la gare un peu voûtées, un peu plus fatiguées, mais toujours souriantes et sereines, pour accompagner leurs garçons un peu vieillis, un peu grisonnants, mais toujours gais et sûrs d'eux, au train de Naples, au bateau de Massaoua. C'est un peu de leur jeunesse qui revient, un peu de leur bonheur de jadis. Les mêmes chants, les mêmes voix joyeuses, les mêmes visages, les mêmes regards limpides. Et à côté des plus âgés, les tout jeunes, si différents de ce que nous étions il y a vingt ans, mais également libres dans les gestes, fermes dans les décisions et les actes. Adieu maman, adieu petit. La maman sourit, serre son enfant dans ses bras et lui dit doucement à l'oreille pour que les autres mères n'entendent pas : « Comme je me sens jeune ! »

L'infirmière paraît sur le seuil, portant à la main un verre plein d'un liquide jaune. Elle a des yeux durs, un regard attentif et sévère. Voilà que maman s'agite sur son lit, enfonce la tête dans l'oreiller ; elle voudrait être loin, à la maison, devant la fenêtre ouverte sur la variété des montagnes, la Retaia, le Spazzavento, la colline de Fossombrone. Je lui caresse le front, les cheveux, l'oreille. La mère dit : « Tu sais, cette nuit j'ai rêvé que vous étiez tous autour de mon lit, dans cette chambre, tous les sept, et vous me regardiez en souriant, et je vous reprochais de me laisser ici, de me traiter comme une malade, et tu me répondais que j'avais raison, que je pouvais quitter la clinique quand je voudrais. » Ce n'est pas un rêve, petite mère : il est peut-être vrai que tu sois déjà guérie ; demain nous viendrons tous te prendre pour te reconduire à la maison.

Soudain, elle lève les bras, se serre les tempes de ses doigts longs et effilés : le visage est contracté par le spasme, dans l'œil voilé de blanc passe un léger nuage rouge qui disparaît aussitôt derrière la paupière sourcilleuse et humide. Un visage tout à coup plein de rides, creusé par l'atroce souffrance, traversé de frissons nerveux, éclairé de biais par le reflet écumeux du miroir de l'armoire. Puis le spasme s'atténue, le visage se recompose, dans l'œil opaque un éclat noir se rallume. Maman se soulève sur un coude, me regarde longuement, haletante : et le calme revient lentement sur son pauvre visage fatigué, un sourire heureux qui me fait mal au cœur.

DEUXIÈME PARTIE

SENTIMENTS ET VOYAGES

Naissance d'un fleuve

Donaueschingen

Quand Napoléon, après la bataille d'Ulm, disait en souriant que pour casser les reins de l'Autriche il suffirait de remplir de terre la source du Danube, au fond il n'avait pas tort. Quelques soldats armés de pelles auraient fait plus, pour changer la face de l'Europe, que d'énormes masses de troupes et des torrents de sang. Le destin d'un pays est fixé par le cours de ses fleuves : dans la paume de la main aussi, la ligne de vie et la ligne de chance sont bleues.

Ces dragons français, avec leur casque à crinière et leurs cuissards de peau de daim, qui entrèrent un matin d'octobre dans le gros village de Donaueschingen par les routes de Fribourg, de Tübingen, de Freudenstadt et qui s'arrêtèrent pour abreuver leurs montures à la fontaine, juste au-dessous de l'église, en bordure du parc où s'élève le château des princes de Fürstenberg, c'est vraiment très heureux qu'ils n'aient pas su l'allemand. Une pierre encastrée dans le simple petit mur de brique qui entourait alors la fontaine avertissait que c'était là la Donauquelle, la source du Danube. Dans l'air gris et bleu de l'automne, le murmure de l'eau s'élevait doucement comme la respiration d'un enfant ; et aux gestes de soldats se penchant par-dessus le mur pour remplir les seaux, on eût dit qu'ils allongeaient les mains pour étouffer au berceau le fleuve à peine né. Mais les femmes aux fenêtres souriaient sans nulle crainte, regardant les beaux dragons aux épaulettes rouges, courbés autour de la Donauquelle presque semblable à une crèche, parlant fort d'une voix de ténor comme dans une scène de mélodrame, au même rythme que le hennissement des chevaux, le piétinement impatient des sabots sur le gravier sonore. De l'esplanade du château, un groupe d'officiers suivait des yeux les cerfs et les daims qui, légers et insouciants, couraient entre les arbres du parc, le long des étangs peuplés de cygnes. Puis, à une sonnerie de trompette qui ressembla à un appel de cor, ils sautèrent tous en selle et s'éloignèrent au pas par la route qui tourne autour de l'église, continuant leur partie de chasse dans les profondeurs de la Forêt-Noire, sur les traces des habits blancs à perruques de l'archiduc d'Autriche.

À un siècle et plus d'intervalle, le décor n'a pas varié. Dans ce coin de terre germanique compris entre le Rhin et la Bavière (Baden, pays de bois, d'étangs, de rivières et, plus au nord, de vertes collines flottant à l'horizon) l'air qu'on y respire est encore celui, bleu et gris, de l'âge romantique de Schiller. La couleur du temps est restée la même sur les arbres, l'herbe et les eaux, en parfait accord avec le climat heureux d'une époque qui se prolonge, avec l'histoire des hommes et leur destin inquiet. La distance qui sépare cette Germanie *gemütlich* s'estompant en horizons ailés de nuages et de feuillages, comme dans une ancienne estampe (nuages et feuillages, éléments musicaux de la terre où Schiller est né, non loin de Donaueschingen) cette distance qui la sépare de la Prusse bismarckienne et de la *Grosses Deutschland* de Guillaume ne se mesure pas en milles, mais en années. Le voyageur qui remonte des pays transalpins, de la *Klarheit des Südens* vers la douce ombre bleue de la Forêt-Noire n'accomplit pas seulement un voyage romantique au milieu de populations et de pays nouveaux, mais bel et bien un voyage dans le temps vers un âge serein et cher au cœur, noyé au fond de la mémoire. Hier soir, en quittant les rives du lac de Constance, immense conque d'argent pleine de lait, et en progressant vers la sauvage Souabe qui s'étend entre le sillon profond du Rhin et les pentes insensibles où s'attarde paresseusement le jeune Danube, j'avais l'impression de remonter vers les origines d'une époque incertaine où prend forme et couleur l'image d'une Europe mythique dédiée aux fables et aux idylles. La lune sur la Forêt-Noire dévoilait des golfes d'ombre et des arcs inattendus de lumière sur la vaste mer du feuillage. Des tours et des murs crénelés sur les hauteurs, sombres avant-gardes des châteaux des Hohenstaufen et des Hohenzollern, m'apparaissaient de temps en temps au fond d'une vallée, en raccourci à chaque tournant de la route, rendant plus vif le contraste avec les tendres contours des bois aperçus de loin en loin du sommet d'une colline. Pas un souffle de vent : il manquait à ce décor romantique la magie d'une musique d'herbe et de feuilles. Dans la transparence lunaire, la ligne de l'horizon se découpait, précise et proche, froide et silencieuse, comme à travers une longue-vue. Pas un murmure d'eau alentour, pas une voix de fontaine ou de ruisseau.

Mais ce matin à mon arrivée devant le parc où se dresse le château des princes de Fürstenberg, la présence de l'eau m'est soudain révélée par un son diffus, comme le bourdonnement d'une immense ruche. Le garde-chasse qui m'accompagne me dit : « C'est la source du Danube. » Oh ! beau

Danube bleu, aucun fleuve n'a plus noble berceau. Dans une grande vasque ronde, entourée d'une balustrade de marbre, l'eau se rassemble de cent sources qui jaillissent du fond, rendues à peine visibles par une palpitation du sable évoquant la respiration rythmée d'un sein. Un groupe de statues, noblement disposées en des attitudes classiques sur un haut piédestal de marbre, revêt d'un reflet blanc le miroir de l'eau qui se ride légèrement : le jeune Danube, avec une grâce fière, s'abandonne dans les bras de sa Mère qui lui montre du doigt au loin, par-delà les épaisses forêts couronnant Donaueschingen, le chemin de la plaine et de la mer. Ici jaillit, dit l'épigraphe sculptée à la base du monument, la Donauquelle, la source du Danube. Le cadre est si pur dans sa précieuse ingénuité archaïque, dans les lignes conventionnelles de la balustrade, des statues, des ornements de marbre, que j'ai la sensation de me trouver sur le seuil d'une Nymphée. Architecture que j'appellerais bodonienne : le style est celui de certains frontispices de Bodoni, composés avec cet art un peu froid, aulique en même temps que familier, qui s'inspire, avec une égale indifférence noble, de tristes ou d'heureux événements : noces, baptêmes, funérailles ou couronnements.

Cet aspect des choses porte le signe d'une civilisation fatiguée, déjà sur le point de se faner : il y a quelque chose d'automnal dans ce goût seigneurial des perspectives d'arbres, de bassins et de statues, dans cette conception théâtrale de l'harmonie, dans cet ordre composé où l'équilibre des masses, des pelouses, des bois, de la façade du château est obtenu par de minces moyens, rien de plus que la qualité d'un ton, d'une touche, d'un accent, un vase de marbre, la statue d'une nymphe, un cerf immobile qui se profile sur le fond rouge des tilleuls. La musique de l'eau, présente et vivante en chaque élément du paysage, rythme la décadence de cette civilisation de cour dont le parc de Donaueschingen semble être le dernier refuge : un rythme lent de valse, quelque chose comme un écho de danses viennoises loin au fond de la mémoire et du temps. On se prend à penser ici plus à Schoenbrunn qu'à Versailles ou à Sans-Souci. Les images effacées de la Felix Austria que j'ai vues ce matin au musée de famille des princes de Fürstenberg, vieilles estampes de batailles, de bals, de chasses, de fêtes, portraits de roses archiducs serrés dans des tuniques blanches, miniatures de princesses au visage triste et ingénu, à côté des fameuses douze planches de la Passion Grise d'Holbien et des portraits de Luther et de Mélanchthon peints par Lucas Cranach, toutes les images de cette Autriche élégante, sceptique et souriante, beaucoup plus proche de la France de Le Nôtre et de Watteau et de l'Italie de Palladio et du Tintoret que de la Prusse de Frédéric, je les retrouve comme en surimpression, comme des reflets, dans la couleur de ces arbres, dans ce fond de pelouses et d'étangs, et je vois s'agiter des archiducs, s'avancer des princesses et des dames de cours entre les statues et les balustrades de marbre, parmi les cerfs, les daims et les cygnes du parc, les garde-chasses solennels en habit vert, aux épais favoris blancs, une longue plume au chapeau de feutre et une immense pipe en faïence reposant sur la poitrine. L'Autriche est morte. Mais ce qu'il y avait de splendide et de bonhomme dans le ton, la couleur, les sous-entendus de cette civilisation subsiste dans ce coin du pays de Bade, antique fief des princes de Fürstenberg, dans ce lambeau de Germanie où le Danube prend sa source. La capitale de la Felix Austria n'est plus Vienne : c'est Donaueschingen.

Le cours du jeune Danube est sinueux et lent comme un vers de Schiller. Entre ses rives molles, en un jeu d'ombres et de lumières qui se poursuivent sur le sable doré du fond, le fleuve, presque un ruisseau, se perd en capricieux méandres parmi les pelouses, s'attarde sous les arbres à tenir compagnie aux allées ombreuses des tilleuls, s'approche timidement des petits lacs peuplés de cygnes, et cent ruisselets le suivent, le rejoignent, se confondent dans son lit. Le miracle de la naissance du fleuve s'accomplit tout entier dans cet espace étroit, entre les limites du parc. Des cerfs et des daims paisibles se penchent pour boire sur ses bords, sous les yeux froids des statues et le regard solennel des garde-chasses fumant la pipe de faïence. Oh ! beau Danube bleu, voici l'heureux temps de ta jeunesse. D'ici peu, quittant ton cortège de cygnes, tu pénétreras dans la forêt et tu t'en iras tout troublé vers la mer.

SENTIMENT DE LA TOSCANE

Toscane imaginaire

J'ai au-dedans de moi des villages, des files de cyprès qui s'avancent à la rencontre de résidences et d'églises, des collines pierreuses, des places de Prato, de Pistoie, de Florence, des tournants de routes qui montent dans la vallée du Bisenzio, tous les aspects coutumiers de mon heureux pays toscan. J'ai en moi la nature de nos terres maigres, les mottes de glèbe sombres, les grands chemins qui poudroient, les genêts jaunes sur la colline, les grèves éclatantes de blancheur sous le soleil entre les hautes digues, le Bisenzio, l'Arno, l'Ombrone, les façades des résidences et des églises, avec les blasons, les frontons, les cadrans solaires, les bandes de marbre vert : j'ai en moi, vive et variée, toute la nature de nos terres.

Prodigieux pays. Le peuple inquiet qui s'agite dans l'immuable sérénité de cet antique climat est toujours le même qui un jour, comme il vagabondait, vit jaillir du sein de la terre, sous la forme d'un enfant, le bon génie familier des Étrusques, patrons des Toscans très anciens et modernes : et il apprit de lui, passée la première méfiance, la sagesse et les artifices. Les femmes de ce peuple, pas encore fatiguées d'une maternité millénaire et ininterrompue, donnent des fils expérimentés raisonneurs et très ennuyés : femmes-mères sveltes, aux flancs étirés, aux genoux hauts, le sein dur, le geste prompt, l'œil froid, la main petite et osseuse. Leurs hommes sont secs et pâles, colériques tant par malice que par jeu, attentifs et rusés, libres et gais, experts en tout changement d'époque et de coutume. Hommes maigres et immenses ciels ouverts.

Personne n'est plus raisonneur et diplomate qu'eux. Ils ont tous, même les plus embourbés dans les terres basses de Tavola et d'Aiolo et les plus agrippés à l'échine aride et pelée de la Calvana, un peu de cette ironie subtile et accommodante que les Grands-Ducs avaient l'air de considérer comme terrienne et non politique, au sens classique du terme : merci à eux ! En vérité les paysans, les bergers, les bûcherons de ces lieux ont un sens de la fatalité qui relève de l'expérience du courtisan : ils la craignent et lui font la cour plus par bienséance et par habitude que par conviction. Il y a quelques années encore ils croyaient aux prodiges, aux envoûtements, aux sortilèges et ils savaient également en user, affectant cependant d'en rire par courtoisie obligatoire à l'égard des mœurs du temps, mais sans négliger d'accomplir secrètement les exorcismes d'usage. Les amours, les haines, les amitiés de ce peuple sont telles que sous tout autre climat elles apparaîtraient illicites et inconvenantes, car la malice chez eux l'emporte sur les passions et tout sentiment d'amour ou de haine évolue du naturel au politique, ce terme étant toujours utilisé dans son sens classique. On ne s'étonnera pas non plus que les troubles et les massacres soient nés dans le passé de cette espèce de malice anacréontique : « chose faite à force de loi », dit l'italien des *Chroniques*.

Les vieux de la région de Prato croient encore que l'Enfer a sa maison à peu de distance de Prato et que Dante est entré dans ce monde poétique par une carrière de marbre vert, aujourd'hui abandonnée, au fond de la pinède de Galceti. Je respecte cette tradition susceptible d'entretenir l'espoir de tous ceux qui s'imaginent marcher sur les traces d'Orphée. Mais les vallées, les grottes, les bois, les monts de cette heureuse partie de la Toscane sont désormais sans mystère ni pudeur, profanés dans leurs refuges les plus cachés par la curiosité des hommes. On découvre partout un air d'humanité et de familiarité, un soin attentif dans la manière de disposer les maisons, d'étager les vignes en gradins au flanc des collines, d'aligner les cyprès, d'effacer tout vestige de la primitive innocence de la terre. Même lorsque de loin le pays apparaît âpre et fier, on s'aperçoit bientôt que cette apparente sécheresse est trompeuse et que de près tout porte le signe d'une séculaire discipline, offre à voir des bois truffés de statues et de jeux d'eau là où l'on avait imaginé des forêts sauvages et des sources jaillissantes, des églises et des bourgs là où l'on attendait des vallées désertes et des rochers.

Nulle grotte inexplorée, nulle faille dans la montagne par où entrer dans le ventre de la terre. À chaque pas l'espérance se change en désenchantement. Forêts, jardins, champs, vallées, cimes, fleuves et tas de pierres ont l'air d'être des éléments architecturaux de l'époque des Grands-Ducs, disposés autour des villes, à distance étudiée pour des raisons de perspective si alléchantes que la nature elle-même ne refuse pas d'entrer dans ce jeu architectonique et contribue à composer les décors d'une comédie depuis longtemps finie. Les champs d'iris sont si serrés sur les Sacca et, plus bas, vers la demeure des Da Filicaia que même les lieux demeurés vierges d'artifices semblent arrangés par la fantaisie arcadienne d'un jardinier du Grand-Duc. Impossible de trouver un sentier qui ne débouche pas sous une tonnelle ou au centre d'une couronne de cyprès isolant un banc de marbre. Aucune surprise n'attend les curieux et les esprits fantasques tant il y a de civilité dans l'habitude qu'ont les rangées de ceps et d'oliviers d'aller finir sur le bord des aires et des parvis. La courtoisie des paysans et des prieurs de campagne ne peut rien pour remédier à l'avarice de cette terre, pauvre en éléments surnaturels. Et les vieillards eux-mêmes, bien qu'ils croient encore que l'entrée de l'Enfer doit se trouver par là, ne s'aventurent à parler du diable qu'en certaines saisons, quand les collines, les champs, les fleuves, les bois et le ciel inquiet sur le vert varié qui s'étend d'une montagne à l'autre leur rappellent par des signes et des prodiges le voisinage dangereux du royaume infernal.

Prodiges et signes évidents. Quand vers le couchant la cuvette de Pistoie se remplit d'or et de sang et que les premières étoiles montent en tremblant dans le ciel clair au-dessus des chênaies de la Retaia, le vent, tapi dans les ravins de la Calvana, se précipite en hurlant au ras de l'échine des monts et soulève des nuages de poussière sur les grèves du Bisenzio et sur cent chemins de la plaine pratéenne. Des collines des Secca et de Santa Lucia, les cyprès, que le vent aiguise comme des flèches, décochent leurs traits à chaque rafale contre les nuées denses et épaisses qui des cuvettes de Vaiano et de Figline montent vers la cime nue et solitaire du Spazzavento. La pinède de Galceti fume comme si les grottes du Monteferrato vomissaient des flammes. Les bûcherons et les ouvriers des fours de Figline entendent les coups de marteau sur les enclumes souterraines et se terrent dans les maisons que la lueur des cruchons de cuivre éclaire. Dans les vignobles de la plaine, le vent court d'une file de ceps à l'autre en soufflant dans les joncs et module des gémissements qui paraissent humains. Les miroirs se ternissent et les bœufs dans les étables soufflent une lourde haleine qui empeste le soufre. À peine jailli du pis des vaches, le lait se caille dans les seaux, l'eau des puits se trouble. Celui qui plonge alors les yeux dans les gouffres du Rianoci et du Riabuti voit les étoiles en monter et surgir peu à peu de l'ombre inférieure comme d'un ciel très profond. Les pierres tombent dans l'eau sans un bruit et les moutons assoiffés bêlent de colère, détournant le museau de la surface immobile de l'eau, semblable à du verre.

L'herbe a d'étranges reflets pourpres, d'immenses abîmes s'ouvrent dans le ciel. Les sources des Secca, de la colline du Fossino, de Santa Lucia, de Palco, de Filettole cessent tout à coup de couler, comme desséchées par un grand feu souterrain. Les bergers et les bûcherons lèvent le visage vers le Spazzavento et les femmes s'asseyent en cercle dans les cuisines, tressant la tresse et récitant le rosaire, tandis que l'huile tombe goutte à goutte des lampes suspendues comme si la maison tremblait. Dans le ciel clair, du côté de Pozzo a Caiano, des éclairs bleus cherchent les campaniles parmi les verdures. « La terre oscille », disent les vieillards. Il semble que d'un moment à l'autre une voix énorme va sortir de la vallée du Bisenzio et prononcer les mots que personne ne souhaite entendre de son vivant. Les animaux ont d'étranges cris : les oiseaux choient de tout leur poids entre les sillons et restent là à trembler, déplumés et gonflés, sous le vol rasant des chauves-souris. Les bûcherons restés dans la montagne se hâtent alors de jeter la serpe et de fuir la forêt pour ne pas entendre les plaintes que poussent les branches coupées : ils ont peur que le fer soit souillé de sang.

Sagesse des Grands-Ducs ! Je ne peux me les figurer, ces oncles d'Amérique qui étaient chez eux au palais Pitti, que couronnés de grosses perruques retombant sur les épaules comme des saules pleureurs et capricieusement tirebouchonnées sur les fronts blancs sillonnés de rides. C'est le Bernin qui doit les avoir dessinées, ces rides, disposées comme les plis d'un habit de satin et certainement Magalotti les a comptées une à une, lui qui est toujours si attentif aux secrets de la nature et aux avantages de l'administration grand-ducale. Les bouches larges poussent en avant des lèvres gonflées, roulées sous le nez et dans la dépression du menton comme des lèvres de masque baroque. Les yeux semblent laqués, tout écarquillés sur la grâce des jardins toscans et sur les visages subtils des courtisans florentins ; et leurs oreilles ouvertes aux rumeurs, aux chuchotements, au moindre souffle, à la malignité, aux louanges, aux mots discrètement glissés, aux discours académiques et aux plaisanteries malicieuses, m'apparaissent de loin comme des coquillages encastrés dans des têtes d'albâtre, coquillages où l'eau de l'Arno gronde comme la mer. Grands-Ducs paternels qui ont toujours régné sur tous les recoins de Toscane, à l'exception de la terre de Prato.

J'ai beau me retourner, explorer la campagne pratéenne et les rues de la ville, les années poussiéreuses et grises de l'ennui sage et maniéré des Médicis et de la maison de Lorraine, les chroniques familiales de mes concitoyens, je n'arrive jamais à voir pointer au sommet de la grande route de Coiano ou au haut de la rue des Teinturiers, au tournant des Capucins, à l'angle du Poder Murato, ou sous la Porte de la Sainte-Trinité ces chères grosses perruques tirebouchonnées et cascadantes qui s'harmonisent si bien, ailleurs, avec l'heureux pays toscan, avec la pierre polie des maisons de Lucques, ou jaunâtre des palais de Sienne, avec la noble courbe du Casentino ou les reflets de soie du ciel pisan. Mais bien que les Grands-Ducs ne soient pas pratéens et que les rares fois où ils sont venus à Prato en carrosse de gala ils ne nous aient laissé que des promesses à tenir, des dettes à payer et des lumières à éteindre, leur prudence doit nous inspirer de la gratitude.

En effet, ce qui pourrait à première vue apparaître seulement, dans la grâce de cette partie privilégiée de la Toscane, comme un artifice de l'imagination arcadienne d'un quelconque jardinier grand-ducal préoccupé de composer avec les rivières, les arbres, les collines, les églises et les demeures un agréable décor trompeur pour la traditionnelle comédie de Mélibée, Tityre et Amyntas, est peut-être, à y bien penser, une très sage invention de la politique paternelle des Grands-Ducs. Cet air d'humanité et de familiarité, cette manière bien de chez nous de ciseler les vignes et d'aligner les cyprès sont certainement les signes d'un art providentiel et soucieux du bonheur des peuples : un art qui sans doute sert à dissimuler autre chose.

Personne d'entre nous Toscans, si la nature infernale de notre terre nous apparaissait soudain telle qu'elle est sous le masque des artifices, ne consentirait à vivre encore en ces lieux : le peuple mettrait le feu aux maisons et chercherait refuge sous des cieux plus sereins. Nous reverrions le désert là où se trouvent aujourd'hui résidences et jardins, et les marais là où se dressent désormais églises et palais. Les vallées s'empliraient de fumée, les mottes de terre redevien-draient jaunes de soufre et le génie familier des Étrusques, l'enfant-patron des Toscans très anciens et modernes, se promènerait de nouveau à travers le pays dépeuplé, racontant à voix haute, inutile prophète, l'histoire des Troyens, de Fiesole et de Rome.

Aujourd'hui on vole

Un dimanche matin que j'étais allé à Florence avec Bino Binazzi pour assister sur le Champ de Mars aux prouesses de l'aviateur Manissero qui, justement ces jours-là, révélait aux Florentins l'art de Dédale et les folies d'Icare, les rues m'étaient apparues gaiement ornées de banderoles de toile blanche qui portaient écrit en grandes lettres rouges : « Aujourd'hui, on vole. » Il y en avait dans la rue Cerretani, dans la rue Cavour, dans la rue Calzaioli, sur les quais, et je me souviens de l'une d'elles, immense, tendue d'une rive à l'autre de l'Arno près du Ponte alle Grazie, avec un « Aujourd'hui on vole » énorme, flottant à mi-hauteur et se reflétant dans l'eau jaune comme le fameux *in hoc signo vinces* au-dessus du pont Milvius.

Je m'attendais d'un moment à l'autre à ce que la ville entière de Florence s'envolât allégrement parmi les nuages comme une montgolfière, avec ses tours, ses campaniles, ses toits rouges, ses statues, les tubes de ses cochers et sa coupole dodelinante. Les Florentins scrutaient le ciel, penchés aux fenêtres, devant les portes, sur le seuil des boutiques pour sentir d'où soufflait le vent et humer d'odeur de pluie ou de beau temps qu'il apportait. La terreur générale, c'était la tramontane, ou vent de Bologne, beaucoup plus fier ennemi de l'« Aujourd'hui on vole » que n'auraient pu l'être le sirocco, appelé aussi vent d'Empoli, ou le pétrarquisant vent du nord-est, qui souffle d'Arezzo, ou le vilain vent de Pistoie tout en caresses de « doux style nouveau », celui-là même qu'exhalent les ballades de Cino.

Par bonheur, ce matin-là, le ciel était pur, l'air tranquille ; les arbres du Champ de Mars ne remuaient pas une feuille et les profils des collines semblaient gravés dans le verre, tant ils étaient nets et tranchants. « Tu verras qu'aujourd'hui, c'est pour de vrai qu'on vole », me dit Binazzi en souriant. Cet « Aujourd'hui on vole » était devenu une sorte de proverbe populaire, une expression en vogue sur les lèvres de tous les Florentins, je veux dire ceux de Palazzolo, de San Frediano, de San Lorenzo, de Santa Croce. Un dicton des rues qui sortait de la bouche à toute occasion, commentaire à la petite chronique, sentence galante et bouffonne : pour un canotier que le vent faisait rouler sur le pavé, pour un parapluie qu'une rafale retournait à un carrefour, pour une jupe qui remontait entre deux genoux ou flottait comme un drapeau sur la croupe d'une fille. La mode d'alors mettait sur la tête des femmes certains énormes chapeaux aussi larges que les robes étaient étroites, *à entrave* ou, comme disaient les puristes du *Marzocco*, en usant du terme italien, jupes *con l'impaccio*. Parmi les innombrables prétextes à plaisanteries des gamins de Florence, cette bizarre manière de s'habiller était leur préférée. Et de ce temps des premiers aéroplanes, de cette époque révolue et joyeuse, les ailes immenses de ces chapeaux et cet « Aujourd'hui on vole » me sont restés dans le cœur comme les ailes de mes premiers songes, comme l'épigraphe malicieuse et bonhomme de mon adolescence.

Nous nous rendîmes au Champ de Mars : déjà Manissero s'était pelotonné sur le siège de l'appareil (un étrange assemblage de tubulures entrecroisées et de toile qui ressemblait à du papier, ce à quoi s'ajoutait un petit moteur qu'on aurait pris pour une grosse mouche épinglée juste derrière les épaules de l'aviateur) déjà l'immense foule retenait son souffle dans l'attente du miracle, quand l'herbe du pré se mit à ployer le cou, les feuilles des arbres à remuer ; certains petits nuages blancs pointèrent sur le devant du mont Morello et les cheveux des femmes s'ébrouèrent comme des volailles sur l'échafaudage des fausses tresses. À ce zéphyr inattendu, à cette brise importune, Manissero sauta de son siège, fit un signe amical à la foule de sa main gantée de peau, enleva avec peine son grand casque barbare de cuir et d'étoupe et dans le haut des tribunes apparut une bande de toile portant écrit : « Pour cause de temps incertain, aujourd'hui on ne vole pas. » Plus certain, le temps n'aurait pu l'être : une magnifique journée de printemps, le paradis sur la terre. Mais il y avait ce délicat zéphyr, ce souffle suave, cette brise parfumée qui venait gâter la fête.

Je retournai à Prato le cœur triste et restai quelques jours silencieux et honteux. Mais le jeudi matin, quel bonheur, le bruit commença à se répandre dans les corridors du collège Cicognini que le dimanche suivant, si le temps s'était définitivement rasséréné, Manissero tenterait un *raid* de Florence à Prato. Quelque chose comme trente kilomètres aller et retour, une vraie folie. Dès le samedi, toutes les rues de Prato, rue Magnolfi, le Corso, rue des Oies, rue Agnolo Firenzuola, étaient tendues de grandes banderoles avec le fatidique « Aujourd'hui on vole » et le dimanche vers midi un flot de peuple des environs envahissait la ville par ses cinq portes. Il en venait de la vallée du Bisenzio, de Montemurlo, de Galciana, d'Aiolo, du Val de Marina. À trois heures, la place du Dôme et le Mercatale étaient combles jusqu'aux toits d'une foule hurlante, le nez en l'air et le front pâle, moite de sueur. J'étais avec le collège Cicognini, au milieu de la troupe frémissante des élèves que ni le regard sévère du bon préfet des études Giorgi ni les rappels à l'ordre étouffés des professeurs n'arrivaient à faire tenir tranquilles. On entendait tout alentour les syllabes d'un mot nouveau passant de bouche en bouche : « l'aéroplane, l'aéroplane », mot qui semblait trop délicat pour ces épaisses lèvres de paysans ébaubis. Ce mot forgé par d'Annunzio – *velivolo* – était encore neuf à cette époque ; il sentait encore le vernis et il était doux au palais comme une saveur de menthe. La clameur s'élevait très haut, mais pas au point de couvrir la voix, près de moi, de Lanino qui flairait l'air et disait : « Il vento, come fa, si tace » (le vent, comme il fait, se tait) et celle de Carlo Fontana qui déclamait : *Nunc est volandum, nunc pede libero pulsanda…* mais il s'arrêtait à temps, car parler de *pulsanda tellus* à propos d'un homme volant lui paraissait de mauvais augure.

Soudain une aile blanche parut dans le ciel bleu, vers Campi Bisenzio ; l'oiseau de tubulures et de papier grandit, se rapprocha, se balança au-dessus de la place du Dôme. Un hurlement unique, immense, hurlement de peur plus que de joie : puis un silence inattendu, un silence plein d'angoisse. Manissero était peut-être à deux cents mètres de hauteur, et cela paraissait miraculeux. Non parce qu'il volait, mais parce que c'était juste au-dessus de Prato qu'il volait, dans ce ciel vierge de Prato que seuls les aigles avaient violé jusqu'à ce jour. Tant qu'il s'agissait de voler dans le ciel de Florence la chose était plus que normale : certains événements, à Florence, se comprennent, sont légitimes, sont dans la logique de l'histoire. Mais à Prato ! À Prato où depuis des siècles aucun miracle ne s'est produit, ni dans le ciel, ni sur la terre, et particulièrement dans le ciel. À Prato où il semblait que plus rien de miraculeux ne dût jamais se produire, serrés que nous étions depuis des siècles entre l'orgueil de Florence et la jalousie de Pistoie, sacrifiés, relégués au rang de parents pauvres, dépouillés non seulement de tout ce que nous avions, ce à quoi il n'y avait pas grand mal, mais de tout ce que nous aurions voulu avoir. Et voilà que Manissero volait dans notre ciel, dans ce ciel méprisé et envié, dans ce ciel pratéen ; et, à ce qu'il semblait, il y volait mieux que dans le ciel de Florence, mieux qu'en n'importe quel autre ciel de Toscane. Oh ! ma mère, quelle minute ! À un certain moment, la foule avait eu le soupçon que Manissero nourrissait l'intention d'aller plus loin, de pousser une pointe jusque dans le ciel de Pistoie. Dans le ciel de Pistoie ! Chacun avait retenu son souffle, était resté en équilibre sur une seule jambe, le cœur suspendu ; beaucoup avaient déjà sorti leur clef, beaucoup déjà avaient crispé les lèvres, prêts à siffler violemment ce traître de sale oiseau. Mais l'homme volant infléchit soudain son vol et après une confortable petite virée au-dessus de la ville se dirigea bel et bien vers Florence.

Quel nouveau hurlement ! La joie des Pratéens explosa comme une mine. C'est le cas de dire que nous avons tous ce jour-là touché le ciel du doigt. Je ne comprenais plus rien, je me sentais pratéen jusqu'à l'os, plein d'orgueil pour ma terre et mon ciel, par-dessus tout pour mon ciel. Rentré à la maison, je m'enfermai à double tour dans ma chambre et me mis à déclamer l'ode de Vincenzo Monti *À Monsieur de Montgolfier*. « Quand Jason du Pélion... » Il me semblait avoir la fièvre ; je m'accoudai à la fenêtre, regardant le ciel déjà sombre, et je pensais que Monti était beaucoup plus grand que Dante, beaucoup plus grand que l'Arioste, enfin plus grand que Sem Benelli tout pratéen qu'il fût. La nef de Jason, le sein de Thétis, la montgolfière de Robert, comme l'appelle Monti pour raison de métrique, l'aéroplane de Manissero, les filles de la Doride, Neptune qui, sous l'effet de la surprise, lâche la bride aux verts pieds ailés se confondaient dans mon esprit avec la foule hurlante des Pratéens, et je criais : « Applaudis, ô Prato stupéfaite, la volante nef ! » L'invocation à l'art admirable de Sthallio et de Black éclatait sur mes lèvres et, me tournant vers les pouvoirs de la chimie, je m'exclamais : « Périsse le stupide cynique, quelle frénésie t'appelle. » Je m'imaginais Manissero qui dans les viscères des corps l'âcre regard aventurait, imposant trêve à la fureur des hypothèses enrouées : moi aussi je l'invoquais, l'appelant humaine dépouille qui forçait des tempêtes le règne et s'élevait pour du ciel violer les espaces déserts. Au-devant de sa machine volante de tubulures et de papier, je voyais les étoiles les plus lointaines apporter leurs vierges lumignons timides. Gloire à toi, Manissero : déjà ton audacieux exemple entraîne les plus réticents, déjà cent ballons du ciel entreprennent la conquête. Que veux-tu de plus ? lui demandai-je. De la mort même briser le dard et de la vie boire le nectar avec Jupiter au ciel.

Finalement lassé de répéter l'ode à M. de Montgolfier, je m'enfilai sous mes draps en déclamant l'Iliade dans la traduction de Monti, le passage où les Achéens, pleins de férocité, s'approchent des murs et où les Troyens ayant barricadé les portes, se préparent à repousser l'assaut. Jusqu'au moment où, vaincu par le sommeil, je rêvai que l'armée achéenne, parvenue sur les murailles d'Ilion (que je me représentais de loin comme l'enceinte de Prato) s'arrêtait stupéfaite devant le spectacle insolite d'immenses bande-roles de toile blanche, tendues d'une tour à l'autre, portant écrit en grandes lettres rouges : « Aujourd'hui on vole. » Et voici que soudain la cité de Priam décollait lentement de terre, flottant dans l'air avec toutes ses bannières au vent, toutes ses colonnes de marbre, et s'envolait loin dans le ciel clair, oscillant légèrement sous l'effet de la brise qui soufflait de la mer.

Achille se précipitait au-devant d'elle en criant : « Arrête, arrête ! » et il avait l'accent de Pistoie. Tandis que le vénérable Priam, du haut des Portes Scées, lui répondait tout doux tout doux : « Trop tard. » La voix des Pratéens quand ils prennent leur vol.

Miltiade

Si je devais faire le portrait d'un Toscan exemplaire, à l'ancienne mode, simple, loyal, finaud, bonhomme et sage comme seuls savent l'être les Toscans, je ferais le portrait du mari de ma nourrice, Miltiade Baldi, Pratéen. En réalité, tout le monde à Prato l'appelle Mersiade et je dirais qu'aucun nom de héros grec n'a jamais été mieux traduit en italien. Combien plus humaines, plus familières nous apparaîtraient la grandeur du vainqueur de Marathon, sa magnanimité, sa prudence, si lui aussi s'était appelé Mersiade, comme le mari de ma nourrice ! Dans la traduction latine et italienne des noms de héros grecs, le caractère même de ces personnages mythiques semble s'adoucir : il devient plus simple, plus cordial, plus en harmonie avec notre climat, notre génie, la nature quotidienne de notre histoire et de notre civilisation. J'irais jusqu'à avancer que ce déplacement de l'accent dans les noms passés du grec au latin est un signe évident de notre conception plus humaine, je dirais presque plus domestique de l'héroïsme. Et c'est peut-être pour cela que je n'ai jamais pu penser à Miltiade, à sa prudence, à sa bonté, si l'on peut appeler bonté la sagesse des anciens, sans lui donner le nom toscan, voire pratéen, de Mersiade et sans me l'imaginer tel que j'ai connu le mari de ma nourrice, c'est-à-dire un homme au cœur d'or, aux gestes mesurés, aux yeux francs et sereins sous un front haut et pur.

Comme il arrive aux plus illustres maisons d'Italie qui se retrouvent souvent dans le peuple, les Baldi sont à la fois nobles et vilains. Parmi les anciennes familles de Prato, à côté des Dagomari et des Guazzalotri, figurent les comtes Baldi di Vernio, seigneurs de la Rocca di Cerbaia dans le Val Bisenzio, tantôt amis, tantôt ennemis de la terrible comtesse Mathilde, la Mathilde de Canossa, de pieuse mémoire : et ils ne sont certainement pas plus anciens que les Baldi paysans qui depuis neuf cents ans labourent et ensemencent la plaine pratéenne entre le Bisenzio et l'Ombrone.

Neuf siècles de fidélité tenace à une terre originellement ingrate, sablonneuse, avec des zones de marécages ici et là entre Tavola et Aiolo jusqu'à ces dernières années, et aujourd'hui encore avare pour les avares et, selon les années, fangeuse ou poussiéreuse. En neuf siècles, pas un Baldi n'avait trahi son champ et son sang pour tenter fortune par les armes ou le négoce. Mais vers la fin du siècle passé, quand le ferment laissé dans les esprits par les luttes pour l'indépendance nationale eut suscité des instincts nouveaux et un désir de changement et d'aventures chez les Italiens du peuple, à Prato comme ailleurs affluèrent en masse des campagnes les paysans attirés par l'espoir d'un gain facile dans les fabriques et les ateliers. Parmi eux, ce Mersiade, encore tout jeune : le premier Baldi en neuf siècles qui trahissait la terre. Il vint en ville se mettre en apprentissage, resta plusieurs années chez un forgeron comme garçon de peine, devint ouvrier mécanicien à la filature de Campolmi, gagna de l'argent, le mit de côté sou par sou pour s'acheter une enclume, un soufflet, un petit tour à pédale, ouvrit boutique et se mit à travailler à son compte.

Cinquante ans durant, il a chauffé au rouge, battu, plié, limé des pains de fonte, des barres de fer, des plaques de zinc dans son antre ténébreux face à l'Assistance publique : son atelier était à l'intérieur des murs, mais pendant cinquante ans il ne s'était jamais décidé à loger en ville. Il était toujours resté hors des portes, d'abord au Soccorso, puis au-delà de la porte du Sérail, enfin au-delà de la porte de la Sainte-Trinité. Et j'ai grandi dans la famille de Mersiade presque à la campagne au milieu des jardins potagers faubouriens, respirant dès mes premiers jours l'air vif et doux des champs, la bonne odeur de terre qui collait à Mersiade, sur sa peau, dans ses moustaches, ses cheveux, les coutures de son habit de travail. Ni la suie ni la graisse, la limaille de fer et la poussière de charbon n'ont jamais réussi à vaincre cette bonne odeur d'herbe et de glèbe.

Bien qu'il fût devenu un ouvrier comme les autres, Mersiade était demeuré obscurément fidèle à ses origines paysannes, conservant intacte dans son cœur la connaissance des mille petits secrets de cette magie qui fait mûrir les blés et croître les arbres. Il savait quand il convient de semer, quand repiquer les oignons, les choux, les haricots, la salade, quand faucher le foin, battre le grain, transvaser le vin nouveau. Il connaissait l'influence de la lune sur le ver à soie, sur les oliviers, sur le trèfle et les rapports des astres avec la pluie et le beau temps. Il savait faire une flûte d'un roseau, de petites boîtes avec les coques de noix, des perruques et des vêtements de poupées avec la barbe et les feuilles de maïs. Il imitait le cri de toute espèce d'oiseaux et au cours de nos promenades du dimanche du côté de Filettole ou de Galceti, il me disait « C'est une grive, c'est un pinson » et les oiseaux lui répondaient et je rentrais à la maison aussi heureux que si je m'étais promené au paradis.

Je l'aimais comme un père et lui m'aimait certainement plus que ses quatre enfants. Il était jaloux de tout le monde, même d'Eugenia, et je parie qu'il souffrait lorsque cette chère dame, qui fut pour moi comme un second mère, me donnait le sein. Il devait maudire le destin de ne pas l'avoir fait naître avec des tétons florissants. De son amour jaloux et enthousiaste je garde un souvenir lié à mon accession au Parnasse. J'avais treize ans, Sem Benelli, pratéen comme moi, avait promis de venir à Prato pour assister à une représentation du *Banquet des bonnes histoires*, et le comité de la ville constitué dans le but d'assurer au poète les honneurs publics qui lui étaient dus m'avait choisi pour apporter à Benelli le salut de la jeunesse studieuse au collège Cicognini, un salut en vers bien entendu. Outre la représentation du *Banquet* au théâtre Métastase, le programme des festivités comprenait une cérémonie officielle à la mairie, avec de nombreux discours, la déclamation de mon poème et un morceau d'éloquence du poète ou, comme l'appellent les Pratéens, de notre « Semme ». La salle était comble. J'étais sur l'estrade des notables, en culottes courtes, pâle, mortellement honteux, les vers de ma pièce lyrique me battant aux tempes et je me sentais sur le point de m'évanouir d'un moment à l'autre. Quand Dieu le voulut, ce fut mon tour et je commençai à déclamer :

> *Oh ! Prato mère d'un tel fils*
> *Tout enclose en l'enceinte de tes murs*
> *Qui virent Cardona et le lis rouge*

Et je continuais en appelant Benelli « radieux phare en une nuit si noire ». Dans la salle un silence sépulcral régnait ; mais j'entendais dans ce silence de tombeau, moi seul j'entendais le souffle oppressé de Mersiade ; je le cherchais des yeux sans parvenir à deviner dans quel coin il s'était bien caché, tremblant et haletant d'angoisse.

Quand j'arrivai à la conclusion et entonnai :

> *Oh ! Benelli, de Prato gloire éternelle,*
> *Haut signe de savoir et de vertu,*
> *Doux Seigneur d'harmonieux chant,*
> *Oh ! mon Chantre, mon Maître salut !*

un ouragan de hourras et d'applaudissements s'éleva dans la salle. L'édifice entier trembla sur ses bases, il me sembla que la terre s'entrouvrait et je ne m'aperçus même pas que Benelli me serrait dans ses bras en me donnant un baiser et je ne revins à moi qu'au moment où le silence se rétablissait peu à peu. Or voici que tout à coup, avec un cri formidable, un homme aux épaules énormes, au visage flamboyant, aux moustaches tombantes, aux cheveux en désordre, bondit du milieu de la foule comme poussé par une catapulte, lève les bras et d'une voix tonnante : « C'est moi qu'il a tété, c'est moi qu'il a tété ! » Le public en délire fit chorus avec un rugissement d'orgueil maternel.

Bino Binazzi qui était près de moi sur l'estrade me disait plus tard que ce cri de Mersiade lui avait suggéré l'image d'un nourrisson pendu au sein florissant d'un ouvrier herculéen, au cou de taureau et aux bras de lutteur. Et cette image ne me déplaît pas, si l'idée que je me fais de moi-même n'est pas totalement fausse. Je suis un Baldi moi aussi, dans la mesure où le lait des nourrices se change en sang dans les veines du nourrisson. Je dois à Mersiade, à son exemple, à son enseignement, à la légende de sa vie, le côté sobre et terrien de mon caractère. Je lui dois d'être un homme à part, un Toscan en un certain sens. La grammaire que Mersiade m'a enseignée s'est révélée bientôt aussi utile que celle que j'ai apprise au collège Cicognini. Et si je n'ai jamais douté de l'amour qui est à l'origine de toutes les choses humaines, même les plus tristes et les plus malfaisantes, c'est à lui que je le dois, à sa grande simplicité de cœur, à sa dignité dans la bonne comme dans la mauvaise fortune, aux fières et mélancoliques expériences de son existence déçue.

Aujourd'hui ce pauvre Mersiade est bien vieux, il a près de soixante-dix ans, mais il est toujours herculéen : un Hercule tout blanc. Il a passé par beaucoup d'épreuves, il a eu beaucoup de malheurs, il a tout perdu, il ne possède plus rien, ni tour, ni enclume. De temps à autre, il sort dans les champs et regarde l'herbe, le blé, les rangées de vigne, les nuages argentés des oliviers sur les collines, les potagers tout verts de choux et de laitues, et il me chuchote à voix basse : « Quel dommage, quel dommage. » Lui aussi certainement il a connu de bons moments, moments d'orgueil, de bonheur, de bien-être ; mais il n'était pas fait pour tenter fortune en ville. Un jour, en caressant de sa main calleuse le tronc lisse d'un arbre, il m'a dit : « C'est plus fort que le fer », et sa voix avait un accent nostalgique comme s'il avait regretté de ne pas l'avoir planté, cet arbre, de ne pas l'avoir vu croître d'année en année et produire des rameaux, des feuilles, des fleurs, des fruits. Il regrettait que cet arbre ne fût pas son œuvre, modelée de ses mains. Aujourd'hui, il est toujours triste, mais sa tristesse ne vient pas de l'âge, des infirmités, des souvenirs, des espoirs. Elle naît du soupçon d'avoir trahi sa propre vie, de s'être trompé de route. Il a toujours aux lèvres une herbe, un brin de paille ou une petite feuille tendre comme s'il s'attendait à mourir d'un instant à l'autre et voulait, en mourant, conserver dans la bouche le bon goût de la terre.

LA GUERRE EN FRANCE

Pétrarque en chemise rouge

Mon premier contact avec Pétrarque me le révéla pâle, décharné, fébricitant : maigre poitrine secouée de sanglots qui ressemblaient à des accès de toux, mains moites de sueur, oreilles d'albâtre rose dures et transparentes, nez mou, yeux humides à paupières vertes. Un petit saint Louis amoureux, un poétaillon tout soupirs et caresses, tendres œillades et paroles de miel. Puis, vers mes quinze ans, un voyage à Arezzo m'offrit l'image d'un Pétrarque grand, corpulent et affable, le menton gras, les mains blanches et effilées, quelque chose entre le prélat romain et le seigneur grand-ducal, à bouche ronde et sourire solennel. Une onction de cardinal plutôt qu'une douceur de poète. Ce Pétrarque de cour seigneuriale ou papale ne me plut pas, je le confesse, et je le trahis avec l'Arétin : lequel était, à tout le moins, un arétin sérieux, je veux dire un véritable enfant d'Arezzo.

Mon premier contact personnel avec le vrai Pétrarque date de mes seize ans, à Avignon, la nuit de l'hiver 1914 où j'y arrivai en compagnie d'une centaine de volontaires italiens qui avaient traversé la frontière à pied par petits groupes (pour ma part, j'avais franchi tout seul les montagnes qui dominent Vintimille, et aujourd'hui encore je suis fier de cet exploit) pour s'enrôler dans la Légion garibaldienne de l'Argonne. C'était le début de la guerre, l'Italie faisait semblant de dormir et en mon for intérieur je ne savais pas encore si j'étais un héros ou simplement un jeune garçon échappé de chez lui. La nuit était froide et venteuse, une vraie nuit avignonnaise. Rues désertes et mal éclairées, d'un gris blafard et sale. Pendant le long trajet en train de Nice à Avignon, nous n'avions fait que boire et chanter, nous étions tous morts de fatigue, enroués et boitillants ; j'avais un peu de fièvre, la tête me tournait et je marchais en titubant entre le professeur De Mohr et Giovannangeli, si je me souviens bien de ce nom, un volontaire milanais de quatorze ans, gros et gras, qui me volait le prestige d'être le plus jeune garibaldien de l'Argonne.

À la tête de notre mince cortège s'avançait la fanfare du 1er régiment de la Légion étrangère, toute en fifres algériens ; et ce rythme sautillant, s'il ne nous maintenait pas debout, nous aidait à rester éveillés. Pour courir aux trousses de Garibaldi, j'avais abandonné le collège Cicognini et les bancs du lycée, j'étais encore enflammé de culture et l'idée de marcher dans les rues de cette ville d'Avignon où « entre deux rivières », le Rhône et la Durance, l'amant de Laure avait pu contempler l'amoureuse vision de la blanche biche aux cornes d'or dans une verte prairie, me réconciliait avec Cicognini, avec Pétrarque et Arezzo, suscitant dans mon cœur un sentiment de tendresse repentante, de doux remords du fils prodigue qui retrouve la maison paternelle. Durant tout le voyage, De Mohr n'avait fait que parler des papes, de la captivité d'Avignon, de Dame Laure et de Pétrarque, citant des dates, déclamant des vers, rappelant des lieux, des personnes, des événements, mêlant l'histoire de la poésie à la politique des papes et aux entreprises de Garibaldi, au point que vers la fin du voyage, Messire Francesco avait fini par m'apparaître comme le Goffredo Mameli ou le Luigi Mercantini de la cour papale d'Avignon.

À mesure que nous approchions de la place de l'Horloge et que les murailles du palais des Papes, où étaient les casernes de la Légion, nous apparaissaient en enfilades, noires et lisses, j'avais l'impression de pénétrer, de vers en vers, de sonnet en sonnet, de canzone en canzone, dans le climat passionné et raréfié du *Canzoniere*. De Mohr marchait à côté de moi, parfaitement réveillé, et tandis que les fifres algériens répétaient infatigablement la rengaine de la Légion étrangère :

> *Encore un carreau cassé*
> *C'est la Légion qui passe*

il scandait à haute voix et sur le même rythme le « béni soit le jour, et le mois et l'année » et le « je sens mon air ancien et les douces collines » et c'était là pour moi, j'en avais l'intuition, la vraie patrie de Pétrarque, la vraie voix de l'Italie lointaine. Plus que sur le rythme des fifres, je marquais le pas sur la cadence de ces vers. Et plus nous approchions du palais des Papes, le vent froid finissant de me réveiller, plus ma tendresse filiale se faisait vive et attentive : j'avançais comme en songe, et, quand nous débouchâmes sur la place, devant cette immense façade nue et sévère, il me sembla vraiment être en face du logis de Messire Francesco.

On nous fit dormir dans une grande salle au sommet d'une tour et cette nuit-là je me trouvai comme en famille entre De Mohr et Giovannangeli. Pétrarque, sa Dame Laure et la blanche biche sur fond de verte prairie me visitant en rêve. Les jours suivants, cette première impression grandit en force et en noblesse, je croyais vivre réellement en la demeure du poète : dans ce labyrinthe d'escaliers et de corridors, dans ces salles aux très hautes voûtes, dans ces cours démesurées, je me voyais rencontrer à chaque pas le maître de maison au bras de Laure. Ainsi je m'habituai peu à peu à respirer et à me mouvoir dans son ombre familière et les heures de caserne, les exercices du matin le long du Rhône, les sommeils de mort sur la litière de paille au haut de la tour coulaient maintenant sous le signe de Pétrarque plutôt que sous le signe de Garibaldi.

Autour de De Mohr s'étaient un à un groupés les plus jeunes d'entre nous, pour la plupart étudiants et ouvriers milanais amis de Corridoni, parmi lesquels le plus noble d'âme et de talent était un de mes camarades de section, Vincenzo Rabolini, tombé lui aussi dans la Tranchée des Roseaux. La discipline à laquelle nous nous sentions soumis était plus poétique que militaire. Nous vivions vraiment dans un climat poétique, la guerre qui nous avait fait accourir en France était très loin de nos pensées et de nos sentiments, car nous n'étions les soldats que d'une guerre ; celle que le cruel amour livrait à notre bon Pétrarque. Et de jour en jour nous nous apercevions que l'esprit garibaldien allait s'affaiblissant en nous, au point que nous n'aurions su dire si nous étions encore des volontaires garibaldiens ou pétrarquisants. De Mohr, le soir, nous récitait à haute voix les plus belles stances du *Canzoniere*. Mais les autres légionnaires, garibaldiens pour de vrai qui désiraient dormir, protestaient, sifflaient et les beaux vers aux ailes légères finissaient par s'ébrouer sous une grêle de chaussures et de gibernes, dans une tempête d'imprécations et de menaces.

L'adversaire le plus acharné de Pétrarque était un volontaire napolitain, un jeune homme noir et maigre qui avait la manie d'écrire contre les murs tout ce qui lui passait par la tête et qui se proclamait anarchiste sur le même ton qu'il aurait dit : « J'ai l'béguin pour la Concettella. » C'était un de ces Napolitains tristes comme par bonheur il en existe peu, humble d'aspect et d'humeur fantasque. Il dormait les yeux grands ouverts et sans doute voyait-il en rêve des fleuves de sang, d'un sang couleur de tomate. Il s'appelait Ruocco et le seul nom de Pétrarque le mettait en fureur verte et glacée. Le sergent Podhus, un Anglais au visage tavelé de petite vérole, qui servait dans la Légion étrangère depuis quinze ans au moins et que nous avions comme instructeur, nous surprenait parfois, pendant ses tours d'inspection, en pleine dispute littéraire et se jetait aussitôt au plus fort de la mêlée en criant : « *Pas de politique ! Pas de politique !* » Il avait fini par se convaincre que les pétrarquisants étaient des révolutionnaires, du gibier de prison : il nous l'avait juré et nous étions sur nos gardes.

Mais soyons justes : que peuvent les règlements militaires contre le *Canzoniere* ? Chaque coin du palais des Papes, chaque angle de rue, chaque pierre, chaque ruisseau étaient pour nous prétexte à des exclamations de surprise et de joie, à des découvertes et à des évocations émues, à des déclamations de vers et, pour les autres, à des cris séditieux et à des grêles de souliers. En quelque lieu que nous fussions, « Ici aussi Pétrarque doit avoir passé » disions-nous et il fallait que De Mohr s'ingénie à retrouver sur-le-champ, si ce n'est même à inventer, le comment et le quand. Ce « Ici aussi Pétrarque doit avoir passé » était devenu proverbial et les anti-pétrarquisants l'accueillaient avec des rugissements furieux et de sinistres prophéties. L'orage était dans l'air, déjà l'ombre du sergent Podhus se profilait menaçante à l'horizon.

Un soir, peu avant l'extinction des feux, De Mohr avait à peine commencé à réciter

De ma mort je me repais et je vis en flammes
Étrange nourriture et surprenante salamandre…

quand Ruocco bondit sur ses pieds comme un possédé, levant les bras en criant : « Vive Garibaldi ! À bas Pétrarque ! » Ce fut le signal de la bagarre. Je me précipitai sur l'anarchiste, et tandis que nous étions aux prises comme Hercule et Cacus, je me sentis soudain saisi par le cou. Je me retournai, aperçus le visage tavelé du sergent Podhus et, avant de m'être rendu compte de ce qui m'arrivait, je me trouvai en prison en compagnie de Ruocco.

La cellule était étroite et basse, avec des murs poussiéreux couverts d'inscriptions amoureuses, de noms de femmes, de cœurs traversés d'une flèche. Je dormis peu et mal. C'était la première fois que j'étais condamné aux arrêts et l'aube me surprit plus ennuyé qu'humilié. Mais Ruocco paraissait heureux. Une expression insolite de béatitude éclairait son visage noir et maigre. Couché sur sa planche les mains croisées sous la nuque, il dormait les yeux ouverts, vivant sans doute en rêve une révolution sociale semblable à une éruption du Vésuve dans une nuit de Piedigrotta ; et de temps en temps il me jetait un coup d'œil en coin plein de mépris. Je mourais d'ennui, je bâillais, je ne voyais pas venir l'heure de m'en aller de cette cellule, et pendant toute la journée Ruocco ne m'adressa pas une fois la parole et je feignis de ne pas m'apercevoir une seule fois de sa présence.

Vers le soir, comme mon compagnon écrivait avec application quelque chose sur le mur, le sergent Podhus entra à l'improviste et sans ouvrir la bouche nous fit signe de sortir. J'étais content d'être libre, mais Ruocco paraissait très peu satisfait de quitter la prison. Je m'arrangeai cependant pour qu'il sortît le premier. Il franchit le seuil en traînant les pieds : on eût dit qu'il était chassé du paradis terrestre. Dès qu'il m'eut tourné le dos, je m'approchai du mur pour voir ce qu'il avait écrit. Je lus ces heureuses paroles :

« Ici au moins Pétrarque n'a jamais passé. »

Découverte de l'Amérique

J'avais quitté depuis deux jours le camp de Mailly, en Champagne Pouilleuse, avec l'ordre de rejoindre à marches forcées le gros de notre VIIIe division déjà partie de la forêt de l'Argonne vers la montagne de Reims. C'étaient les premiers jours de juin 1918, les Allemands avaient enfoncé le front anglais au Chemin des Dames et ils avaient atteint la Marne entre Épernay et Château-Thierry. Il faisait chaud, d'épais nuages de poussière jaune bouchaient l'horizon, les villages au milieu du soleil dans sa gloire, des moissons et des feuillages verts apparaissaient livides, mornes, fuligineux. Plus que la moisissure noirâtre des murs et des toits, c'étaient les tas de paille et de guenilles devant les seuils, les fenêtres et les portes béantes, les bouteilles cassées et les chaises renversées sur le sol, les tiroirs ouverts, les lits bouleversés, les portraits souriants suspendus aux parois, bref, tout ce désordre, cette saleté, ces traces de fuite, d'orgie et de saccage qui donnaient l'impression d'une noire désolation.

Quelques rares habitants, vieillards, femmes et enfants, étaient assis par terre le long des rues dans l'attitude de l'abandon et de la douleur, ou appuyés aux montants des portes, immobiles et absents. L'aspect de ces villages était celui de lieux terrifiés et humiliés par l'imminence d'un inévitable danger. On en venait à penser à une horrible maladie plutôt qu'à une invasion ennemie. On sentait que la peste était dans l'air. Cette odeur de déjections, de vin et de lazaret s'accordait étrangement avec la splendeur dorée du soleil et des blés.

Dès la fin du premier soir déjà, le grondement lointain du canon commença à se faire entendre. C'était comme un choc sourd, insistant, rageur, le choc d'une immense poutre contre le mur poussiéreux de l'horizon. On rencontrait de temps en temps, roulant sans ordre, de longs convois de blessés et de malades ; aux portières des ambulances apparaissaient des visages éteints et jaunâtres, durs et ligneux ou bien mous et défaits, comme si chez les uns, à cause de la grande chaleur de l'été, le sang s'était caillé et chez les autres réduit en eau. Les chevelures et les moustaches étaient blanches de poussière, de cette fameuse poussière crayeuse des tranchées autour de Reims qui étouffait les vivants et les morts sous un masque de plâtre. Et c'est aussi moulés dans le plâtre qu'apparaissaient les lobes des oreilles, les narines, les rides au coin de la bouche et des yeux. On aurait dit qu'ils portaient tous des perruques poudrées, comme les soldats de Louis XV. Les pommettes rouges, luisantes de fièvre, saillaient d'une étrange manière au milieu de tout ce blanc, comme illuminées par le reflet d'un grand feu vif.

Mais ceux chez qui les effets de ce grand feu se manifestaient le plus étaient les nègres, les Sénégalais tuméfiés de l'armée de Mangin dont les ambulances regorgeaient. Il semblait que l'ardeur de la bataille les avait rendus flasques comme des vessies pleines de saindoux. Leur visage, cet horrible visage simiesque, n'avait plus ni os ni chair, leurs lèvres blanches resplendissaient sinistrement, leurs yeux avaient l'expression méchante et effarée d'un regard de chèvre. Nos hommes avaient beau être en France depuis quelques mois, ils ne s'étaient pas encore habitués à considérer les nègres comme des soldats alliés. Ils les dévisageaient avec une stupeur soupçonneuse comme on observe des êtres étranges, des animaux jamais vus. Leurs attitudes grotesques, leurs plaisanteries obscènes, leur bestialité avide et sournoise, toujours prête à dresser des pièges, des embûches, à se révolter, suscitaient chez nos soldats, presque tous paysans du Sud, un rire où le dégoût l'emportait sur la curiosité. Les Italiens n'aiment pas les monstres : ils s'en méfient, surtout lorsqu'ils ont figure humaine.

La guerre éveille généralement même chez les peuples les plus évolués des instincts bestiaux, toute sorte de sentiments impurs ; à l'exception du peuple italien qui, sur le champ de bataille, révèle le côté le plus aimable, le plus délicat, le plus transparent de sa nature. C'est précisément à la guerre que l'Italien se sent le plus homme, le plus humain. Sa profonde et antique humanité, dans l'horreur du sang et du carnage, s'affine, se sensibilise, acquiert une pleine conscience de soi. Nos hommes sentaient obscurément que la présence de ces sauvages, de ces monstres à forme humaine contaminait ce qu'il y avait de pur, de noble, de juste dans la souffrance, dans la mort, dans le sacrifice.

Nous avions passé la première nuit dans un village abandonné des environs de Fère-Champenoise, répartis dans les granges, les écuries, les maisons vides. Ciel constellé d'étoiles, immense, et choc incessant, sourd, rageur, de cette poutre contre le mur opaque de l'horizon. Le lendemain à l'aube nous nous étions remis en route ; les soldats pressaient le pas sous le soleil déjà chaud, l'envol froufroutant des alouettes mettait un je ne sais quoi de joyeux et de familier dans l'atmosphère. Et en effet dans cette atmosphère flottait une joie calme, une promesse amoureuse, une espérance enfantine. Les Allemands avançaient sur tout le front, il semblait qu'aucune force au monde n'était capable d'arrêter l'avalanche de leurs bataillons d'assaut. Pourtant on devinait dans cette lumière dorée, sonore, douce et humide aux lèvres, quelque chose de vague et de tendre, l'augure de jours meilleurs, presque le pressentiment d'un miracle. On respirait un air de bonnes nouvelles, *un air de dimanche* comme nous avait dit ce caporal français de la Croix-Rouge en nous offrant un paquet de Lucky Strike. Les cigarettes Lucky Strike étaient l'avant-garde de l'armée américaine. Leur parfum lourd et douceâtre envahissait peu à peu la France. Les journaux étaient pleins du général Pershing et de ses régiments d'authentiques fils de l'oncle Sam. Le cri « Les Américains arrivent ! » courait de bouche en bouche, rallumait les illusions défaillantes, ouvrait les âmes à l'espérance. Personne encore ne les avait vus, tout au moins dans ce secteur, mais tout le monde en parlait comme d'une invincible armée de gens frais et allègres, de jeunes gars athlétiques aux mâchoires durcies par le chewing gum, aux jambes et aux bras gonflés de muscles élastiques, aux cheveux blonds, aux yeux d'azur, tout brillants de cuir neuf et craquant, de métal fourbi, de boutons et de boucles d'acier nickelé.

Plus que les barbelés, la grosse artillerie, les chars, la tactique de Foch, ce que les Alliés opposaient aux Allemands, c'était l'espoir d'une arrivée prochaine des Américains. Les soldats français qui revenaient de permission parlaient de gros garçons roses en rangs bombant le torse sur le pavé des rues de Paris dans le sillage des fanfares qui jouaient l'*Over there* et le *Yankee Doodle* à l'ombre d'immenses drapeaux étoilés et rayés, entre deux haies de femmes rubicondes d'enthousiasme. À Bordeaux, à Brest, au Havre, des milliers et des milliers de bateaux déversaient sur les quais des torrents de jeunes gens en uniforme kaki, le large chapeau de cow-boy sur la tête, tous rasés de frais et embaumant le tabac à la mélasse. La terre de France résonnait sous le pas cadencé de ces bataillons de joueurs de rugby et de football, qui marchaient à la parade sur une musique de fox-trot. Les Américains arrivent ! Le cri rebondissait de village en village, de tranchée en tranchée, comme le ballon d'une gigantesque partie de football. Un je ne sais quoi de sportif s'était mélangé à la guerre, au point que les Français parlaient des Allemands comme des arrières de l'équipe adverse.

Nos hommes accueillaient ces bonnes nouvelles comme des nouvelles du pays, comme si pour chacun d'entre eux l'arrivée d'un oncle d'Amérique eût été imminente. Lequel n'avait-il pas là-bas un frère, un beau-frère, un cousin, un quelconque parent ? Aux yeux de ces paysans calabrais, abruzzais, siciliens, qui avaient le mythe de l'émigration dans le sang, l'Amérique apparaissait comme la patrie des dents blanches, des visages roses, des cheveux blonds, des individus gras, riches, puissants. Et voilà qu'à un tournant inattendu de la route un gros bourg, Fère-Champenoise, nous saute au visage : un bourg enfin avec toutes ses maisons, ses boutiques et ses habitants en ordre, tout résonnant de voix, tout plein d'enfants en fête accourus à notre rencontre. Aux fenêtres flottaient des drapeaux étoilés, les filles avaient un sourire nouveau et heureux, on entendait au loin une musique martiale et entraînante, une musique jeune, gaie, insouciante. « Les Américains sont arrivés ! » criaient les bandes de gamins fous de joie. Ils étaient arrivés la veille au soir et ils avaient conquis le pays. Le cri magique remonta le long de la colonne, un frémissement de curiosité joyeuse passa dans les rangs, les hommes se mirent en formation par quatre et nous fîmes notre entrée dans cette heureuse localité en ordre parfait, la tête haute, marquant résolument le pas.

Notre troupe déboucha bientôt sur une place au fond de laquelle une compagnie de soldats en uniforme kaki nous tournait le dos. Une fanfare jouait là-bas, derrière un bouquet d'arbres au milieu d'une foule qui avait revêtu ses plus beaux habits. Ils faisaient de l'instruction en formation serrée et l'on entendait maintenant les ordres des officiers dans une langue rocailleuse et stridente. Un cri, et dans tous ces bras un sursaut ; puis un commandement plus rauque, plus impérieux, et d'un coup ces soldats pivotent sur leurs talons, font volte-face, marchent à notre rencontre. Les Américains ! Les Américains ! Peu à peu les visages prenaient forme, un quelque chose de sombre faisait une tache étrange au-dessus de la poitrine, entre le cou et le front, un quelque chose de luisant et de noir. Et plus ces soldats se rapprochaient, les visages se détachant de mieux en mieux dans l'air vert et rose, plus cette tache noire devenait luisante. Quand nous fûmes à une centaine de pas, un frisson et un murmure de stupeur parcoururent les rangs de notre bataillon. Ces soldats étaient noirs, ces Américains étaient des nègres. Et quels nègres ! Plus couleur de suie, plus tuméfiés que les Sénégalais de Mangin. Luisants de sueur et de saindoux, luisants comme des pistons de machine. Et voilà qu'ils s'arrêtent, nous présentent les armes. Nous défilons devant eux, la tête tournée et immobilisée par le garde-à-vous à gauche. Mais je me rendais compte au pas traînant des hommes qu'ils avaient reçu chacun un coup dans la poitrine, qu'une grande déception leur enlevait tout entrain, qu'un rêve rose s'était dissipé dans leur cœur.

Adieu Amérique ! Nous sortîmes du village, reprenant le pas normal. Personne ne chantait plus. C'était donc cela l'Amérique et les Américains ! Ces blonds, ces gras et roses et souriants Américains, c'était donc cela ! Encore des nègres. À y bien regarder, même les peuples à peau claire dans le monde, les uns plus, les autres moins, tantôt d'une manière, tantôt d'une autre, sont tous noirs. Nous avions fait un rêve, un beau rêve. Le grondement du canon ne cessait de se rapprocher, des nuages de poussière jaune s'élevaient à l'horizon. Et nos pioupious s'acheminaient vers le bois de Bligny le cœur fermé, avec l'amère certitude qu'une nouvelle injustice venait d'être commise à leurs dépens, que cette guerre pour défendre la civilisation eux seuls auraient dû la gagner uniquement de leurs bras, sans l'aide de personne : eux qui au fond, parmi ces Français, ces Anglais, ces Américains marchant contre les Allemands dans cette matinée d'été toute dorée, étaient les plus purs, les plus désintéressés, les plus blancs de tous.

La fin d'une longue journée

Déjà depuis quelques jours, nous avions perdu de vue les Français et les Anglais, engloutis au fond d'une vallée boisée qui tournait à notre gauche ; seuls un ou deux nègres, le visage couleur de cendre à cause du froid, s'obstinaient encore à marcher au milieu de nous dans ces interminables forêts sous la petite pluie glacée et monotone qui faisait dans les ramures un bruissement de ver à soie sur un lit de feuilles de mûrier.

Même les Américains avaient disparu, ces gros garçons désinfectés, blancs et roses, bien vêtus, bien chaussés et bien nourris qui depuis Soissons avaient commencé à se manifester aussi dans nos parages et rôdaillaient au milieu de nos hommes avec la curiosité maladive et l'arrogance d'une armée de touristes. On entendait d'abord un puissant ronflement de moteurs lointains, puis peu à peu un brouhaha confus et soudain les *yankees* faisaient irruption derrière nous au chant de leur *over there ! over there !* dans des camions peints en jaune, ornés de drapeaux étoilés et rayés. Ils nous saluaient gaiement et aussitôt s'empressaient d'acheter des étoiles, des parements, des garnitures, des bracelets de cuivre et toute sorte de « souvenirs de guerre », comme ils les appelaient, et ils payaient cette étrange pacotille au comptant avec du tabac blond, des paquet de *Camel* ou de *Lucky Strike*, du papier à cigarettes, des sachets de thé, de la gomme à mâcher, des boîtes de lard, de confiture, de biscuits, enfin tous ces biens du Bon Dieu que Wilson, l'oncle Sam et l'Y.M.C.A. envoyaient en France dans des bateaux bourrés jusqu'aux écoutilles. Nos hommes étaient fous des cigarettes opiacées, mais à toutes les variétés de tabac américain ils préféraient le thé qui, fumé dans la pipe, avait le goût, selon leurs dires, des *Macedonia* d'avant-guerre. Le casque plat posé de guingois, ces braves garçons d'Américains allongeaient le cou de derrière les troncs d'arbres pour voir, pour flairer les Allemands et ils faisaient cercle autour des morts étendus jambes écartées dans les flaques d'eau, comme si un cadavre à la guerre était un spectacle exceptionnel. Puis ils s'en allaient comme ils étaient venus, dans le ronflement de leurs moteurs, en chantant *over there ! over there !* tandis que nous, c'est à pied que nous poursuivions notre route, en silence, au sein de ces forêts pourries, derrière les Allemands qui se retiraient en combattant, tantôt mous, tantôt rageurs, engageant des combats furieux aux croisements des routes, derniers sursauts de leur désespoir de vaincus.

À notre droite et à notre gauche, les Français et les Anglais avançaient du même pas que nous. Cela n'avait plus rien d'une guerre : c'était une féroce chasse à l'homme, de fourré en fourré, de marécage en marécage. Nous avions dépassé depuis longtemps la zone des tranchées. Nous étions maintenant derrière l'ancien front ennemi et nous découvrions partout les signes d'un monstrueux désastre, d'une tragique débandade, camions renversés, tas de ferrailles tordues, canons embourbés, monceaux d'obus, baraques fumantes, cadavres couchés dans les fossés, charognes éventrées, et chevaux en fuite dans les bois : la nuit, nous les entendions galoper dans l'ombre avec de longs hennissements de faim parmi les coups de fouet cinglants des branches. Ces hennissements, ces piétinements dans les ténèbres et la pluie monotone, le vent qui secouait les forêts, les hurlements des blessés dans l'épaisseur des broussailles et la boue des marécages éveillaient dans nos âmes une sombre aversion pour la nature, comme si notre combat, plus qu'une guerre entre humains, avait été une lutte contre cette nature. Et s'il n'y avait pas eu ces fréquents et sanglants accrochages avec les arrière-gardes allemandes aux carrefours des routes défendus avec une fureur désespérée, nous nous serions crus perdus dans un pays sauvage, en guerre contre des forces mystérieuses et invincibles.

Les villages étaient pleins de blessés, de malades et de morts, une horrible puanteur stagnait dans l'air pourri ; sur les seuils des maisons, des femmes apparaissaient, couvertes de haillons, chauves et décharnées, le visage maculé de croûtes, les mains rongées par la gale, et des enfants demi-nus, livides et faméliques, la peau tachée de rouge et de noir, la bouche tordue en une grimace de frayeur et de faim. Tout le nord de la France était un épouvantable amas de ruines, un immense hôpital. L'horreur et la pitié nous serraient le cœur. Et nous avancions ainsi, brisés de fatigue, ivres de sommeil et de fièvre. Jusqu'à ce que le 10 novembre, vers le soir, s'élevât un haut cri parmi nous : « Le Rhin ! Le Rhin ! » Ce n'était pas le Rhin, mais la Meuse, et d'après la carte, on calcula qu'on se trouvait à quelques milles à l'est de Rocroi, objectif de la 3ᵉ division italienne. Nous de la 8ᵉ, nous avions pour objectif la Meuse, et la nouvelle que ce fleuve boueux n'était pas le Rhin, mais un autre fleuve français, « une autre Aisne », comme disaient les hommes en frissonnant de froid, nous enleva tout espoir en une fin prochaine de la guerre.

Les nouvelles d'Italie avaient semé le trouble dans nos rangs : la guerre sur le front italien était gagnée, l'armée autrichienne en déroute ; les drapeaux flottaient en signe de fête à Trente et à Trieste. Mais ici la guerre continuait sans qu'on en vît la fin : il y avait déjà six jours que le canon s'était tu en Italie et nous autres du Corps d'Armée d'Albricci, nous étions encore aux trousses des Allemands, et qui sait quand, pour nous aussi, cette histoire allait prendre fin. Les pertes, au cours de ces journées, nous paraissaient plus douloureuses que jamais : on disait adieu aux camarades avec un déchirement dans la voix, on n'avait même pas le temps de les enterrer, tant la poursuite était ardente à travers ces forêts. La mort s'acharnait sur nous presque avec rage ; jusqu'à la grippe espagnole qui s'était mise de la partie et achevait traîtreusement ceux qui étaient restés debout à Bligny, au Chemin des Dames. La nuit du 10 au 11 novembre nous trouva à l'affût dans les bois, le long de la Meuse, et l'on entendait sur l'autre rive une musique d'accordéon qui jouait cette chanson populaire allemande : *Püppchen, du bist mein Augenstern.* Le son traînard de l'instrument semblait venir d'un monde lointain, d'une nature inconnue, musique sans patrie, eût-on dit. De temps en temps une fusillade rageuse venait battre les troncs des arbres, une fusée rouge jaillissait, allumant dans l'eau du fleuve des reflets livides, la pluie bourdonnait entre les feuilles comme un immense essaim d'insectes.

Vers deux heures du matin, un cycliste du bataillon arriva ; il riait à en perdre le souffle, il semblait fou. Il y avait trois heures qu'il nous cherchait dans les fourrés, l'armistice avait été signé : le lendemain à dix heures du matin, les hostilités auraient pris fin ; ordre nous était donné de traverser la Meuse sur un pont de bateaux là tout près et de suivre les Allemands à une distance de trois cents mètres. Ce fut un délire, on tira toutes les fusées dont nous étions dotés, on aurait dit des feux pour la fête de la Saint-Jean ; on tirait en l'air à tire-larigot, beaucoup pleuraient, même le colonel du 52e, Celebrini di San Martino, avait les yeux rouges, et toussait et crachait et allait de l'un à l'autre en disant « Allons les gars, pas de plaisanterie avec les armes », et il riait comme un enfant. L'aube nous surprit en pleine agitation ; personne n'avait fermé l'œil, la rive opposée était silencieuse et déserte, l'accordéon s'était tu. Mais à dix heures, comme par enchantement, les Allemands sortirent en masse des buissons, crottés jusqu'au cou et avec l'armement complet ; on voyait les officiers courir d'avant en arrière pour mettre les hommes en rang, peu à peu les sections se formaient, s'ordonnaient sous nos yeux, s'ébranlaient sur la route, se retournant de loin en loin pour observer ce qui se passait derrière leur dos. Chez nous, c'était la pagaille : on courait, on criait, on riait, on s'embrassait. Nous nous mîmes en colonne, drapeau en tête, celui du 52e avec médaille d'or, et nous traversâmes le pont de bateaux (un fantassin lombard, regardant le courant boueux de la Meuse, me dit : « Sciur tenent, che pecà che l'è minga el Piave » – Mon lieutenant, dommage que ce ne soit pas la Piave) et en avant derrière les Allemands qui marchaient au pas réglementaire, en ordre parfait, avec leurs officiers en queue qui de temps en temps s'arrêtaient pour nous observer.

Au bout d'un ou deux milles, un officier se détacha de leur groupe et vint à notre rencontre en agitant la main : il était maigre, pâle, avec des yeux moisis. Il venait nous demander à manger pour ses hommes qui depuis trois jours n'avaient rien eu à se mettre sous la dent ; la honte lui étranglait la voix. Il souriait avec tristesse, il regardait les hommes jeter les demi-miches de pain dans une couverture étendue par terre, les boîtes de viande, les oranges, les morceaux de fromage. Les Allemands s'étaient arrêtés, quelques-uns s'approchaient à pas lents, presque méfiants. L'officier prit une orange, la tint un instant dans sa main, comme si son poing avait serré une pépite d'or, un morceau de soleil : il rougit, ou bien c'est le reflet de l'orange qui illumina son visage. Il était troublé, sa main tremblait, il fit un grand salut et s'éloigna, son poing serrant l'orange et on eût dit qu'il l'avait volée.

On marcha ainsi jusqu'au soir. Nous fîmes halte dans un village abandonné et les hommes se dispersèrent dans les maisons vides et les granges. La pluie avait cessé, il soufflait un vent froid qui nous grignotait les os. Les Allemands s'étaient installés sur une petite colline en face, on voyait leurs ombres passer devant les feux allumés sur la pente ; une grappe d'étoiles verdâtres pendait au-dessus de la colline comme l'explosion glacée d'un shrapnell, en l'air. Le service de garde, sentinelles et patrouilles, fut organisé et sans manger tout le monde s'endormit d'un coup, tant nous étions rompus de fatigue et de sommeil. Je n'arrivais pas à fermer l'œil, je pensais que c'en était fait désormais de cette longue journée qui durait depuis quatre ans et une grande tristesse me serrait le cœur. Adieu, adieu, me répétais-je ; c'était l'ultime adieu à tant de choses douloureuses et chères, à tous les camarades restés en arrière, étendus dans la boue, à tant d'espérances, à tant de souffrances, à toutes les choses douces et terribles de cette interminable journée.

Hôtel Jules-César

ORANGE

Tout de suite après Lyon, aussitôt après qu'on a dépassé le confluent de la Saône et du Rhône, un vent frais, léger et parfumé de cyprès et de laurier vient à ma rencontre pour me caresser le visage. On dirait un vent italien tant le paysage peu à peu s'adoucit, tant les lignes des collines deviennent souples, les champs lumineux, les maisons ordonnées et paisibles, tant le ciel est clair et rond. Déjà l'herbe s'annonce plus tendre, déjà les tons de l'atmosphère varient de profil en profil, d'éminence en éminence, de plaine en plaine, comme dans les peintures des Siennois et des Ombriens. Et les ruines romaines qui de loin en loin s'élèvent haut sur les collines et à l'entrée des villes n'étonnent pas sur ces fonds de ciel, paraissent aller de soi et s'harmonisent d'une telle manière avec les arbres, les blés et les nuages qu'on croit franchir le seuil de la prodigieuse contrée dont parlent les trouvères provençaux : patrie commune aux Italiens et aux Français, lieu de rencontre où la grâce latine et la grâce française sont plus sœurs que dans la rhétorique des poètes et les manuscrits des bibliothèques.

De la verte Écosse à la rouge Provence le trajet est long et je me serais sans doute mortellement ennuyé à parcourir des jours durant, seul en voiture, des régions, des villages et des routes que je connais et qui me sont aussi familières que le chemin de la maison (l'Europe est bien petite, hélas ! et d'année en année va devenir toujours plus petite, comme une blessure qui se referme : vieille et noble blessure que cette chère Europe dont un jour il ne subsistera plus qu'une glorieuse cicatrice au flanc de la Terre). Oui, je me serais certainement endormi, la tête sur mon volant, si à un certain moment près de Douvres, sur l'autre rive de la Manche, l'idée ne m'était pas venue de refaire à l'envers l'itinéraire des campagnes de César qui ont abouti à la conquête des Gaules.

Il y a ceux qui voyagent en se fiant au Baedeker ou au Guide Michelin et ceux qui mettent leur confiance dans la boussole ou les étoiles errantes de la Grande Ourse. Cette fois l'itinéraire de mon retour d'Angleterre en Italie à travers la France, je me le suis fait dicter par les *Commentarii*, ce qui est sans doute une fantaisie plutôt littéraire, mais pleine de surprises et de sous-entendus. Quitte à s'en remettre à un guide, autant choisir César qui est au moins un vieil ami de la famille, un parent lointain, un homme qui connaissait la géographie et qui n'a jamais nourri l'intention de fourvoyer ses descendants. Le latin maigre et exact du *De Bello Gallico* a ce très grand avantage sur le langage conventionnel de beaucoup d'historiens modernes : il ne se prête pas aux spéculations des différentes écoles historiques et quand il est écrit « barbares », cela veut dire les barbares, quand il est écrit « Romains », cela veut dire les Romains.

Car en vérité aujourd'hui, avec l'aide de la philologie, de l'archéologie et de la topographie, même le latin de César court le risque d'être traduit dans le jargon cher à Chauvin qui, en fin de compte, est un jargon patriotique, politique, intéressé ou compromettant. Qu'il s'agisse d'Arioviste ou de Vercingétorix, des Germains ou des Gaulois, la gloire de César, dans ce genre de traduction, se réduit à n'être plus qu'une équivoque historique. À entendre certains étrangers fort savants, l'histoire ancienne serait à refaire entièrement. « Il faut introduire, ont-ils l'air de professer, un critère de justice dans l'historiographie ». Oui, de justice distributive. Depuis quelque temps déjà, ils se sont mis à accuser Jules César d'avoir remporté trop de victoires et à partager équitablement ces victoires entre lui et ses adversaires. Grâce à ces doctes académiciens, ce ne serait qu'aujourd'hui qu'on commencerait à savoir qui l'a finalement emporté dans la lutte entre César et Arioviste, lequel des deux était le barbare et si le proconsul a eu raison ou tort d'écraser Vercingétorix.

Qu'on prenne, par exemple, ce qu'écrit sur le conquérant des Gaules le docte Camille Jullian, depuis peu disparu : le plus autorisé des historiens français de l'ancienne Gaule, membre de l'Académie, professeur au Collège de France, auteur d'une *Histoire de la Gaule*, d'un *Vercingétorix* et autres *Tableaux de la Gaule sous la domination romaine* ; le plus habile, le plus obstiné et le plus scientifique de tous les détracteurs du génie de César et du nom de Rome. C'est un historien nationaliste : ce qui veut dire que ce n'est pas un historien objectif. Il y a de quoi se demander jusqu'à quel point est profitable à la sérénité des disciplines historiques une telle dépense de talent, un tel étalage de recherches et de jugements pour tenter de démontrer qu'au temps de César, les Gaulois étaient beaucoup plus civilisés que les Romains et que ce César lui-même était un homme médiocre, vulgaire de sentiments, pour tout dire une sorte de Levantin fourbe, habile à tendre des pièges et servi par la chance, pauvre de génie et encore plus de sensibilité historique.

Il n'y a pas lieu de comparer ici César à Camille Jullian et les *Commentarii* à *l'Histoire de la Gaule*. Qu'il me suffise de citer, de ce dernier ouvrage, quelques lignes dans lesquelles le grand historien français, dans un mouvement d'impatience, résume ce qu'il y a de plus original et de plus intéressant dans sa doctrine ; et je les citerai sans les traduire pour ne rien enlever à leur ton irrité et catégorique : *Qu'on ne me parle plus du génie latin, qu'on ne fasse pas de la France l'élève et l'héritière de ce génie. Elle est autre chose et elle vaut mieux.* Voilà tout, rien à ajouter. Par bonne fortune (la déesse Fortune a toujours sauvé Rome et les Romains des pires calamités) tous les historiens français ne sont pas de l'avis de Camille Jullian. Qui ne se souvient de la manière simple et calme avec laquelle Jacques Bainville commence le premier chapitre de son *Histoire de France* ? Et de la joie érudite et artistique, joie essentielle des humanistes de tout temps et de tout pays, avec laquelle Carcopino parle de Rome et dissout la lumière du Latium dans la cire de sa prose savante et éloquente ?

Déjà l'autre jour, sur la plage de Grande-Bretagne près de Douvres, entre Deal et Sandwich, où la Dixième Légion prit pied pour la première fois sur le sol d'Albion et affronta les Bretons d'Angleterre peints en bleu (*omnes vero se Britanni vitro inficiunt, quod caeruleum efficit colorem*, raconte le latin des *Commentarii*), je pensais à ce débarquement, à ce premier contact entre la civilisation romaine et la barbarie des anciens insulaires et au dépit courtois des Anglais actuels à l'égard de Jules César, ce « capitaine de cavalerie » venu révéler au monde qu'il fut un temps où les Anglais n'étaient pas des *gentlemen*. Au fond, me disais-je, la raison secrète de certains ressentiments à l'égard de la civilisation romaine tient tout entière en ceci : la civilisation latine est l'unité de mesure, le mètre qui permet d'établir le degré de barbarie des vieux peuples d'Europe.

Mais la nature de ces ressentiments n'est ni populaire, ni spontanée : elle est bourgeoise, née d'un réflexe, patriotique et intéressée. C'est un phénomène de fausse culture, d'orgueil national mal placé, un de ces si nombreux phénomènes qui sont propres à la classe moyenne. Le peuple, surtout en France, lorsqu'il parle de Rome ou de César, ne manifeste ni rancœur ni suffisance stupide, même pas cet attachement rhétorique que les académiciens latinisants appellent « filial », mais un sentiment plus profond et plus vrai, ce mélange de plaisir partagé et de jalousie qui constitue la substance des attachements familiaux. Un Français du peuple, ouvrier ou paysan, ne sait rien, ou bien peu de chose, de César, de Vercingétorix, d'Arioviste, des Éduens, des Sénons, des Bellovaques ou du siège de Gergovie, et il confond amis et ennemis, défenseurs et envahisseurs, sans dire jamais « nous autres » ou « les nôtres » pour désigner les conquérants. Mais il dit toujours « César » et « ses ennemis ». Jules César pour ce peuple représente tout : c'est Rome et la Gaule, les légions et les partisans de Vercingétorix. Si on dit Rome, les esprits simples comprennent César. Et si l'on s'informe, si l'on insiste pour savoir qui était ce César, la seule réponse qu'on obtiendra c'est qu'il s'agissait d'un « Empereur romain venu en France pour combattre les Allemands ». Ce qui somme toute n'est pas si faux, du moins en un certain sens, le sens précisément qui touche de plus près à l'existence de la nation française. Puisque depuis presque vingt siècles il est évident – et beaucoup d'historiens français, bien qu'avec du retard, le reconnaissent ouvertement – que la conquête romaine a sauvé les Gaules de l'invasion et de la domination germaniques.

Avant-hier j'étais à Alise-Sainte-Reine, au pied du mont Auxois, près de Semur où les vignes de Bourgogne couvrent les coteaux où s'élevaient Alésia et le camp romain. Le siège rapide, la lutte sanglante, la fuite et le massacre de deux cent mille Gaulois, la reddition de Vercingétorix me remplissaient le cœur de tumulte, les yeux de rouges éblouissements, et je marchais au grand soleil, le long des sentiers pierreux, des rangées de vignes, des blés ondoyants, fort heureux que rien, ni une colonne, ni un arc, ni un mur en ruine ne troublât en moi l'évocation des lieux et de l'horrible mêlée. Je m'étais fait accompagner par un paysan et comme je lui demandais s'il savait quelque chose de César et d'Alésia, « les nôtres étaient peu nombreux, me répondit-il, mais leur général *était un as*. Il s'appelait César et combattait toujours au premier rang, tout habillé de rouge ». C'est exactement cela, cher paysan bourguignon : pendant le dernier assaut, quand il se précipite au secours de Labienus à la tête d'une poignée d'hommes, quatre cohortes seulement, et se jette à corps perdu dans le flanc de cent vingt mille Gaulois, César était enveloppé dans son manteau de pourpre. Il le raconte lui-même et Camille Jullian le confirme.

« Les nôtres » m'a donc dit avant-hier le paysan d'Alésia pour désigner les Romains. Dans ce mot *nôtre*, j'ai senti le voisinage du Rhône et de la Saône, la proximité de la Provence, du pays où les Romains ne sont plus « César » mais « les nôtres ». Dans cette manière de s'identifier aux légions, il y a précisément la différence qui distingue la Provence du reste de la France. Et c'est bien pourquoi j'ai décidé de m'arrêter ici cette nuit, à Orange, plutôt que dans le pays des Éduens, des Sénons, des Séquanes ou des

Arvernes. Ici dans ce faubourg de Rome, au milieu de ces terres provençales où Rome subsiste dans le peuple, et où les gens ont le visage, les gestes, les accents du Latium, de l'Émilie, de la Toscane, de la Ligurie, merveilleux alliage de sang et de dialectes, émouvante présence de la gentillesse latine dans le cercle d'un horizon qui paraît fait de cet air et de cette lumière mêmes que Plutarque disait propices à la folie des Dieux et à la sagesse des hommes.

C'est dimanche. Les places et les rues d'Orange sont peuplées d'une foule insouciante, bruyante et souriante. Demain, je ferai un tour parmi ces campagnes et ces localités, je prendrai la route d'Avignon, de Nîmes, d'Arles, d'Aix, j'irai me promener avec Jules César parmi les terres et les cités de la *Province* romaine. « Vous avez vu l'Arc de Triomphe ? » me demande le garçon de café tandis qu'il mélange savamment, goutte à goutte, l'eau glacée et le vert arôme du Pernod. Je l'ai vu en arrivant en ville, et je me suis aussi arrêté à caresser ses colonnes, comme je fais toujours quand je passe à Orange ; mais je lui réponds : « Pas encore, je le verrai demain matin. Espérons qu'il ne va pas s'écrouler juste cette nuit. » Le garçon me regarde en souriant et de sa voix gaie, sonore et triomphante de Provençal, il s'exclame : « Revenez dans mille ans et vous le trouverez toujours debout. Notre Arc de Triomphe, c'est les Romains qui l'ont fait. »

ARLES

Le ciel était noir quand je suis arrivé à Arles, un ciel de poix traversé de temps en temps de lueurs livides. Les montagnes de Carpentras, le mont Ventoux cher à Pétrarque ourlaient de jaune et de rouge l'horizon lointain comme un appui de fenêtre éclairé de géraniums et d'épis de maïs. Des nuages gonflés d'eau de mer roulaient bruyamment vers les étangs de Camargue. Cet orage en suspens colorait les campagnes entre Tarascon et Arles d'une teinte mélodramatique et il y avait dans l'air une nuance de pathétique, crime, jalousie, passion mortelle et sublime sacrifice, en un mot le climat de la *Norma*, de *Lucie* et du *Trouvère*. Je pensais m'arrêter à Tarascon, mais l'imminence du déluge m'avait chassé plus loin. Que serais-je allé chercher, parmi les éclairs et le tonnerre, dans la patrie de Tartarin ? Tarascon est une ville qu'il faut voir sous le soleil, quand tous ses habitants se promènent tranquillement, une cigale bavarde accrochée au bout du nez. Belle manière de chanter qui plaisait tant à Mistral.

Mais il faudra bien que je m'arrête un jour ou l'autre dans la cité de Tartarin. Parmi toutes les envies que j'ai l'intention de satisfaire avant de mourir, il y a celle de passer une nuit, une seule nuit, dans un lit du *Grand Hôtel des Empereurs*, lequel est sans aucun doute, après le château et la statue de Jean de Cossa, dans la crypte de l'église Sainte-Marthe, le monument dont les Tarasconnais sont le plus jaloux. Le *Grand Hôtel des Empereurs* est la huitième merveille d'une cité qui en possède au moins une vingtaine : orgueil de tout un peuple, gloire de toute la Provence. « Mais quels sont donc les empereurs qui ont dormi dans cet hôtel ? » me suis-je arrêté à demander. « Eh tous ! » m'a-t-on répondu. Tous, pas un de plus, pas un de moins. Chacun sait que les Tarasconnais répondent toujours ainsi et il faudrait qu'il leur pousse un œil pour qu'ils soient plus précis. Adieu Tarascon, capitale du monde : tout à l'heure, tu disparaîtras derrière moi dans un tourbillon de poussière, au milieu des éclairs et du tonnerre, au fond de la plaine dépeignée par le vent.

Ma première pensée en arrivant à Arles a été de courir aux arènes. Il y avait dix-huit ans que je n'étais pas revenu saluer ce Colisée mineur de Provence et j'avais grande envie de m'étendre sur les gradins de pierre parmi la fuite frissonnante des lézards, sous le vol rasant des hirondelles qui suspendent leur nid le long de la courbe des arches et autour des chapiteaux. Mais à peine avais-je mis le pied sous les voûtes sonores qu'il se mit à pleuvoir et d'abord ce fut une suite de chocs sourds, comme des fruits mûrs qui tombent dans l'herbe puis un roulement précipité de tambour, la clameur d'une chasse désespérée, un piéti-nement de chevaux sur un champ de bataille. À chaque goutte s'élevait des gradins un flocon de poussière jaune ; ces flocons s'épaississaient et rapidement l'amphithéâtre entier disparut dans une sombre nuée, oscilla, sembla s'élever comme une immense montgolfière renversée. Une odeur d'écurie et d'abattoir se mêlait à l'odeur terreuse de la pluie : le relent âpre des taureaux qui, durant les après-midi de dimanche consacrées aux corridas, offrent au peuple d'Arles le spectacle d'une mort de gladiateur.

Des arènes au théâtre antique, il n'y a que quelques pas. La très belle Vénus d'Arles, aujourd'hui au Louvre, est née à fleur de terre juste dans l'ombre des deux colonnes corin-thiennes, l'une de marbre jaune de Sienne, l'autre de pierre d'Afrique, qui illuminent la vaste courbe des gradins comme deux bougies de cire colorée. Du théâtre au Forum, le trajet est court. On appelle aujourd'hui ce Forum en provençal *plaçô di Omes*, « place des Hommes », à cause des faucheurs qui s'y pressent comme jadis sur la place Montanara, à Rome. Et déjà j'étais sur le point de gagner l'Avenue des Aliscamps, la voie Appienne d'Arles, quand je m'aperçus que le jour tombait et qu'il me fallait me mettre en quête d'un hôtel.

Tout neuf, tout vernis de frais, murmurant d'eau courante, avec la paix de ses recoins d'ombre et le moelleux de ses lits blancs parfumés à l'iris, l'hôtel Jules-César n'est pas seulement le meilleur hôtel de la ville, mais le temple du Divin César, le *sanctuaire* des traditions romaines, le palladium de la latinité provençale. Entre le fait de le dire et le fait de le croire, il n'y a qu'un pas, et je ne m'étonnerais pas que les citoyens d'Arles s'imaginent vraiment, comme le portier de l'hôtel, que cet établissement a été construit sur le lieu même où s'élevait la tente du proconsul, au centre du camp romain. Vérités fantaisistes sans doute, mais fort agréables. Si quelqu'un les trouvait légèrement absurdes ou ridicules, si quelqu'un s'avisait de prouver, à l'aide de témoignages autorisés et de dates sûres, que le conquérant des Gaules n'est pour rien dans ces racontars, je lui conseillerais de venir en Provence et il s'apercevrait en quelques jours que les mots absurde et ridicule n'existent pas dans le vocabulaire des traditions romaines chères au peuple provençal. J'en dirai davantage : en aucun autre pays Jules César n'est aussi vivant qu'ici. Mais vivant dans le sens vrai et le plus large du terme : vivant comme un homme qui respire, qui remue, qui pense, parle, agit, vivant comme s'il était encore ici derrière cette porte, sur cette place, dans cette rue, plein de rêves charnels, de volonté pesante et de destins précis.

Moi aussi, avant de rencontrer César en Provence, je me faisais de lui une idée scolaire, rhétorique, conventionnelle. Mon Jules César est né ces jours-ci à Orange, à Valence, à Nîmes, à Arles, et je crois que c'est le vrai, le seul et l'unique, comparé à ces Césars baroques et décadents, gonflés d'éloquence et de gloriole, dont quelques historiens allemands se sont faits les Plutarques. Je ne citerai pas de noms, mais tout le monde voit de qui je veux parler. Et je ne cite pas de noms pour ne pas avoir l'air d'opposer ma petite idée à leur très complète théorie et mon modeste talent toscan à leur très grand génie. J'ajouterai cependant qu'un paysan du Latium, de Romagne, d'Émilie ou de Provence est plus près de César que le plus illustre et le plus savant des historiens, surtout s'il professe au-delà des Alpes, et je suis surpris qu'à l'exemple de ces étrangers, on conserve encore aujourd'hui, dans beaucoup de lycées italiens, une image de cire de ce très humain César qui fait de nos écoles moyennes autant de musées Tussaud de l'histoire italienne. Gandito n'avait pas tort lorsqu'il disait que les classiques latins devraient être traduits en dialecte. Essayez de traduire les *Commentarii* en langage de la Romagne ou de la campagne romaine et vous verrez combien le César des paysans est plus vivant, plus proche de nous que celui des historiens allemands. Et de certains historiens italiens.

Le héros que j'imaginais pendant mes années de lycée, quand dans les salles sonores du collège Cicognini j'accordais la prose nombreuse et élégante de l'*Éloge de la beauté des femmes pratéennes* d'Agnolo Firenzuola au maigre et pur latin du *De Bello Gallico*, avait l'air d'un très grand capitaine, d'un suprême législateur, du plus extraordinaire constructeur d'empires qui eût existé, beaucoup plus humain qu'Alexandre, plus logique et plus civilisé que Frédéric, plus concret et plus sec que Napoléon, beaucoup plus habile que Richelieu, Elisabeth, Mazarin et Alberoni en l'art de dominer et de diriger les hommes et les événements. Certainement César m'apparaissait comme un homme presque divin, de mille coudées plus grand, plus noble et plus exemplaire que n'importe quel autre conquérant, législateur et créateur d'empires. De son *Gallia est omnis divisa in tres partes...* jusqu'au *contendit...* du huitième livre, j'avais tout lu et étudié des *Commentarii*, suivant César pas à pas dans ses campagnes, sièges, batailles, marches à travers forêts, fleuves et marais, et je le voyais s'avancer à cheval, splendide et fier, à la tête des légions rutilantes d'acier et flamboyantes de pourpre. Un Dieu plus qu'un homme, un Dieu qui foudroyait ses ennemis d'un regard et faisait trembler les murs des villes, à l'exemple de Zeus, d'un seul battement de ses cils. L'histoire de la conquête des Gaules me paraissait facile sous cet éclairage d'épopée, dans ce climat olympien ; c'était presque une suite de miracles. Je m'étonnais seulement que les tours de Gergovie ne se fussent pas écroulées dès le premier signe de cette main divine et que Vercingétorix ne fût pas tombé aux pieds de ce Mars invincible dès le premier coup de trompette. Telle que je la comprenais alors, l'histoire romaine était pleine de mystères et de contradictions. Car dans ces rares instants où les Dieux se révélaient à moi comme des hommes, un grand voile sombre me fermait l'horizon de Rome et le soleil de César se couchait dans de ténébreuses nuées, douces et inquiétantes comme un drap mortuaire de velours noir.

Mais l'autre nuit, comme j'étais étendu dans mon lit de l'hôtel Jules-César, le conquérant des Gaules m'est apparu soudain tel que sans doute il était de son vivant : pâle, maigre, taciturne, fièrement planté en selle, non comme un Dioscure, ce qui même pour César serait trop, mais comme un gardian de la Maremme, grand éloge pour un cavalier, quelle que soit l'école ou l'époque à laquelle il appartient. Les genoux serrés contre les flancs du cheval (les anciens montaient sans étriers et *assis*, pour user d'un terme d'équitation) je le voyais marcher à la rencontre des

Helvètes, de Divico, des Germains d'Arioviste, des Gaulois de Vercingétorix ; des Belges, des Bretons de l'île d'Albion et éreinté, suant, couvert de poussière, les yeux enfoncés, la bouche dans l'ombre du grand nez aquilin (le nez du duc de Wellington, disent les Anglais pour faire honneur à César) se mettre en quête d'un lieu où dresser le camp, surveiller les travaux, disposer le front d'attaque, haranguer les légions de sa voix claire et métallique, avec son éloquence ossue et précise comme un engin mécanique. Peu de paroles et pas de ce latin orné des sénateurs, orateurs, consuls et tribuns du Forum : non, ce latin vulgaire, ce langage des camps mélangé de dialecte romain, émilien et romagnol qui était la langue officielle de l'armée romaine, l'énergique parler militaire des cantonnements, des corps de garde, des marches et des combats.

Quiconque s'imagine César pendant les huit ans de la conquête, devant Avaricum ou Gergovie, à la bataille du Chemin-des-Dames, près de Craonne ou au siège de Marseille, drapé comme une statue de Canova ou le front ceint des bandelettes sacrées du Pontifex Maximus, quiconque se complaît à se le représenter poli, blanc, rasé de frais, marmoréen, élégant et stylisé, répète l'erreur commode de ceux qui se figurent les héros d'Homère tout chargés d'or et d'argent, les membres épilés, la chevelure parfumée d'essences rares, le geste solennel, l'élocution précieuse, le cœur plein de nobles sentiments et de vertus chevaleresques comme les gentilshommes de François Ier et les courtisans de Louis XIV, et ils ne perçoivent pas l'âpre odeur de sang, de poussière, de sueur, de cheval couvert d'écume, le son rauque des hurlements, des imprécations et des gros mots qui rendent si vivants et humains les hexamètres de l'*Iliade*. Homère n'est pas Ronsard et César n'est pas un guerrier de parade. Et qu'on ne dise pas que le vainqueur de Vercingétorix et de Pompée écrivait des vers, des traités de rhétorique et d'astronomie, dictait six lettres à la fois et composait des tragédies en style de cour. C'est là un César mineur, le héros alexandrin qui plaît aux lettrés, aux sédentaires et aux emperruqués de tous les temps.

Le vrai, le vivant, l'humain, le grand César, c'est celui des *Commentarii* et du *Bellum Civile*, le César de la lutte et de la conquête, le dur, le maigre, taciturne, le très simple pacificateur et administrateur de la République, celui que les Gaulois roux, à bouche large et à sang chaud, les barbares aux yeux clairs et au cœur ingénu et féroce craignaient et imploraient comme un Dieu ennemi, mais les « mille-pattes » des légions l'aimaient et le suivaient, laissez-moi le dire, comme leur Garibaldi.

NÎMES

Si vous prononcez le nom de César en Auvergne, à Clermont-Ferrand, au pied de la montagne à pic où s'élevait l'antique Gergovie de Vercingétorix, ou dans les pays des Bituriges, à Bourges, dans celui des Ambiens, à Amiens, des Sénons, à Sens, des Bellovaques, à Beauvais, des Éduens, à Autun, près de l'antique Bibracte, ou chez les Aquitains, les Belges, les Vénètes du Morbihan, le peuple comprendra Mars en personne, un Dieu étranger, froid, rusé, cruel, inexorable, un guerrier invincible, plus prompt que la foudre, invulnérable aux javelots, aux flèches, aux coups d'épée (la terrible épée des Gaulois, très lourde, à deux tranchants sans pointe, cinq fois plus longue que la courte dague romaine), ne cédant ni à la pitié, ni aux embûches, ni à la trahison, un Dieu romain contre lequel ni la furie et le choc d'innombrables armées, ni la colère de Teutatès, la divinité anthropophage des Druides, ne pouvaient rien.

Mais si vous prononcez le nom de César en Provence, ne le prenez pas mal et ne criez pas au sacrilège si le peuple comprend comme il l'a toujours fait jusqu'à aujourd'hui encore, un héros cordial, généreux, la voix forte, le geste exubérant, l'œil vif, le sourire tour à tour malicieux et débonnaire, joyeux ou railleur, un César à la ressemblance de tous les Provençaux, un César, pour tout dire, municipal, local, méridional : l'homme du pays.

Certes, un tel César ne sera pas du goût de tout le monde, d'autant plus que le conquérant des Gaules était en réalité tout l'opposé de ce que peut être un héros « méridional ». Il était sobre, maigre, taciturne, avare de gestes, sévère, renfermé, âpre, inébranlable et aux antipodes de l'exagé-ration, de la redondance, de la rhétorique, de la cordialité et de quelque forme que ce soit de complication sentimentale et intellectuelle. Mais le peuple s'imagine les héros tels qu'ils lui plaisent et non tels que les archéologues les tirent de terre ou que les rats de bibliothèque les exhument. Et mon intention n'est d'ailleurs pas non plus de tracer le portrait de César comme les savants le voient, d'après les textes classiques, les fragments d'inscriptions latines et les reconstitutions historiques modernes, mais au contraire de le montrer comme le peuple de Provence l'imagine, et je laisse au lecteur le soin de décider lequel est le plus héroïque, c'est-à-dire le plus humain, du César académique ou du César populaire.

À propos de cette humanité des héros, le peuple a presque toujours une intuition et une sensibilité très supérieures à celle des savants et dans la plupart des cas il fait autorité. Toutes les chroniques de l'Antiquité, à commencer par Hérodote, sont pleines de « on dit, on raconte, la tradition veut, le peuple croit, les habitants des lieux se sont transmis… » et ce sont là les chroniques les plus vivantes et les plus vraies sur lesquelles se fonde principalement notre connaissance du monde classique. On sait d'autre part que certains savants, et ce sont les plus nombreux, aiment ajouter aux hommes et aux événements historiques une rhétorique de leur cru, ce qui ressemble fort à rallonger le vin d'eau : à César, ils accrochent des ailes, ils le font voler comme un Dieu de la décadence grecque, faisant pleuvoir sur les cités des discours tout en mots boursouflés et ronflants. Ils le présentent comme divin en chacun de ses actes, insurpassable en chacune de ses résolutions, hermétique en chacun de ses dires, ils le comparent à Apollon, à Thésée, Achille, Alexandre, au point que peu à peu l'humanité de César s'évanouit dans l'air parfumé de laurier, et de cet homme très humain, tout entier chair et esprit, ossature et pensée, sang et volonté, il ne subsiste bientôt plus qu'un héros conventionnel, du genre de ceux qui plaisaient tant à Cicéron lorsqu'il dissertait de la nature des Dieux. Il reste ensuite à expliquer comment il se fait que ce César sonore et vide ait conquis les Gaules, dompté Rome et baptisé d'un nom nouveau la puissance romaine.

Mais ce peuple n'aime pas mouiller son vin. Au César des *Commentarii* si pur, si sec et franc, les Provençaux ajoutent le piment, la saumure, les herbes aromatiques, l'ardeur du soleil, de la fantaisie et de la sensibilité, la bonne humeur cordiale, les sentiments faciles et généreux, le sang chaud, les réactions violentes, le sens de la justice, la bonté, la clémence, la pitié à l'égard des hommes et des Dieux. Il ne faut pas s'étonner qu'ils parlent de César comme d'un Garibaldi et de Vercingétorix comme d'un rebelle malfaisant, un Annibal gaulois, un barbare assoiffé de sang et de rapines qui voulait mettre à sac Marseille, Arles, Nîmes, Narbonne, et que César affronta, vainquit, mit dans les fers.

Avec leur accent pittoresque qui tient du ligure, du napolitain et du livournais, ils ont l'air de vous dire que César a passé toute sa vie dans la région à surveiller les arrières de ses chers concitoyens d'Arles, de Tarascon, Avignon, Aix, et à peine apprenait-on que les Gaulois s'étaient révoltés et descendaient le long du Rhône qu'il sautait à cheval, prenait la tête de ses légions, courait à la frontière et sauvait la Provence des barbares (c'est comme si l'on disait qu'il sauvait la France des Prussiens). On croit voir Garibaldi à Dijon avec sa chemise rouge, presque la pourpre de César. Garibaldi, César : toujours cet Euryale et ce Nisus. Le proconsul aussi se bat à Dijon, sous la colline de Saint-Apollinaire où s'étendent aujourd'hui les faubourgs de la ville : et ce fut là, en terrain découvert, sa première victoire complète contre Vercingétorix, une des plus grandes mêlées de cavaleries dont l'histoire antique ait gardé le souvenir. Quelle chance pour les Provençaux que d'avoir eu un César qui les défendait contre les barbares, protégeait leur commerce, leur agriculture, leurs demeures et se battait pour leur compte dans des pays lointains sans que personne le lui demande, sans y être contraint par quiconque. Exactement comme Garibaldi. Chères, vives et charmantes *images d'Épinal*, comme disent les Français, appelées à devenir ensuite nos oléographies populaires.

Je suis assis ici, dans un café de Nîmes, devant la fameuse *Maison carrée* qui semble avoir été transportée par les airs de Rome sur cette place (grâce aux anges, sans doute, comme pour la maison de Loreto) tant ses fines colonnes sont pures, ses proportions admirables, tant son front exprime la sérénité. C'est une chose surprenante que Rome apparaisse ainsi parfaite, sans fausse note, à sa place, en harmonie, et ceci dans tous les coins du monde, sables d'Afrique, steppes d'Asie, forêts du Danube, confins de l'hyperboréenne Écosse. Et jusqu'à Nîmes, parmi les corbeilles des marchands de melons, les trônes ambulants des marchands de glaces, l'arc-en-ciel des stores de magasins et le va-et-vient de cette foule bruyante, remuante, indisciplinée qui semble tout exprès créée pour jeter dans l'embarras la sérénité froide, composée, distante de l'architecture classique. Au fond de la rue large, à ma droite, je vois se profiler les Arènes et le ciel virer de ton sous ses arches. « Le Colisée lui-même n'est pas plus grand que le nôtre », me déclare, sans ombre de vanterie, un des amis de l'endroit qui m'accompagne dans ma découverte de Nîmes. Et il y a une chaleur si persuasive dans ce cri de l'âme, dans cette explosion d'amour-propre et d'orgueil communal que je me garderais bien de protester même si l'on me disait que ce Colisée, ce sont les gens d'ici qui l'ont construit sur le modèle des Arènes de Nîmes.

Le sens de tous les discours, quand on vient à parler de César et de Rome, est le suivant : « Avec les Gaulois, me dit-on, nous n'avons rien à faire. Qu'est-ce que nous aurions à fiche avec ces barbares ? Nous autres, nous avons toujours été civilisés, toujours latins, toujours romains. »

J'ignore si cela est vrai, il est même certain que non : mais l'important, c'est qu'ils en soient persuadés. Eux aussi, sans aucun doute, étaient gaulois, mais profondément mélangés de sang grec (Marseille était une colonie de Phocéens), de sang ibérique et ligure. Matière ductile, de celle que les Romains savaient manier en maîtres, avec un art dont aucun peuple au monde depuis lors, pas même le peuple anglais, n'a réussi à percer le secret. « Voulez-vous savoir, me dit-on, quelle était l'unique différence entre nous et les Romains ? C'est que nous parlions latin avec l'accent provençal. » Lequel est un accent étrange, une mixture de napolitain et de livournais avec une très nette cadence ligure, toujours plus sonore et plus perceptible à mesure qu'on avance vers Marseille et Toulon. (Essayez d'écouter les personnages des charmantes comédies marseillaises de Pagnol, dont le dieu tutélaire est le très grand acteur Raimu et dites-moi ensuite si le père de Marius, Marius, la pauvre Fanny et Panisse n'ont pas l'air d'être nés à Sampierdarena.)

Mais ce n'est pas seulement une question d'accent. Et l'imagination ? Pour distinguer les Provençaux des vrais Gaulois, elle suffirait, cette imagination, dont les Provençaux ont toujours été si pourvus et les Gaulois si démunis. Spécialement l'imagination historique qui mélange dates et lieux, hommes et événements, et fait de l'histoire une science élastique, beaucoup plus élastique et généreuse que ne l'est l'histoire des historiens de profession. Par exemple César, aux yeux de ses « compatriotes » de Provence, n'est pas seulement le vainqueur de Vercingétorix, mais aussi d'Annibal, des Cimbres et des Teutons. À Aix-en-Provence, l'antique *Aquae Sextiae*, le nom de César est sans doute plus populaire que celui de Marius. Grosse injustice, mais qu'y faire ? Quant à Annibal…

Lorsqu'Annibal passa dans les parages en remontant le Rhône vers les Alpes, avec son cortège de nègres, d'asiatiques, d'Espagnols, de cavaliers numides sur leurs montures maigres, nerveuses, ardentes, qu'on eût dit nourries d'avoine incandescente, avec ses éléphants à la trompe et aux oreilles peintes en rouge, portant sur leur croupe les hauts châteaux de bois où veillaient les féroces archers marocains ; lorsqu'Annibal traversa la Provence, marchant à la conquête de Rome, les bons Provençaux se mirent aux fenêtres pour le voir passer, s'éloigner dans un nuage de poussière et de mouches. Ils savaient très bien, ces Provençaux, que César était là derrière les Alpes, à la tête de ses légions. Quelle dérouillée, pauvre Annibal ! Quelle raclée César allait lui donner ! Il faut se faire raconter ce passage d'Annibal par un de ces cochers de Nîmes qui somnolent sur leur siège dans la chaleur d'août pleine de moucherons et d'exhalaisons de fritures. On dirait du Pascarella déclamé par un petzouille de Sampedena. « J'aurais tort, me disait ce matin le cocher qui me promenait à travers la ville, j'aurais tort si je vous disais que nous n'avions pas peur. Que pouvions-nous faire contre Annibal ? *Mais nous avions César, monsieur, nous avions César !* »

Il agitait son fouet avec violence, avec fureur, avec un extraordinaire courage, comme si son bourrin avait été l'arrière-neveu d'un éléphant carthaginois capturé sur le champ de bataille. Il se démenait sur son siège, comme si Annibal avait passé la veille à Nîmes et que l'air fût encore empuanti d'odeurs sauvages et de relents de panique. Il me rappelait ce guide de Pompéi qui me racontait l'année dernière l'éruption du Vésuve et la destruction de la ville : « Alors, oui m'sieur, on s'est enfui, et c'est un miracle vraiment si on s'en est tiré. » Il levait les bras comme pour me prendre à témoin de ce miracle. Tant est vive dans le peuple la proximité des grands événements, tous et toujours contemporains de celui qui raconte, et à chaque instant revécus par chacun comme s'ils ne se distinguaient pas de l'expérience personnelle du conteur.

« Mais de quel César parlez-vous ? ai-je demandé ce matin au cocher pour voir la réponse qu'il allait me donner. Quand

Annibal a passé par ici, César n'était pas encore né. Même son arrière-grand-père n'était pas encore né. » Le cocher a laissé retomber son fouet, il s'est à demi retourné et m'a ouvert des yeux tout ronds, étonnés et compatissants. « *Comment monsieur ? Mais c'est de l'histoire romaine, tout ça.* » Tu avais raison, cher compatriote de César. Et je te demande pardon d'avoir osé mettre en doute ton histoire romaine, tellement plus vraie, simple et poétique que la mienne.

Gare à celui qui exprime le moindre doute sur les faits et les dires de César dans ces parages ! César est la plus pure, la plus authentique des gloires provençales, c'est l'enfant le plus illustre de la Provence, le concitoyen le plus glorieux de ces populations « non gauloises, mais romaines ». Tout est dédié à César, et non seulement en Provence, à Arles, à Tarascon, à Orange, mais aussi en Languedoc, à Nîmes, à Narbonne, dans les villes et les villages disséminés le long de la Méditerranée, entre les Pyrénées et les Alpes. De l'hôtel Jules-César à Arles au grand magasin d'optique *César* à Avignon, on ne compte plus les hôtels, cafés, théâtres, cinémas, garages, boutiques, restaurants de campagne qui exhibent sur leur enseigne le nom du conquérant des Gaules. On n'aura jamais vu un saint plus honoré, vénéré, célébré et sanctifié. « Il est des nôtres ! », s'exclament triomphalement les Provençaux. Ce sont tout crachés les gens de Pistoie quand ils parlent de saint Jacopino.

Je ne me dissimulerai pas que beaucoup, habitués qu'ils sont aux images et aux phrases maniérées, s'étonneront qu'en Provence on parle de César d'une façon qui peut paraître, quoique sans l'être, irrévérencieuse. Il y a de l'affection, un orgueil simple et cordial dans cette mythologie populaire qui fait de l'organisateur suprême de l'Empire un personnage familier, de plain-pied avec tout le monde, un héros terrien dispensateur de justice et distributeur de gloire, un éternel et invincible défenseur de la patrie provençale. « C'est notre Napoléon », me dit le garçon de l'hôtel. Peut-il y avoir plus grand éloge de la part d'un concitoyen de la IIIe République ?

Comme Napoléon et Garibaldi, César est lui aussi un « naturalisé ». La gloire de Rome est si grande que rien ne nous empêche d'en céder un morceau à ce bon peuple de Provence, si sincèrement fidèle au nom romain, si instinctivement lié à l'esprit de la civilisation latine que même tant de siècles d'unité française n'ont pas suffi à lui faire préférer Vercingétorix à César.

AIX-EN-PROVENCE

Pour peu qu'assis à l'ombre d'un arbre (un pin ? un cyprès ? un olivier ?) sur une de ces collines solitaires dominant l'étendue où Rome éteignit dans le sang la férocité des Teutons, on regarde avec les yeux de l'imagination du côté des hauteurs boisées, derniers contreforts des Maures (Aix, l'antique *Aquae Sextiae* de la gloire de Marius exterminateur des barbares, est là-bas dans cette cuvette noyée sous une mer de soleil) pour peu donc qu'on regarde du côté de la plaine poussiéreuse à perte de vue jusqu'au Rhône et aux étangs de Camargue et qu'on essaie d'évoquer la Provence des deux derniers siècles avant Jésus-Christ, on la verra parsemée de rochers rouges et de bourgades blanchies à la chaux, où les marbres précieux n'ont pas encore ajouté leur lustre, ni les arcs ni les colonnes éveillé la vanité.

Là au fond, derrière ces monts couverts de pins, se trouve Toulon, le *Telo Marzio* de l'itinéraire d'Antoine, non encore gonflée de voiles ni hérissée de mâts, de cheminées, de canons. Toulon pas encore somnolente au sein d'un nuage d'opium, pas encore indolemment étendue sous la constellation des pompons rouges de ses marins, chers à Jean Cocteau. Plus loin, voici Marseille, grand port grec, cité opulente et bourgeoise, amie de Rome et du commerce, à qui Apollon et Mercure adressent un sourire du haut des socles de marbre polis comme des tréteaux de changeurs. Une atmosphère de solennité et de solitude pèse sur les terres maigres de la Gaule narbonnaise, déjà province romaine, mais pas encore resplendissante de temples, de palais, de thermes, de monuments, de tombeaux, de statues aux gestes larges, la bouche arrondie par des paroles de justice et de paix.

Sur le Rhône montent et descendent péniches et trains de chalands chargés de marchandises, immense voie fluviale sur les rives de laquelle les Gaulois roux au visage piqué de taches de rousseur rêvent à de nouveaux destins, à de merveilleuses entreprises, à d'étranges aventures et de riches butins. Mais pour qui laisse errer son regard et évoque les durs temps de la conquête, c'est les légions qu'il voit passer, en marche vers le midi et le septentrion, les guérillas espagnoles et les révoltes gauloises, sur les routes qui longent le Rhône impétueux et la Saône claire au cours si lent que l'œil n'en perçoit pas le sens (*incredibili lenitate, ita ut oculis in utram partem fluat judicari non possit*, observe César). On entend les refrains militaires, les rires gras, les éclats de voix joyeux, les mots familiers et les dialectes connus, et tout d'abord, on croirait assister, et avec quelle surprise, au défilé d'un régiment d'infanterie italienne en marche vers l'Isonzo.

Les « poilus » de Rome, les vrais, qui couraient en combattant toutes les routes d'Europe, d'Afrique en Asie, n'ont rien à voir avec les légionnaires élégants et stylisés des manuels d'histoire et avec les images conventionnelles de la peinture et de la sculpture courtisanesques, officielles, louangeuses du Bas Empire. Ils n'ont rien à voir avec ces guerriers revêtus d'acier étincelant et d'argent pur, casque à crinière, cuirasse historiée fermée par des bossettes d'or, jambières polies comme des miroirs, tuniques rouges et bleues voletant au vent ; rien à voir avec ces Romains qui sortent tout fiers des bas-reliefs en compagnie d'Hermès, bustes, athlètes de musée des Thermes et du musée du Vatican, avec ces héros et ces demi-dieux tous beaux, compassés, poncés, solennels, drapés à la grecque, pleins de gesticulations lyriques comme des éphèbes et tous nobles, abstraits, éloignés des choses humaines, comme les Napoléon de David et de Canova sont éloignés du Napoléon d'Austerlitz et de la Moskova.

Les « poilus » des légions étaient petits, trapus, velus, noirs de cheveux et sombres de peau, le visage taillé à coups de hache, massif et carré : fortes mâchoires, front bas, coup épais, épaules larges, jambes un peu arquées, allure lente et pesante, qu'on dirait à la fois paresseuse et prudente. Une allure de paysan. Tous les dialectes de l'Italie se confondaient dans la bouche des légionnaires en un langage sonore et net, profondément différent du latin des orateurs, des magistrats, des rhéteurs de toute espèce et de toute condition. Différent également du latin très serré des *Commentarii* qui n'en est pas moins un latin de soldat habitué au mâle et simple langage des camps. Quand il s'adressait à ses hommes pour les inciter à la lutte (et personne n'ignore l'influence que ses paroles avaient sur l'âme des légionnaires), César les haranguait sans doute dans leur argot, ce qu'on appelle aujourd'hui l'argot de tranchée, riche en mots et en expressions populaires, en tournures et en cadences héritées de la Campanie, du Latium, de l'Étrurie, de la vallée du Pô. Mettez ensemble, encore de nos jours, des paysans de Forli, de Ravenne, de Bologne, de Ferrare, de Crémone, de Lodi, de Bergame, de Brescia, et vous retrouverez sur leurs lèvres ce mélange de dialectes du Pô qui constituait le langage usuel de la dixième légion. L'italien que nos poilus, durant la dernière guerre, parlaient sur le Carso et sur la Piave peut donner une idée du latin dialectal dont usaient les légionnaires de Rome. Il n'est pas trop risqué de penser qu'il s'agit en substance de la même langue.

Un grand philologue allemand, il y a quelques dizaines d'années, comme il faisait un voyage d'étude au Latium et prenait soin de transcrire sur son carnet les phrases d'usage courant qu'on emploie à tout moment, s'aperçut avec surprise que beaucoup de ces phrases étaient latines, purement latines. « *Dami lu pane* », par exemple, n'était que la contraction de « *Da mihi illum panem* ». Et le philologue germanique retourna en Allemagne pour annoncer au monde académique que les paysans du Latium parlent aujourd'hui encore la langue de Cicéron, avec la même prononciation que les paysans d'alors. « L'italien moderne, concluait-il, n'est que l'ancien latin vulgaire. »

Ce philologue avait raison, mais il n'avait fait aucune découverte. « Les légionnaires de César, me disait finement l'autre jour un garçon d'hôtel d'Avignon, ne parlaient pas latin : ils parlaient le provençal comme nous. » Pour le peuple de la Gaule narbonnaise, la philologie n'est pas une science : c'est une tradition.

Regardez-les donc faire un tour dans les villes où ils étaient en garnison, ces fantassins du Latium, de la Romagne, de Toscane, de Calabre, du Pô, de l'Ombrie, des Pouilles, des

Abruzzes : ils baguenaudent sur les marchés et au Forum, courent les bouchons, se la coulent douce dans les jardins publics ou s'entassent tout au haut des amphithéâtres, au poulailler, quand ils n'encombrent pas les trottoirs autour des marchands de friture, de lupins salés, de cochon de lait rôti, d'aubergines farcies. Dans ces bourgades de Provence, à l'arrière du front des Gaules et de l'Espagne, les légionnaires allaient et venaient la démarche embarrassée, pleins de simplicité et de bonhomie, comme les poilus de l'Insonzo, des Hauts Plateaux, du Grappa et de la Piave dans les rues d'Udine, de Bassano, de Vicence et de Trévise. La grande armée de l'infanterie romaine, dans son aspect et dans ses mœurs, n'avait rien de ces hordes barbares qu'Annibal avait conduites le long du Rhône à la conquête de l'Italie ou que les *Vergobreti* des Gaules rassemblaient chaque année pour combattre Rome, rien de ces troupes féroces qui remplissaient de terreur l'imagination des peuples fidèles au nom de Rome.

Tant par nature que par discipline, ces légions de paysans étaient la civilité même. Effrayants à la bataille, ils redevenaient simples et gentils après la lutte et le carnage et aussitôt ils se sentaient chez eux en pays conquis, se promenant le long des sillons et des rangées de vigne à parler de cultures, de moissons, de vendanges, à comparer la manière de labourer des barbares à celles des Italiens, à discuter sur les saisons, la lune, les vents, les pluies et les gelées, à donner des conseils sur le meilleur moment pour les semailles, l'émondage, le décuvage, à montrer comment en Toscane on entasse le grain dans les greniers, comment en Émilie on épand le fumier et comment on fait en Ombrie la cueillette des olives ; ils aidaient les barbares dans les travaux des champs, ils les aidaient de leur expérience et de leurs propres essais et, assis sur le seuil des portes, ils enseignaient à ces grands gars, aux mains trop lourdes pour les soins délicats que la terre réclame, comment on plante la vigne, comment on greffe, on élague, on attache au tuteur, comment on foule le raisin, on surveille le moût, on nettoie les tonneaux et on transvase le vin.

C'est par les armes que César a conquis la Gaule, mais on peut dire qu'il l'a rattachée à Rome beaucoup moins par les lois militaires et civiles que par l'agriculture et ses règles. La vigne que les Grecs de Marseille avaient apportée de Campanie dans le delta du Rhône, au temps de César, ne s'étendait pas au-delà du bord oriental de la Camargue et des collines qui dominent Arles. Marseille la grecque était entourée d'une verte zone de sarments et de pampres, la fameuse « île du vin » dont les Gaulois du pays des Arvernes et des Éduens se représentaient en rêve les grappes d'or et le jus enivrant. Ce fut César qui transplanta la vigne campanienne du delta du Rhône sur les rives de la Saône, de la Loire, de la Seine et de la Marne. La gloire des vins de Bourgogne, de Champagne, du Languedoc, des Côtes du Rhône, de la Moselle, de Bordeaux se confond avec la gloire des victoires militaires romaines. L'histoire de la conquête des Gaules restera incompréhensible à quiconque ne se rendra pas compte que César était le chef d'une armée de paysans, non d'une armée de soldats de métier.

Tout en eux a quelque chose de paysan, de la manière de s'équiper à la manière de combattre. Les jambes protégées à la mode de la campagne romaine, le dos courbé sous le poids du sac plein de pois chiches, de fayots, de farine de blé, de bottes d'ail et d'oignons, la gourde d'huile et de vinaigre pendue à la ceinture, ils avaient l'aspect de bergers romains et abruzzais, de paysans toscans ou émiliens plutôt que de guerriers. Fantassins infatigables (pendant le siège de Gergovie, pour couper à temps la route aux Éduens de Litavicus, César leur a fait parcourir soixante-quinze kilomètres en vingt-quatre heures : exploit dont on ne connaît d'autres exemples que les célèbres marches de la campagne du Métaure contre Asdrubal), ils marchaient des journées entières dans des régions sans chemins et, arrivés au lieu choisi pour la halte nocturne, ils empoignaient aussitôt la pioche et la hache, creusaient des tranchées, élevaient des murs et des terre-pleins, coupaient des pieux et des troncs, construisaient des palissades et des tours, et, les travaux du camp achevés, pétrissaient la farine, se cuisaient des galettes qu'ils pimentaient d'huile, de sel et d'ail, puis ils se préparaient aux tours de veille, à la défense, aux fatigues de la nuit, frugaux, gais, toujours bonne pâte, en état d'alerte, actifs, endurants. Des soldats invincibles.

Apparence paysanne, petite taille et vitalité extraordinaire, les *Commentarii* confirment tout cela dans un passage de très grande importance. Au second livre du *De Bello Gallico*, César raconte qu'après la bataille de la Sambre, comme il s'était avancé jusqu'au cœur du pays des Aduatuques, nation belge très belliqueuse d'origine germanique, il mit le siège devant l'*oppidum* de ce peuple, situé où se trouve aujourd'hui la Citadelle de Namur. Ces nouveaux adversaires de César étaient des guerriers d'une taille gigantesque, fameux pour leur valeur et leur férocité, descendants de ces Cimbres et de ces Teutons qui avaient franchi le Rhin, envahi la Gaule et l'Italie, « *ex Cimbris Teutonisque prognati* ». Édifiée au sommet du haut rocher qui domine Namur, entre la Sambre et la Meuse, la place forte des Aduatuques, dont les flancs de roc tombaient à pic dans le fleuve, était imprenable par la force des choses aussi bien que de l'art ; aujourd'hui encore, pour qui l'observe de la ville, il paraît surprenant que César ait osé tenter l'assaut d'une forteresse si bien bâtie, défendue par le peuple le plus belliqueux de toute la Gaule nordique.

Quand ils virent que les Romains, après avoir ouvert des tranchées, élevé des bastions et des fortins et poussé fort avant les travaux d'approche, se mettaient à construire, assez loin de l'*oppidum*, une énorme tour mobile pour donner l'assaut à la place forte, les Aduatuques, raconte César, « commencèrent du haut des murs à s'esclaffer, à nous couvrir de moqueries et de rires : construire une si grande machine à une telle distance ! Quels drôles de bras et quels drôles de muscles devaient avoir ces Romains de si petite taille, *homines tantulae staturae*, pour prétendre approcher des murailles une tour de cette dimension ? » (En effet, ajoute César, notre petitesse, *brevitas nostra*, comparée à leur formidable stature, est un objet de plaisanterie pour tous les Gaulois.) Mais dès qu'ils virent la tour se mouvoir et venir se coller contre les murs de la forteresse, impressionnés par un spectacle si extraordinaire et inattendu, ils envoyèrent des ambassadeurs à César et firent leur soumission en rendant leurs armes. Pas toutes, cependant : car, pendant la nuit, sûrs de pouvoir surprendre et disperser les légions, ils se révoltèrent et attaquèrent par surprise le camp romain. Ah ! ah ! chers vaillants et gigantesques Aduatuques ! Le massacre que les légionnaires de César firent de vous en cette nuit doit vous avoir appris à respecter les Romains, *homines tantulae staturae*, si réduits de taille et si grands d'âme. Toute l'histoire de la conquête des Gaules est résumée dans cet épisode : je dirais même toute l'histoire de Rome, toute l'histoire de l'Italie jusqu'à nos jours.

Chaque fois que je relis ces pages du second livre des *Commentarii*, les poilus de l'Isonzo et de la Piave, de Bligny et du Chemin-des-Dames me reviennent en mémoire, fantassins *tantulae staturae* qui une fois encore ont appris aux Aduatuques à respecter le nom de Rome. Au Chemin-des-Dames, en octobre 1918, quatre de nos meilleures brigades d'infanterie ont couvert de leurs cadavres le sol même où César combattit et remporta une de ses plus dures et de ses plus glorieuses victoires. J'étais avec ces brigades et j'ai l'impression d'avoir été avec César, mêlé à ses légionnaires, à ses paysans de la campagne romaine, des Pouilles, de l'Ombrie, de l'Émilie, de la vallée du Pô.

D'où me vient que je prononce le nom de César lorsque je repense à ces journées, à tous ces combats et à tout ce sang ? D'où me vient que je retrouve dans ma mémoire les poilus de la brigade Alpi, de la brigade Brescia, de la brigade Napoli, de la brigade Salerno, lorsque je regarde du haut de cette colline provençale qu'ombragent les cyprès, les pins et les oliviers, s'étendre à mes pieds la verte cuvette où Aix se cache, l'antique *Aquae Sextiae* de la gloire rouge de Marius ?

TARASCON

Entre toutes les villes de Provence, la patrie de Tartarin est celle qui mérite et exige le plus de respect et de considération. Vue de loin, pour qui y arrive par la route de Nîmes à Avignon, la noble cité de Tarascon apparaît soudain dans un nuage de poussière et de mouches parmi les oliviers, les cyprès, les platanes, de hautes herbes balancées couleur jaune canari et de tendres taches de vigne naine. Le bourdonnement de taons qui assiègent la ville et couvrent de leurs ailes irisées les murs des maisons s'entend à une grande distance comme le bourdonnement d'une gigantesque ruche. Une forte odeur de brebis, d'ail, d'anis et de sueur de cheval vous assaille au dernier tournant de la route, héraut cérémonieux et insistant.

Ancrée dans le golfe tranquille de la chaleur estivale, sous un soleil caniculaire généreux et féroce contre lequel luttent en vain les jalousies vertes aux lames ourlées de très ancienne poussière, les immenses stores des magasins et des cafés tendus au-dessus des trottoirs comme les toiles de protection sur les ponts des cuirassés, cette ville de province qui n'a pas honte, mais au contraire se glorifie d'être provinciale, vous accueille avec la même cordialité indulgente, pleine d'ironie bienveillante et d'orgueilleuse condescendance, que les vieilles filles des grandes familles bourgeoises quand elles accueillent de très chers parents pauvres. On a l'impression d'entrer dans une capitale, on ne sait trop de quel royaume ou de quelle république, de franchir la limite d'une civilisation inconnue ou, pour mieux dire, insolite, à l'abri de toute contamination romantique, fière d'un classicisme petit-bourgeois dont Pallas Athénée est une des nombreuses Emma Bovary provençales, tandis que Périclès en est l'Alphonse Daudet.

Le rustre de la Beauce ou de la Brie qui pour la première fois se risque dans Paris le chapeau à la main doit sans doute se sentir aussi chétif et humble que le Parisien qui entre pour la première fois à Tarascon. Dès les premiers pas, vous vous rendez compte que les vrais provinciaux, ce ne sont pas les Tarasconnais mais vous-même et que la cordialité de leur accueil est celle des Athéniens pour les Béotiens. Ils viennent à votre rencontre avec le sourire, si ce n'est le rire sur les lèvres, et joyeux, le verbe haut, menant grand tapage et gesticulant, emphatiques, insistants, on ne peut plus sympathiques et implacables, ils vous conduisent glorieusement visiter la maison de Tartarin, comme s'ils vous emmenaient voir le temple de Jupiter au Capitole, et, chemin faisant, ils vont criant à leurs compatriotes assis dans les cafés et dans les restaurants que vous êtes un ami, un illustre ami, tout en vous demandant à voix basse vos nom, prénom, titres et nationalité pour les proclamer d'une voix de stentor, comme s'ils vendaient aux enchères votre personne, votre famille, votre passé et votre avenir.

Le petit cortège qui se forme en un clin d'œil a l'air d'un cortège nuptial, et, parvenu sur la place, vous en êtes à vous demander si, à l'instar de Venise épousant la mer, vous n'êtes pas en train de célébrer vos noces avec Tarascon. La place se remplit de curieux qui vous entraînent dans un café, vous font asseoir de force, vous offrent un pastis et les uns vous découpent sous le nez une pastèque sanguinolente, les autres vous déploient un journal devant les yeux, vous assourdissent les oreilles d'injures contre le maire, d'autres encore vous vantent les merveilles de la ville et à peine manifestez-vous un signe de fatigue qu'ils vous font lever sur-le-champ, vous conduisent voir le pont suspendu sur le Rhône, vous précèdent à petits pas sur la chaussée de bois, bras ouverts, ondulant de la croupe comme s'ils marchaient en équilibre sur une corde, et de temps en temps ils crient ho là ! en se balançant jambes écartées pour vous montrer que le pont se balance aussi, suspendu au-dessus du courant impétueux comme une branche dans le vent.

Après le pont sur le Rhône, voici l'église Sainte-Marthe (cette sainte, en des temps obscurs, libéra la ville de la Tarasque, monstre féroce qui, dans l'histoire de Tarascon, joue le rôle du Sphinx dans l'histoire de Thèbes) où le Saint-François de Vanloo et la statue funéraire de Jean de

Cossa, œuvre de Francesco Laurana, vous accueillent avec des paroles murmurées qu'aucun Tarasconnais ne peut saisir, et gare s'il les comprenait. Le château, bien qu'édifié à l'entrée du pont suspendu, est gardé pour la fin : on vous indiquera l'épaisseur des murailles, leur hauteur, la circonférence des tours et par qui, quand, pourquoi il fut construit. Et si vous demandez à quelqu'un s'il existe à Tarascon des vestiges de monuments romains : « Non, monsieur, vous répondra-t-on d'un air mortifié, pas le moindre chapiteau, pas le moindre petit morceau de colonne. » Et on ajoutera avec orgueil : « Mais les fondations du château reposent sur l'emplacement du *castrum* romain. »

Vous vous accoudez à une fenêtre, et là, sur l'autre rive du Rhône, la tour de Beaucaire vous rappelle le donjon de Philippe le Bel à Villeneuve, en face d'Avignon. Et l'antique Jovarnica, colonie grecque de Marseille, berceau de la romaine cité de Tarascon, où était-elle ? Peut-être sur l'autre rive, au pied de la tour de Beaucaire ? « Oh ! non, vous dira quelqu'un : l'antique Jovarnica s'élevait où se trouve aujourd'hui le faubourg tarasconnais de Jarnègues. Puis les Romains sont arrivés, ils ont chassé les Grecs et fondé Tarascon. » Si par taquinerie, comme je l'ai fait moi-même, vous ajoutez qu'ensuite les Tarasconnais sont arrivés et qu'ils ont chassé les Romains, ce compatriote de Tartarin vous regardera avec des yeux réprobateurs, comme pour vous faire comprendre que certaines choses à Tarascon, on a le bon goût de ne pas les dire, même pour rire. Il vous répondra : « Non, monsieur, nous autres Tarasconnais, nous sommes des Romains devenus Tarasconnais. »

Me voici revenu à Arles. Ville toute romaine, au grand dépit des citoyens de Tarascon, romaine, pourrait-on dire, de la cave au grenier. L'antique Théliné, colonie grecque, se développait là où se trouve aujourd'hui le faubourg de Trinquetaille, sur l'autre rive du Rhône : les Grecs de Théliné n'ont laissé comme souvenirs que quelques tessons d'amphores enfouis dans le limon du fleuve, un ou deux blocs de marbre et, dans l'air, une odeur de poisson sec, de moût, de miel cuit et de chanvre bouilli dans la poix. L'odeur des Grecs de l'Odyssée. Après l'arrivée des Romains sur le Rhône, les marchands de Théliné continuèrent à faire du commerce en toute indépendance jusqu'à ce qu'un Tiberius Claudius Néron, questeur de César, revenant de la conquête des Gaules, installât sur la rive du fleuve opposée à Théliné une colonie de vétérans de la sixième légion. C'est ainsi qu'est née la ville romaine d'Arles, la *Gallula Roma*, la petite Rome des Gaulois. « Oh ! Arles, chantait le poète Ausone, ouvre tes portes hospitalières, oh ! Gallula Roma. »

Orgueilleuse de ses temples, de ses palais, de ses thermes, de ses monuments, de ses colonnes, de ses arcs, de ses portiques, de ses marbres précieux, Arles s'élevait blanche au bord du Rhône impétueux, entre les marais de la Camargue et l'étendue désertique de la Crau assoiffée. Aujourd'hui encore, les colonnes et les arcs se découvrent encastrés dans les murs des maisons, formant comme l'ossature de la ville moderne. Dans les ruelles, le devant des fenêtres est de marbre et les portes des écuries ont des architraves de travertin. Hors du crépi jaune des façades se détachent des têtes, des bras, des mains, de rondes épaules de statues ; les angles extérieurs des murs montrent des boursouflures de chaux autour de tessons de céramiques peintes ; des veines de marbre rose attendrissent le rouge sombre des briques ; et dans les cours, les jardins, les potagers, des Hermès antiques sourient d'un sourire ambigu parmi les fleurs arrosées de frais et les dures feuilles des choux luisants.

Isolés parmi le dédale des ruelles, les arènes et le théâtre d'Auguste forment une île : le peuple s'entasse le dimanche sur les gradins des arènes chaudes de soleil ; il s'assied par terre à l'ombre des voûtes, les épaules contre les pilastres et le visage tourné vers la lumière, écoutant le mugissement féroce des taureaux de la Camargue que les *espada* espagnols de second ordre, sifflés à Barcelone, affrontent armés d'un fer maladroit sous les applaudissements délirants des *aficionados* de Provence ; et il se presse dans le théâtre d'Auguste pour y frémir d'indignation, de pitié et d'amour à la voix des acteurs payés à forfait qui répètent devant les belles Arlésiennes à la pesante chevelure d'ébène qu'allège la coiffe de dentelle noire et blanche, les gestes sacrés de l'éternel répertoire dramatique de province.

Par les nuits de lune claires, les maisons se serrent les unes contre les autres comme dans la crainte d'un immense désastre ; elles s'adossent aux dernières colonnes des temples écroulés, elles embrassent les antiques murs de brique, elles dérobent des arcs et des voûtes aux ruines des thermes pour en faire des couloirs et des arcades : on dirait vraiment qu'Arles, telle qu'elle apparaît aujourd'hui, est la vive image du désordre qui suivit la chute de l'Empire, quand populations, langues, coutumes, lois, institutions se confondaient pêle-mêle et que les temples des dieux du Latium étaient transformés en carrières pour de nouvelles constructions. Combien est sévère, à Arles, la leçon de Rome ! Combien l'enseignement de la civilisation latine devient en ces lieux matière à une facile et quotidienne méditation ! Rien ici ne s'est perdu de l'antique cité romaine : chaque dalle de marbre, chaque bloc de travertin, chaque fragment de colonne et de pierre gravée, chaque éclat d'architrave sont devenus le corps vivant de la nouvelle ville. Comme tout le monde moderne, Arles s'appuie pour ne pas tomber sur les vestiges de l'antiquité. Oh ! Gallula Roma, heureuse image de vingt siècles d'histoire humaine.

L'onde lunaire est tiède sur les tombes de la Promenade des Aliscamps, la voie Appia d'Arles, et sur les sarcophages de l'Allée des Tombeaux. Par la Promenade des Aliscamps, dont le nom rappelle les Champs-Élysées, la voie Aurelia pénètre dans Arles : et l'on ne pourrait imaginer entrée plus triomphale d'une voie consulaire dans une antique cité romaine. Arles accueille l'Aurelia entre les tombes des légionnaires de César. Dans l'Allée des Tombeaux, le peuple vous montre encore la Tombe des Consuls (ce sont les consuls de la ville, non de la République, morts de la peste en 1720 : mais le peuple les croit romains, tombés en combattant sous les ordres de César contre les barbares) et sur la Promenade des Aliscamps le lieu où était enseveli saint Trophime avant son transfert dans la cathédrale. Depuis le IVe siècle, pendant tout le haut Moyen Age, les évêques et les seigneurs de Provence se sont fait enterrer dans ces Champs-Élysées et les villes le long du Rhône confiaient au courant, sur des barques drapées de damas, les os de leurs plus illustres fils, enfermés dans de précieux sarcophages qu'Arles accueillait dans la paix de sa nécropole. « Ouvre tes portes hospitalières, ô Gallula Roma », chantait Ausone. Les barques funèbres descendaient au gré du courant entre les chalands chargés de barils de vin et de sacs de blé. À l'âge fastueux et cupide de la Renaissance, Arles a fait don de ses sarcophages aux Princes et aux Seigneurs, avec un sens de la mort qu'on peut dire vraiment libéral. Beaucoup de marbres sculptés du musée Barberini viennent d'ici. À Lyon fut donné le monument funéraire de Servilius Marcianus, à Marseille ceux de Flavius Memorius et de Cecilia Aprula. Le roi de France Charles IX que le sang florentin des Médicis disposait aux plus étranges ambitions chargea de tombes de nombreux bateaux qui coulèrent dans le Rhône. Les villas et les fermes et jusqu'aux mas des paysans, dans les environs d'Arles, s'honorent de sarcophages enlevés à cette généreuse nécropole. Anatole France, dans *Le Lys Rouge*, parle de mendiants qui cherchent refuge et repos, la nuit, dans les sépulcres, de chaque côté de l'Allée des Tombeaux.

Mais c'est en vain que je cherche, sous la lune blonde, les mendiants d'Anatole France, les hôtes nocturnes des Champs-Élysées. Une immense quiétude s'étend sur les maisons, sur les jardins, sur les tombes. Je m'approche d'un sarcophage de marbre jaune, orné de figures humaines effacées par le temps, lisses et douces, presque de la cire vierge : la tombe est pleine de lune, tiède et transparente comme l'eau du Léthé.

Table des matières

SODOME ET GOMORRHE

LA TÊTE EN FUITE

PREMIÈRE PARTIE

DEUXIÈME PARTIE

Ce volume,
le dix-huitième
de la collection « Domaine étranger »,
publié aux Éditions Les Belles Lettres,
a été achevé d'imprimer
en août 2014
sur les presses
de la Nouvelle Imprimerie Laballery
58500 Clamecy, France

Dépôt légal : septembre 2014
N° d'édition : 7903 - N° d'impression : 408133
Imprimé en France